Auxiliando a humanidade a encontrar a Verdade

O Vale dos Espíritas

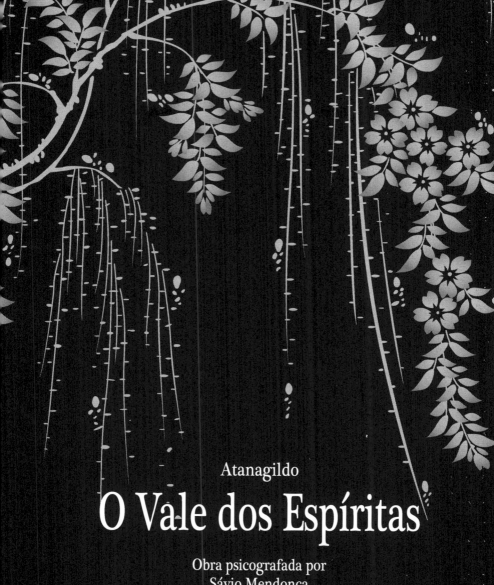

Atanagildo

O Vale dos Espíritas

Obra psicografada por
Sávio Mendonça

© 2015 – Sávio Mendonça

O Vale dos Espíritas

Todos os direitos desta edição reservados à
CONHECIMENTO EDITORIAL LTDA.
Rua Prof. Paulo Chaves, 276 – Vila Teixeira Marques
CEP 13480-970 — Limeira — SP
Fone/Fax: 19 3451-5440
www.edconhecimento.com.br
vendas@edconhecimento.com.br

Nos termos da lei que resguarda os direitos autorais, é proibida a reprodução total ou parcial, de qualquer forma ou por qualquer meio — eletrônico ou mecânico, inclusive por processos xerográficos, de fotocópia e de gravação —, sem permissão por escrito do editor.

Edição de texto:
Margareth Rose Fonseca Carvalho
Análise de conteúdo:
Mariléa de Castro
Projeto gráfico: Sérgio Carvalho
Ilustração da capa: Banco de imagens

ISBN 978-85-7618-339-6
1ª Edição – 2015

• Impresso no Brasil • *Presita en Brazilo*

Produzido no departamento gráfico da
CONHECIMENTO EDITORIAL LTDA
Fone: 19 3451-5440
e-mail: conhecimento@edconhecimento.com.br

Dados Internacionais de Catalogação na Publicação (CIP)
(Angélica Ilacqua CRB-8 / 7057)

Atanagildo (espírito)
O Vale dos Espíritas / Atanagildo (espírito) ; obra psicografada por Sávio Mendonça ; — Limeira, SP : Editora do Conhecimento, 2015.
238 p. : il.

ISBN 978-85-7618-339-6

1. Espiritismo 2. Psicografia 3. Reencarnação 4. Vidas Passadas I. Título II. Mendonça, Sávio

15-0455   CDD – 133.93

Índices para catálogo sistemático:
1. Obras psicografadas

Sumário

Apresentação 7
Introdução 11
1 – O sentido da vida 17
2 – Mergulho nas Sombras 41
3 – Enfrentando a própria consciência 73
4 – Exigências descabidas: "Eu era líder espírita" 91
5 – Amortecimento da subida e drenagem psíquica 105
6 – Quando os caminhos são descaminhos 133
7 – Desviando o real sentido da caridade:
o que de fato Kardec intencionou dizer 147
8 – Uma falsa e fugaz luz guiada pela vaidade 169
9 – Fugindo de si próprio 181
10 – Idas e vindas: repetindo as mesmas lições 197
11 – Conclusões finais: por que devemos buscar o
autoconhecimento e a reforma íntima 213

Apresentação

Caros irmãos:

Ao longo de muitos séculos temos acompanhado a experiência de vários irmãos em suas jornadas existenciais, encarnando e desencarnando, errando e acertando, colaborando com as forças impulsionadoras do progresso espiritual, ou gerando pensamentos e ações que retardam a evolução individual e coletiva dos seres humanos da Terra.

Esse trabalho tem sido realizado por Atanagildo, espírito laborioso que há muito pesquisa a trajetória encarnatória e desencarnatória de irmãos extremamente ligados à carne, com o objetivo de investigar a origem cármica de alguns dramas vividos por eles. Este amigo foi ajudado inúmeras vezes pela Espiritualidade quando estava encarnado na Terra, em ocasiões em que tropeçou e reincidiu em pensamentos e atitudes negativas, próprios de quem percorre as rodas da evolução, vindo a sofrer influência de entidades que se incomodavam com a ascensão espiritual daqueles que, no passado, haviam colaborado com grupos mal-intencionados. E assim, retribuindo todo o amparo recebido, e desejoso de cooperar para a evolução desses irmãos, solicitou a permissão dos Maiorais do Espaço para participar deste projeto de extrema importância.

Há espíritos que fazem parte de falanges que colaboram com os Senhores do Carma, anjos de elevado discernimento, com capacidade de "leitura de almas", responsáveis pela direção e coordenação dos processos cármicos das humanidades de planetas que ainda estão sob a influência direta da lei cármica, em razão do atraso espiritual em que se encontram.

Para acompanhar os irmãos que habitam os planos físico e astral da Terra, existem vários anjos responsáveis pelos carmas, supervisionados pelo Arcanjo Miguel, sob o comando maior de Jesus. Há uma enorme hierarquia de espíritos alinhados com o raio da justiça que colaboram com esses anjos. Um deles, em especial, tem assumido grandes responsabilidades em auxílio aos Anjos do Carma, nestes tempos de intensas transformações planetárias. Trata-se do irmão Sebastião, nome que lhe foi dado numa encarnação em terras brasileiras, onde viveu como escravo. Sua aura bondosa e a enorme humildade que lhe inundava a alma permitiram que ele passasse anonimamente pela Terra.

Irmão Atanagildo tem participado de um agrupamento supervisionado por Sebastião e prestado valiosa colaboração aos estudos e análises de carmas que visam a orientar futuras encarnações retificadoras de muitos espíritos, de forma que eles sejam integrados às correntes do Cristo.

A questão cármica é complexa e exige profundos conhecimentos, experiência e sensibilidade quanto à psicologia dos seres humanos. Assim como Atanagildo, existem outros colaboradores na Colônia do Grande Coração que a cada dia aprimoram mais o discernimento, a fim de melhor auxiliar Sebastião e seus supervisores que trabalham para os Anjos do Carma.

Do mesmo modo como tem ocorrido com outras falanges de trabalhadores do Cordeiro de Deus, que atuam em várias frentes evangelizadoras, os envolvidos com a questão cármica vêm se desdobrando intensamente neste momento de transição planetária. Ainda que de forma indireta, o trabalho deles está intimamente atrelado à escolha dos da "direita" e da "esquerda" do Cristo e, por conseguinte, à programação reencarnatória dos espíritos que participarão da construção da Terra de Regeneração, dentro do contexto mais favorável possível para uma melhor ventura evolutiva.

Por tudo isso, é com imensa gratidão e alegria que inspiro a *Apresentação* desta obra, ressaltando que não há intenção alguma de criticar o movimento espírita; muito pelo contrário. Exatamente por nos sentirmos co-partícipes e co-responsáveis por essa força consoladora, iniciada por Kardec, é que resolvemos trazer à tona experiências de algumas almas envolvidas com o espiritismo, demonstrando a necessidade de reposicionamento de alguns grupos de irmãos ainda não sintonizados com as vibrações da Nova Era Aquariana, posto que já alcançaram certo grau evolutivo em que não lhes cabe mais protelar a reforma íntima.

Vale esclarecer ainda que o conteúdo deste livro foi estruturado a partir de obra escrita no plano astral pelo irmão Atanagildo e arquivada no Departamento de Estudos e Orientações do Carma, na Metrópole do Grande Coração. Posteriormente, foram feitos ajustes ou atualizações de textos sob nossa coordenação, e contando com a valiosa ajuda de vários abnegados irmãos dessa colônia, os quais nos ajudaram na composição do material transmitido ao médium.

Que a Luz crística clareie os vossos caminhos!

Ramatís

Introdução

Queridos irmãos espíritas:

Fazemos parte do mesmo movimento libertador de almas, e assim sinto-me impulsionado a colaborar firmemente com a revisão, não dos princípios e conceitos básicos que permeiam a doutrina espírita, mas de sua forma de compreensão.

Por compromissos assumidos com a Espiritualidade Maior, tenho trabalhado nos estudos e análises de processos cármicos, visando a dar subsídios aos responsáveis por orientar reencarnações de muitos irmãos, não somente de nossa Colônia do Grande Coração, no Astral terreno, mas de diversas outras paragens. Assim, no nosso labor diário, temos nos deparado com muitos amigos, conhecidos, e outros que não conhecíamos, enfim, irmãos espíritas que teoricamente esperavam desencarnar em melhores condições, mas que acabaram chegando ao lado de cá em situação desastrosa.

O papel do Consolador trazido por Kardec era esclarecer e dar suporte ao novo movimento que se iniciava no século dezenove e que deveria expandir-se nas décadas e séculos posteriores, o que de fato tem ocorrido. Evidentemente que não se esperava que grande parte dos espíritas trabalhasse apenas o conteúdo intelectual, mas, acima de tudo, que promovesse a educação dos pensamentos, dos atos e principalmente a reforma de seus sentimentos. Não por acaso, o movimento migrou da França para o Brasil. Como parte do Plano Maior de evolução da Terra, escolheu-se o local onde o sentimento cristão encontraria terreno mais fértil, exatamente para trabalhar-se a transformação íntima e a expansão da sensibilidade e do amor crístico.

Nesse contexto, precisamos considerar outro ponto crucial: o uso adequado das palavras de Kardec, ao afirmar: "Fora da caridade não há salvação". Infelizmente, muitos espíritas restringem-se à interpretação dessa máxima "ao pé da letra", quando focam suas ações no auxílio ao próximo. E se irritam ou se melindram, se alguém lhes ressalta isso, deixando claro que o orgulho ainda exerce forte controle sobre seus sentimentos. É válido centrar a vida em ajudar o próximo, mas não se pode esquecer de ajudar a si próprio. É preciso amar a Deus sobre todas as coisas, e ao próximo como a si mesmo, conforme Jesus nos ensinou. Com isso, verifica-se a necessidade do equilíbrio entre vivência e trabalho, ou seja, entre o ambiente interno e externo a cada um.

Observamos muitos irmãos espíritas que, acertadamente, incluem-se no processo da caridade, aplicando o conceito de caridade também para si, buscando amar-se (sem egoísmo, mas com equilíbrio e serenidade) e se esforçando para melhorar-se interiormente, além de ajudar a quem precisa. Estes estão no caminho certo. Há ainda os que, além disso, e pelo natural estágio de evolução em que se encontram, realizam a caridade ao próximo mobilizando seus sentimentos sinceros de serviço incondicional e compaixão, e não apenas com atos externos e disciplina mental, por saberem que é bom ajudar. Contudo, existem outros em situação delicada, que ajudam pensando na troca, esperando ser ajudados por Deus, ou mesmo para mostrar aos outros que são cristãos.

É importante que o espírito encarnado esteja atento, a fim de que não fuja de si mesmo e do contato com suas imperfeições no campo do sentimento e dos impulsos primários. Não se pode acreditar que, por mobilizar boa intenção em auxílio a quem necessita de apoio material, ou mesmo espiritual, já se tenha garantido um "lote ou terreno" em alguma colônia astral ligada ao amor crístico. É preciso que o ser humano, em especial o espírita (por deter mais conhecimento sobre o mundo astral e os princípios doutrinários), não se deixe iludir por atitudes íntimas desajustadas (às vezes escondidas nas profundezas do espírito), como as relacionadas à troca de interesses e favores entre os mundos físico e astral.

A Lei do Carma, em associação com os complexos processos de alquimia interior que fomentam a evolução individual e coletiva da humanidade, demanda igualmente complexas análises. Acima de tudo, os irmãos comprometidos e sintonizados com a Espiritualidade Maior não fazem julgamento algum a quem quer que chegue ao mundo astral, procedente da vida carnal. A alegoria do Deus julgador, de barbas brancas e semblante endurecido pela "lei" implacável, é mera criação humana. Assim, os caminhos astrais trilhados pelos viajantes que partiram da carne são fruto unicamente do arcabouço mental-emocional desenvolvido pelo próprio desencarnante.

Ao deixar o mundo terreno, o ser humano se depara com a própria consciência. Ainda que fuja dela, as forças subconscienciais e as formas-pensamento alimentadas por ele serão seus próprios perseguidores, os quais, não raras vezes, se sintonizam com espíritos sofredores ou cobradores de débitos passados, para ampliar o seu sofrimento. Certamente, o orgulho, a vaidade e o egoísmo, bem como o aprisionamento aos impulsos inferiores, costumam ser a causa maior que favorece o desencarnante a ser tragado por forças negativas alimentadas por ele mesmo.

O Vale dos Espíritas

13

Os Mentores Maiores e orientadores das falanges cristãs no mundo astral, amadurecidos na compreensão da psicologia humana, sabem muito sobre os mecanismos e elementos que compõem as imperfeições humanas e têm ciência de que a evolução não dá saltos. Portanto, repletos de atitude amorável, estão sempre de braços abertos e mobilizam falanges diversas de resgatadores de desencarnados que desejam realinhar-se ou encontrar o caminho do Cristo, o que terá como pressuposto básico a busca do autoconhecimento e da autotransformação, paralelamente ao serviço ao próximo.

Os Mentores Maiores sabem que todo filho de Deus deve ser resgatado ou recepcionado nos agrupamentos cristãos do mundo astral, e que muito será exigido a quem muito foi dado. Essa exigência procederá do próprio íntimo de cada um. Cada qual sente, no fundo de sua alma, a autoeducação espiritual de que necessita, o que exige silenciar a mente e o coração, a fim de que seja possível auscultar-se no íntimo: primeiro passo para a tomada de consciência de si próprio, pois com a mente agitada ninguém é capaz de perceber-se. É preciso parar em algum instante do dia a dia para observar-se, ouvir a voz que vem da alma, dialogar amoravelmente consigo.

Nessa direção, cabe a cada um avaliar: se naquele determinado dia ou período da vida vivenciado, houve esforço na medida equilibrada rumo à autoeducação espiritual; se houve esforço excessivo ou se regateou esforço, ainda que tenha tido potencial para avanços (neste último caso, percebe-se o predomínio de forças tamásicas,[1] advindas das energias primárias da Terra, que se associam a energias similares normalmente carregadas pelo ser humano, como comodismo, preguiça, apego a vícios ou formas-pensamento criadas por si mesmo nas várias vidas, e quase sempre retroalimentadas por desencarnados viciados nas baixas frequências vibratórias, por se comprazerem nelas e delas se alimentarem).

---

1 Este termo deriva de *tamas*, uma das três *gunas* citadas pela literatura iogue. *Tamas* é a energia da manutenção travestida de indolência, inércia, comodismo, apego, medo, depressão e tendência à estagnação. A outra guna é a força rajásica, que vem de rajas, isto é, energia da dinâmica da criação travestida de estresse, nervosismo, indisciplina ativa, violência. A terceira é *sattwa*, que é o equilíbrio, em suas diversas formas de manifestação, expressa pela atividade construtiva, criativa e ao mesmo tempo serena. *Gunas* são energias que se manifestam no Universo por essas três formas, segundo acreditam as tradições hindu, ayurvédica e iogue; permeiam especialmente a natureza humana.

Seria injusto afirmar que não houve progresso espiritual da humanidade e dos que vêm encarnando em terras brasileiras. Sem dúvida, a Terra hoje está melhor do que há duzentos anos. Evidentemente ainda existem locais no plano físico e no Astral terreno em que a primariedade psíquica e material reina temporariamente irresolvida por questões cármicas e necessidade de burilamento espiritual das "pedras", ainda em estado muito bruto, que acabam por sofrer intensos atritos reparadores, através do salutar caminho do sofrimento.

Entretanto, havia por parte dos mentores da Terra mais expectativa quanto aos agrupamentos espíritas. Compreendemos que faz parte da caminhada evolutiva cultivar a paciência e a tolerância com aqueles que ainda não alcançaram a maturidade necessária para vencer a trilha com disciplina e firmeza de propósito, compatíveis com os conhecimentos e potencial interior que carregam. Desse modo, e por amor ao serviço de construção da nova Terra, tomamos a iniciativa de relatar como determinadas escolhas de caminhos interiores podem levar uma criatura a retardar o encontro com a verdadeira felicidade.

Longe de qualquer intenção de julgamento, esta obra busca o sincero propósito de auxiliar os espíritas e irmãos alinhados com as diversas correntes religiosas e filosóficas a atentar para aspectos da vida interior, muitas vezes tidos como meros detalhes, mas que na verdade são de suma importância para a própria evolução: é a sutileza do "caminho das pedras". Precisamos de trabalhadores prontos para o gigantesco serviço cristão nos planos físico e astral, volume de trabalho que deverá ampliar-se a cada ano e década vindoura. Contamos especialmente com trabalhadores que se agruparam ou que pelo menos se sintonizaram com o espiritismo,[2] em razão da facilidade de compreensão, de propensão ao terreno fértil no campo do sentimento, da força de vontade direcionada para a reforma íntima e, evidentemente, por terem procurado aprimorar-se interiormente, o que favorecerá a maior efetividade no serviço ao próximo, ajudando e ensinando melhor àqueles que se esforçam em exemplificar e vivenciar no seu íntimo a autoeducação espiritual.

2 Espiritismo aqui está contemplando os movimentos kardecistas, umbandistas, os agrupamentos universalistas com base espírita, e grupos similares, que atuam alicerçados por princípios cristãos.

O Vale dos Espíritas

Nesta obra, foram adotados cognomes no lugar dos nomes verdadeiros daqueles que viveram na carne as situações aqui expostas, a fim de evitarem-se problemas com seus familiares. Acima de tudo, estas narrativas têm como objetivo servir de instrumento de reflexão, contribuindo de alguma maneira no processo de reforma íntima dos que se encontram encarnados na Terra e que adotam como base filosófica e conceitual os mesmos parâmetros espíritas, nem sempre compreendidos ou vivenciados do modo mais eficiente.

Paz e amor!

Atanagildo

Capítulo

1

O sentido da vida
Relato de Jonair

Já passava das sete e meia da manhã. Eu tinha passado a noite inteira na UTI de um hospital. O derrame que me abatera, havia dois dias, danificara parte de meu cérebro, que não enviava mais sinais aos demais sistemas do corpo. Nessa manhã, os médicos anunciaram minha morte cerebral, aguardando somente o parecer de minha família para saber se podiam ou não desligar os aparelhos que ainda mantinham meus lentos fluxos cardiovasculares, os quais, a cada hora, se desvitalizavam mais, caminhando para o desfecho final do processo de vida.

Na verdade, eu me sentia como se estivesse anestesiado: percebia, com algum discernimento, a movimentação dos médicos e de meus familiares no hospital; sentia-me ainda ligado ao corpo físico, mas não me dava conta de que apenas meu perispírito pairava sobre ele, sem nenhuma condição de me receber; percebia, evidentemente, que tanto os meus familiares como os enfermeiros estavam muito preocupados com meu estado de saúde, e que a situação inspirava cuidados redobrados. Percebia também, com surpresa, uma certa postura de desesperança por parte dos dois médicos que me assistiam. Somente mais tarde, pude compreender que se comportavam assim em decorrência de minha morte cerebral.

Na verdade, naquele momento, eu sentia era medo do desencarne. O acidente vascular cerebral me pegara de surpresa, aos cinquenta e quatro anos, num estágio da vida em que eu era muito produtivo e imaginava que iria viver para lá dos oitenta.

Doze horas mais tarde, minha irmã Cyntia telefonava para mamãe:

— Mãe, acabo de receber uma ligação do hospital. Doutor Valcyr avisou que Jonair acaba de falecer. Ainda estou em estado de choque. Ele disse que costuma avisar primeiro a esposa, mas, apesar de ter tentado ligar para Creuza, ninguém atendeu. Talvez ela ainda esteja dormindo, por causa do cansaço de ontem. Fique calma, mãe, sente-se um pouco e tome uma água com açúcar!...

Só fui me dar conta do meu desencarne quando vi os enfermeiros desligarem os aparelhos, por ordem do médico, e me cobrirem até a cabeça com um lençol branco. Tentei entrar no meu corpo e não consegui. Lembrei-me de que no dia anterior, à noite, tivera a tradicional revisão da minha vida, com visões rápidas dos principais fatos que me ocorreram, desde que era criancinha até os dias atuais. Então me dei conta de que esse é um dos principais sinais da morte física. Senti certo desespero quando me vi coberto com aquele lençol, mas de súbito fui arrastado vibratoriamente para minha casa, onde encontrei meu filho Eduardo e minha esposa Creuza dormindo.

Com minha alma livre do envoltório da matéria física, e sujeito aos fortes reflexos do magnetismo astral, era natural que meus impulsos emocionais me conduzissem, por efeito de atração, para aqueles com as quais estava sentimentalmente mais ligado e preocupado. Creuza trabalhava, mas não tinha um bom salário. Eduardo acabara de se formar e procurava emprego havia meses, sem sucesso, apesar de ter uma proposta em vista. É evidente que eles poderiam usufruir da minha aposentadoria de funcionário público, mas ninguém sabia de outros compromissos meus.

Durante anos, tinha me envolvido afetivamente com outra mulher, com quem mantinha uma relação extra-conjugal. Por sua postura um tanto rebelde (ela me falava constantemente que não estava mais aguentando aquela situação e que eu teria de me decidir com quem ficaria definitivamente), com toda certeza Iolanda iria buscar os direitos de pensão do amante recém-falecido. Como advogado, sabia das desastrosas consequências do que eu alimentara e, de certo, haveria processo judicial. Mais do que isso: como ficaria minha imagem na família, no centro espírita que eu frequentara e no trabalho, uma vez que todos me tinham como pessoa da mais ilibada conduta?

Na minha mente começava a instalar-se um verdadeiro turbilhão de pensamentos. A dor na cabeça causada pelo derrame havia desaparecido assim que o pessoal do hospital me cobriu com o lençol. Hoje sei que de fato não havia mais dor física; no entanto, eu a alimentara por efeito psicológico, achando que até então ainda estava vivo. Mas, naquele momento, ela voltava ainda mais intensa. Sentia-me confuso, envergonhado de mim mesmo. Meu amor por Creuza era profundo, apesar de minha postura leviana, arrebatada pelos instintos descontrolados e pela paixão corriqueira, haja vista

O Vale dos Espíritas

Iolanda possuir uma beleza física incomum.

Aos poucos, fui me desligando do meu lar, sentei-me na calçada da rua onde tinha morado por décadas e comecei a chorar compulsivamente, sentindo uma dor descomunal no coração. Sentia-me sozinho e tinha vergonha de ter que encarar o julgamento dos prepostos de Deus. Aquele quadro emocional naturalmente me levara para o Umbral. O magnetismo no mundo astral é impressionante. Basta você modificar o que pensa, especialmente desejos e sentimentos, e é atraído vibratoriamente para o ambiente condizente com aquele padrão de frequência: é como um ímã que nos conduz involuntariamente. No mundo físico temos uma barreira natural, que é o corpo físico, mas no Astral não existe mais essa contenção ou biombo energético.

Quando levantei a cabeça, me assustei porque estava sentado na calçada, quase em frente à minha casa, e de repente me deparava com um ambiente totalmente diferente: sombrio, frio e com várias entidades vagando, chorando, gritando; outras andando com ar de desespero ou em estado mental desorientado. Cena assustadora e incompreensível para mim, pois jamais pensei que um dia pudesse estar ali; além do mais, não sentira ninguém me levar para lá. Imagino que ficara sentado com a cabeça abaixada, apoiada sobre os joelhos flexionados, por cerca de duas horas, enfrentando minhas emoções doloridas e minha mente atordoada por uma avalanche de pensamentos, preocupações, culpas e autocondenações. E foram exatamente essas emoções e esses pensamentos que me conduziram ao Umbral.

Percebi que não podia ficar ali sentado no meio do nada, cercado por entidades perdidas, desesperadas, e outras de aspecto horrendo. Aquele ambiente sombrio e frio me dava medo. Foi quando me dei conta de que não dava mais para lutar pelas coisas que tinham ficado no mundo físico e que eu precisava cuidar de mim. Lembrei-me dos mentores da casa espírita que frequentava, mas, num primeiro momento, me senti constrangido em fazer uma prece e pedir a ajuda deles, face aos meus atos inadequados na vida terrena, especialmente em relação à minha dedicada esposa, o que me colocou naquele instante em um intenso estado de culpa.

Lembrei-me, então, de dois senhores que tinham desencarnado: José Athayde, havia uns dois anos, e Alexandre, havia poucos meses, e que também frequentavam o mesmo centro espírita. Eu tinha uma boa relação com eles; conversávamos bastante; sentia-os como bons amigos: um fora assistente dos trabalhos mediúnicos por mais de dez anos, mais ou menos o mesmo tempo que eu participava do grupo, quando então ele partiu para o plano espiritual, e o outro frequentava o centro havia anos e se integrava nas rotinas de estudos, trabalhos mediúnicos, contribuição assistencial a famílias carentes, incluindo ajuda financeira, além de participar das leituras, debates e palestras. Como eu, ambos eram assíduos frequentadores e participantes dos diversos trabalhos enobrecedores da alma.

Lembrei-me, naquele momento, das muitas leituras espíritas e então pensei que não poderia estar passando por aquilo, porque conhecia muito a doutrina, inclusive tinha lido várias obras sobre a força e o domínio da mente, muito comuns nos meios espiritualistas. Concluí: "Puxa, quantas pessoas carentes ajudei, e quantas pessoas ajudamos no centro, nos nossos passes e orientações espirituais...?". Então pensei firmemente em José Athayde e Alexandre. Pedi a Deus que eles aparecessem para me ajudar a sair dali. Depois de algumas horas, já cansado, com fome e sede, após ter caminhado bastante à deriva, eis que Alexandre veio ao meu encontro, junto com outros irmãos desencarnados.

– Jonair, companheiros da nossa cidade astral que estavam presentes ao seu desenlace carnal nos avisaram e, por isso, saímos à sua procura. Imaginei que também estivesse na mesma região para a qual fui atraído no meu desencarne. Venha se juntar aos nossos! Então você partiu do plano físico!!!... Claro, já imagino, passou pelo mesmo pesadelo que eu e estes dois amigos, ao desencarnar e dar de cara com o Umbral, após caros serviços prestados à doutrina... É, meu amigo, tudo o que lemos e estudamos foi muito diferente do que encontramos. Onde estava o pessoal do Nosso Lar para nos receber? Enfim, a mesma sensação que eu tive, você está tendo agora: de sentir-se enganado. Mas não esquenta! Venha conosco, você vai ver quanta gente passou pela mesma situação! Estamos construindo um lugar para aqueles que vivenciaram o mesmo que nós. Não é muito longe daqui. Nelson

O Vale dos Espíritas

21

e Sérgio conhecem bem o caminho e nos servirão de guias. Apenas fique atento, porque vamos nos deparar com várias entidades perturbadas e encrenqueiras. Não lhes dê atenção, siga em frente: os cães ladram, mas a caravana passa. Você vai se surpreender com a quantidade de irmãos espíritas que foram ludibriados, como nós. E já que não achamos o Nosso Lar, tão apregoado por André Luiz, resolvemos construir o Nosso Lar do 'B'.

– Estou cansado e com fome – respondi. – E já com certa dificuldade de caminhar. Vai demorar muito para chegarmos?

Nelson, o outro companheiro, esclareceu:

– É... percebi desde o início que você estava meio trôpego. É normal. Perdeu muito ectoplasma, por conta do seu estado de saúde, desde a hora do desencarne. Lá no hospital havia algumas entidades negativas sugando a sua vitalidade. Estive presente com alguns amigos e não pudemos fazer nada, pois eram criaturas violentas, inteligentes e de muita força mental, e não queríamos arranjar encrenca. Quando a gente consegue se manter intacto, com nosso ectoplasma, ainda que fraco, dá para ter algum saldo de energia do corpo físico (as últimas correntes de sangue que levam energia vital ao duplo-etérico e daí ao corpo astral), o que nos ajuda a chegar aqui com mais força e consciência. Mas tenha um pouco de paciência, e em mais alguns minutinhos chegaremos à Cidade dos Nobres.

Então Sérgio, o terceiro acompanhante, acrescentou:

– Estamos sabendo que alguns desencarnados andam apelidando a Cidade dos Nobres de Vale dos Espíritas. Isso para nos insultar. Dizem que foram outros desencarnados que passaram por aqui que começaram com esse papo, como se vivêssemos num vale de sofrimento. Mas vale de sofrimento é o descampado onde eu, você e tantos outros estávamos, após o desencarne. Aliás, alguns desses que têm passado por aqui vêm com ar de doutrinadores do bem, com cara de bonzinhos, mas sem cultura, com aspecto de quem viveu em periferia de cidade grande, ou em vila do interior do Brasil; tipo "papo para boi dormir". Gente sem estudo, sabe como é; querendo orientar parceiros com elevada cultura, que foram conhecedores profundos da doutrina espírita quando encarnados. Vez ou outra, até que chegam alguns com um pouco mais de inteligência, com jeito manso, mas querendo interferir demais no nosso modo de pensar. No fundo, querem nos humilhar com argumentos e trejeitos de São Francisco.

Finalmente nos avizinhamos da cidade.

– Chegamos, pessoal! – avisou Alexandre.

Olhei ao redor e comentei:

– De fato é como um vale, Alexandre. As construções da vila estão dentro de uma região baixa, cercada de morros, como num vale realmente. Qual a população desta colônia?

– Primeiramente vamos deixar claro que aqui não usamos o termo colônia, como se via nos livros espíritas – apressou-se a dizer Sergio. – Colônia é coisa do passado, expressão sem visão de modernidade, que é o que estamos implantando. Além disso, já não somos mais uma vila; podemos dizer que alcançamos a categoria de cidade. Mas, vamos lá, temos aqui mais ou menos quinze mil habitantes. De tempos em tempos, vemos que muitos se afastam, outros chegam. Os que saem, resolvem migrar para outras colônias. Há também aqueles que preferem ficar na crosta, dando uma de protetor dos parentes que permanecem encarnados. Mas, no geral, percebemos que a população vem aumentando.

– Nós, que vivemos aqui, somos um grande grupo social com muitos traços de semelhança comportamental, isto é, não somos acomodados, não baixamos a cabeça para os outros, principalmente para quem não possui intelecto avantajado e não traz uma grande bagagem de conhecimentos da crosta – acrescentou Alexandre. – Outra coisa, para cá vêm pessoas com grande força mental. A gente bate no peito com orgulho por ter este lugar. Enfim, depois de anos vivendo às soltas nesses descampados e no vale sombreado, nossos antecessores resolveram construir algo melhor para estarmos juntos. É como um grande condomínio fechado. Assim, nos protegemos de ataques de entidades perturbadas que estão por toda parte, fora dos nossos muros. Aqui nos sentimos mais seguros, e, o que é melhor, com pessoas que partilham das mesmas ideias e das mesmas análises críticas sobre o espiritismo, que está cheio de equívocos.

Está na cara que Chico Xavier e outras criaturas especiais foram para lugares muito melhores, onde não precisam de tanto trabalho pesado, como aqui, que temos de levantar nossas moradias, estruturas de ruas, e por aí vai. Eles foram direto para os páramos celestiais. Na verdade, nós não estamos no melhor lugar não. Todos aqui estão esperando os seus direitos de trabalhadores do Cristo. Merecíamos estar em cidades como Nosso Lar, onde há outro padrão de estrutura, muito mais moderno. Se Jesus tratava seus discípulos e demais seguidores da mesma maneira, os mais simples deveriam ser tratados assim também. Desse modo, haveria democracia verdadeira. Aliás, há muitos que até duvidam que sair daqui seria o melhor. Por isso resolvemos construir nossa própria cidade. A próxima grande obra a ser realizada será uma barreira magnética contra entidades desorientadas e até contra assaltantes que tentam roubar condensadores de energia de plasma.

Nesse momento, tive de perguntar:

– O que é isso? Condensadores de plasma?

– É a base da nossa proteção contra invasores – respondeu Alexandre. – A gente tem equipes que se revezam para buscar material energético na crosta. Esses condensadores foram desenvolvidos por alguns cientistas que vivem na nossa cidade. Eles servem também para iluminar as noites ou mesmo algumas horas do dia, quando os raríssimos raios de sol que chegam aqui não conseguem ultrapassar as densas nuvens de tempestades que caem de vez em quando. Esse material é precioso; por isso muitas entidades negativas vêm tentar roubá-lo para usar com fins tenebrosos. Sabe como é que é! Sabe aquelas histórias de macumba, de gente que faz trabalhos com magia negra para matar algum inimigo ou fazer algum mal... Enfim, as entidades do mal querem roubar esse material plásmico para usar com esses e outros fins negativos. Nós aqui estamos num outro nível; não mexemos com macumbas ou baixarias como essas.

– Mas qual a origem desse plasma? – insisti. – Como vocês conseguem esse material?

– Tem várias origens – informou Nelson. – Tanto da natureza, quando captamos bioplasma de alguns vegetais ou árvores, como das energias sutis que pairam nas beiras de rios e mares, mas principalmente do sangue de animais. Mas repare bem, não usamos isso para fazer macumba, não. Tem também o ectoplasma de pessoas encarnadas. Lembra dos trabalhos mediúnicos? Há muitos trabalhos que são feitos sob orientação de amigos da nossa cidade. Eles normalmente levam o equipamento aspirador de ectoplasma para captar essas energias dos médiuns, e trazem-na para cá. O pessoal está sintonizado com a gente, e aí o canal fica aberto para captarmos plasma. Esse material é como o "ouro" do plano astral. Todos precisamos disso para os mais variados fins.

– Mas vocês nunca perceberam, viram ou constataram a presença de algum guia espiritual, daqueles que líamos nos livros ou que diziam estar presentes nos trabalhos mediúnicos? – perguntei curioso.

– Jonair, sabemos que às vezes eles estão presentes, meio que espionando a gente – retrucou Alexandre. – Primeiro, não estamos fazendo mal a ninguém. Até damos orientação em várias sessões mediúnicas. E depois, se a turma que está acima de nós não vem nos buscar para o Nosso Lar ou outras paragens melhores, então temos de nos organizar e fazer a nossa parte. Não dá para ficar esperando ninguém não, meu irmão! Temos que nos virar e tocar nosso barco. Aqui é cada um por si. Tentamos nos unir em torno do que precisa melhorar a vida do conjunto; é como num condomínio lá na Terra. Tudo que os tais bonzinhos do Cristo nos prometeram não aconteceu. Não apareceu entidade superior nenhuma, nem anjo algum para nos resgatar para as zonas celestiais. Então, se não temos o Nosso Lar, construímos a Cidade dos Nobres, com o nosso suor.

– Não sei como se processa aqui, no lado invisível, mas no mundo dos encarnados você sabe que esse lance de sintonia é um assunto muito delicado... E como é que vocês a criam nos trabalhos mediúnicos, para facilitar a coleta do ectoplasma?

– Bem – disse Alexandre –, temos ido a vários trabalhos espirituais e incentivado o pessoal a expandir o atendimento aos outros. Exatamente o que faziam com a gente: "Sem caridade não há salvação". Então o pessoal encarnado se dispõe a ajudar as entidades perturbadas. Sabemos que entre nós até há algumas entidades superiores, que na verdade nem vemos. Sabemos que as correntes dos médiuns oscilam muito, nem sempre ficam de todo energeticamente fechadas, pois sempre há gente desequilibrada demais, perturbada, e aí fica fácil penetrar nela e puxar um pouco de ectoplasma. Portanto, sempre sobra algo para nós no processo das transfusões ener-

O Vale dos Espíritas

25

géticas. Alguns encarnados são mais duros. Então tentamos influenciá-los com sopros no ouvido, mas não conseguimos que liberem o suficiente para injetar no condensador. Percebemos que são pessoas metidas a certinhas demais ou com a mente muito forte...Há outros mais parecidos conosco. E aí sim, conseguimos captar ectoplasma.

A gente consegue captar também dos mais medrosos, dos cheios de culpa ou de vergonha dos seus guias espirituais, porque fizeram bobagens, e há aqueles cheios de vaidade, achando que são os bons da doutrinação, mas que no fundo estão ali por interesse de ganhar um pedacinho do Astral superior. Dessa turma toda é fácil tirar ectoplasma. É claro que de vez em quando alguém puxa uma prece forte, e então surge do nada um refluxo de energia que nos joga para longe. Daí fica difícil penetrar de novo na corrente, mesmo sabendo que há os mais fraquinhos lá dentro. Daí temos que começar tudo de novo, tentando jogar sugestão na cabeça desses fraquinhos para abrirem novamente o canal de entrada na corrente, e por aí vai. É a nossa luta diária.

Ao ouvir tudo isso, não pude deixar de enfatizar:

– Mas, Alexandre, isso me parece roubo de ectoplasma...

– Qual é, Jonair! – retrucou Sergio, de imediato. – Você acaba de chegar e não tem nem ideia do que é viver aqui. Se a gente não se virar, somos atropelados por entidades negativas. Meu irmão, aqui é "salve-se quem puder". Ninguém veio lá de cima nos salvar. Então, temos que criar maneiras inteligentes de nos proteger. Ninguém está roubando ectoplasma, não. Se captamos é porque esses encarnados estão em sintonia conosco. Se um aparelho de rádio ou televisão consegue sintonizar um canal, é porque houve sintonia natural; não há roubo algum. Assim como ocorreu com você, que nos forneceu muito ectoplasma, acontece o mesmo com outros. Agora você será beneficiado; é a sua vez de usufruir desse bem. Olha só, quem deu receberá de troca. São Francisco não falava isso? Aqui também tem comércio. Lembro-me dos meus tempos de estudante de Economia, em que se falava das teorias liberais e neoliberais. Elas valem não só no mundo material, como aqui também. Em tudo prevalece a lei das trocas, e o mercado regula automaticamente essas relações. Na verdade, como ocorre no mundo material, há aqueles que prometem e não cumprem, os que não são justos no comércio e por isso devem sofrer as penalizações da justiça e da polícia. Aliás, tem gente lá de cima que não cumpriu o que prometeu. Agora é a nossa desforra. Vamos correr atrás da nossa justiça. Entendeu, né?

– Você quer dizer que a turma lá de cima, que prometeu e não nos ajudou, falhou na troca....?

Dessa vez, foi Alexandre quem respondeu:

– É mais ou menos isso. Na verdade, ninguém nos prometeu nada diretamente: a entidade tal, ou fulano ou sicrano, mas no sentido geral. Ajudamos muita gente com coisas materiais, com passes e em trabalhos de desobsessão. E cadê o retorno disso, quando chegamos aqui? Tivemos mesmo é que construir o nosso espaço, as nossas coisas, e tocar a vida.

Nesse ponto da conversa, chegamos diante de uma casa diferente das demais, e Nelson nos avisou:

– Pessoal, chegamos à casa do dr. Cardoso, nosso comandante maior. Vamos apresentá-lo a ele, Jonair. Depois então arranjamos uma casa para você ficar, até ter condições de construir a sua.

– Puxa, pensei que fosse encontrar aqui um mundo mais justo, mais igualitário! A casa do chefão parece mais bacana do que a da maioria.

– É, meu caro, aqui é igualzinho. Se você não batalhar, não recebe, e quem pode mais tem direito a mais. Tudo como ocorre naturalmente na Terra – explicou-me Alexandre.

Entramos, e já estávamos diante do dr. Cardoso, que logo se dirigiu a mim:

– Seja bem-vindo, meu caro Jonair. Já relaxou, já caiu na real? Até que você está bem, pelo tempo de desencarne. Há muitos que chegam aqui sem consciência; outros caindo aos pedaços. Pois é, como o pessoal deve ter lhe falado, temos que batalhar o nosso espaço; temos que construir aquilo que tanto esperávamos e que não aconteceu. Tudo promessa vazia. Aqui ninguém faz mal a ninguém, não. Procuramos criar um ambiente de paz e solidariedade. Só que tem horas que precisamos ser mais duros com alguns. Sabe como é, se faltar disciplina e ordem... Temos que pôr autoridade e organização no lugar. Você vai andar pela colônia e verificar que ainda há muita coisa por fazer. Aqui o governo somos todos nós, e eu estou nessa gestão há mais de cinco anos tentando trazer o

O Vale dos Espíritas

27

melhor bem-estar possível a todos. Claro, sempre tem aqueles que contestam, que são da oposição, que tentam me minar para colocar o José Eduardo na adminstração. Nossa democracia prevê sete anos de gestão; e ainda tenho dois anos de labuta, vou precisar de sua ajuda também. Meu assessor, Francelino, vai lhe dar algumas orientações básicas sobre as normas da cidade e encaminhá-lo para uma casa de hospedagem. Parabéns por aceitar numa boa vir para cá! Você não vai se arrepender.

A essa altura, eu pensava: "Estou impressionado com a Cidade dos Nobres. Na verdade, não há nada de nobre aqui, como cheguei a imaginar. Aliás, esse nome é intrigante. Quem o teria dado a este lugar? Qual será a intenção, pois de fato não vejo aqui nada de nobreza... Mais parece uma pequena cidade do interior do Brasil: algumas ruas pavimentadas, outras não, algumas casas bonitas, outras mais simples. Há algo como bicicletas e uns veículos meio esdrúxulos, parecidos com os nossos automóveis, só que meio artesanais. Parecem carros feitos em oficina de fundo de quintal. Que estranho!".

Mais tarde, eu iria descobrir que usavam bioplasma como combustível, que era processado num pequeno aparelho colocado no motor, que o fazia mover.

Saímos, e quando indaguei sobre a energia que era utilizada na cidade, Sergio esclareceu:

– É, Jonair, nossa energia elétrica, nossos aparelhos, carros e outros equipamentos se utilizam de plasma sintetizado e homogeneizado a partir da captação de diversas fontes de bioplasma; para outros usos, mais nobres, temos ectoplasma. Isso é tecnologia nossa, especialmente criada pelo cientista dr. Wesley e sua equipe.

A essa altura, tive de dizer:

– Pessoal, mais do que qualquer outra coisa, preciso tomar um banho, comer algo e descansar. Estou um caco.

– Sim, meu amigo, você terá isso tudo logo que chegarmos à casa de hospedagem, que é bem pertinho, depois daquela esquina – assegurou Alexandre. – E olha... apesar dos esforços do prefeito para controlar as invasões, tentativas de roubo e violências, você precisa estar atento. Ande sempre com a sua identificação, pois há muitas entidades chegando ou passando por aqui, que na verdade só estão de olho nos equipamentos de condensação de energia. Às vezes, se fingem de amigos e querem se instalar na cidade; outras vezes conseguem entrar, depois de tumultuar as portas de entrada, ou pular os altos muros, utilizando-se de equipamentos projetores de corpos, como se fossem as velhas catapultas. A intenção delas é tentar raptar aqueles que acabaram de desencarnar e que nos pediram ajuda ou foram indicados por algum dos nossos membros da comunidade, mas ainda estão muito debilitados e mal conseguem controlar suas próprias mentes, para transformá-los em ovóides, ou simplesmente os escravizarem mentalmente, por meio de hipnose ou lavagem cerebral. Enfim, você deve ter observado a quantidade de seguranças. O sistema econômico e social aqui não difere muito da crosta. Temos de nos virar para pagar esse pessoal de mais baixo escalão, que às vezes se revolta e quer mais regalias. A luta aqui é grande, companheiro, você vai ver. Tem até sindicatos, como na Terra.

Surpreso, observei:

— Estou pasmo com isso tudo, pois pensei que ia encontrar algo como um Nosso Lar... com outros paradigmas de vida...

— Sim, meu amigo — disse Alexandre —, como lhe falei, nós aqui estamos construindo o "nosso lar", à nossa maneira, pois estamos entregues à própria sorte. Como chegamos da crosta com nossas experiências profissionais, aqui buscamos colocá-las em prática.

Não pude deixar de indagar:

— Vocês fazem preces, sejam individuais ou coletivas?

— Para quê, meu caro? — tornou Sergio. — Às vezes, algumas pessoas até tentam fazer, mas sabe o que acontece? Pedem, pedem, e não acontece é nada. Tem entidades que acabam vindo aqui e levando alguns dos nossos. Conforme narramos, são espíritos que mais parecem com mendigos, com conversa de bonzinho, mas sem expressão intelectual. Com certeza devem estar indo para alguma dessas colônias de repouso ou de trabalho, em locais que mais parecem feudos no meio do Umbral. Aqui estamos construindo uma cidade moderna, que futuramente será uma grande metrópole, com gente inteligente, empregados para nos servir, num ambiente com segurança e alta tecnologia. Queremos construir uma cidade como as de alto padrão que se pode ver na Euro-

O Vale dos Espíritas

29

pa. Enfim, ainda vamos chegar lá...mas com nossos próprios esforços mentais. Tudo no Astral é possível ser plasmado. Descobrimos que nossa mente é criadora, e quando nos reunimos coletivamente é para produzir muitas das coisas que você está vendo, inclusive fluidos de alimentos, que exigem trabalhos intensos de mobilização de energia da crosta. Você vai provar nossa comida e vai gostar dos sabores que o dr. Ernesto tem inventado, com fluidos a partir de química astral, um negócio complexo, mas eficiente. Outra questão importante diz respeito ao ambiente, que exige muito cuidado para nos livrarmos de invasores constantes. Mas vai aumentar o número de seguranças e melhorar o sistema de proteção, e então nossa vida vai melhorar.

Informações de Atanagildo:

Mais tarde, Jonair foi resgatado por uma equipe de socorro, e hoje está bem. Finalmente recuperou-se da enfermidade básica do espírito, à época enovelado pela vaidade e orgulho, que lhe impermeabilizavam a percepção mais sutil, livrando-se também das nuvens astrais escuras atreladas a desvios na área sexual. Normalmente os espíritos ligados a falanges cristãs que atuam em "resgate de almas" e vão até o Vale dos Espíritas (a Cidade dos Nobres está dentro do próprio Vale) costumam adotar uma aparência fluídica muito simplória, embora sejam repletos de amor. Essa estratégia visa a despertar a percepção das criaturas para o real valor das coisas mais simples da vida, abrandando-lhes o coração, a fim de que enxerguem as pessoas além da aparência e do intelecto, que muitas vezes criam um ambiente em que prevalece a vaidade e o orgulho.

O Vale dos Espíritas, na verdade, é um local onde se aglutinam entidades que, embora tenham conhecido a doutrina espírita ou se dedicado a grupos ligados a ela, permaneceram intimamente carregadas de revolta, orgulho, vaidade, egocentrismo, mantendo-se submissas a baixos instintos, como os ligados ao sexo descontrolado, por resistirem à mudança. Muitos dos que habitam aquela região são ex-frequentadores de centros espíritas na crosta que foram atraídos para lá por simples efeito de sintonia vibratória, pois não buscaram a reforma íntima, não se aprofundaram no autoconhecimento ou não se deram conta do quanto eram dominados pelos instintos, deixando de fazer esforço sistemático para educá-los.

Há ainda os espíritos recrutados no próprio Umbral, que para lá foram exercer atividades ligadas à segurança local, ou outras funções mais corriqueiras, e que não eram necessariamente espíritas quando encarnados, mas encontram-se no mesmo patamar de evolução espiritual.

Sabemos que a vaidade, o orgulho, o egoísmo e o apego a paixões inferiores ainda farão parte, por muito tempo, da quase totalidade dos habitantes dos planos físico e astral, em diferentes graus de intensidade. Porém, quem propõe-se a melhorar, a aplicar a máxima de Jesus: "Orai e vigiai", já está automaticamente capacitado a deixar penetrar as luzes do amor sublime em sua casa interior.

Na verdade, não precisamos de muito; basta um pouco de esforço e o apoio logo aparece. Basta um vislumbre de humildade sincera do coração. É só lembrar desta outra máxima: "Um pouco de fermento leveda toda a massa". Acontece que, em muitos casos, a criatura se acha tão acima de tudo e de todos, ou foge de si mesma, que torna-se difícil romper as barreiras energéticas criadas por ela.

O orgulho, a vaidade e o recalque alimentaram os idealizadores da Cidade dos Nobres. Somente alguns poucos dos seus dirigentes e das lideranças locais encarnaram na nobreza, à época da Antiguidade e da Idade Média, e não se conformaram com reencarnações posteriores como pessoas simples do povo. A maioria dessas lideranças assumiu papéis de padre, bispo, pastor ou agregado da Igreja, e compactuou com os membros das cortes europeias ou do poder político das Américas, alimentando intimamente a inveja por não serem nobres. Assim, esse recalque se projetou no nome dessa cidade do plano astral.

Muitos desses líderes foram inquisidores, e mais tarde se envolveram com os movimentos da Reforma Protestante; alguns reencarnaram nos séculos dezoito, dezenove e início do século vinte, como padres católicos, e foram árduos defensores do modelo tradicional da Igreja, tornando-se perseguidores e contestadores de movimentos espíritas e espiritualistas renovadores, por carregar em sua intimidade rancores, mágoas, culpas, tristezas, ódio, inveja, recalques, práticas da maledicência, apego a riquezas e *status*, enfim, mazelas filhas do orgulho, da vaidade e do egoísmo.

Quem muito recebeu em informação e conhecimento, muito será cobrado por sua própria consciência divina, que habita lá no fundo da alma. Quem se propôs a servir de coração à causa do bem, deve fazê-lo sem segundas intenções, sem remuneração, porque na lei que rege o mundo espiritual não existe comércio espiritual, mas serviço abnegado ao Cristo. É evidente que há aqueles que foram arrebanhados dos desfiladeiros do Umbral e das zonas abissais (vivendo na carne ou fora dela) e que se esforçam por engajar-se nos movimentos espíritas e espiritualistas da crosta, principalmente por melhorar suas atitudes, dando início ao esforço de autoburilamento.

Pela natureza da origem de suas almas, certamente o processo de renovação íntima lhes será mais lento e menos aprofundado, mas nem por isso menos importante. É como aquela pessoa que passou a vida inteira roubando e, por desejo próprio, resolve sair dessa vida errática. Ao propor-se a adotar novo padrão de comportamento, é aconselhável viver num ambiente propício a novas atitudes, evitando exposição a ambientes que o estimulem à antiga prática, pois, quando a alma ainda não tem força suficiente para vencer a tentação, é melhor que a evite. Um dia, certamente, quando sentir-se mais segura, em outro patamar de confiança íntima para o novo padrão de vida, poderá passar por "testes" de validação do seu caráter.

No que concerne ao que chamamos de contato natural com as mazelas interiores, é importante salientar que, apesar de ser já um processo natural de autoconhecimento e autorrenovação (o que ocorre normalmente com espíritos que já optaram pelo caminho do bem, há várias vidas, ou mesmo antes da última encarnação), exigirá serenidade, autocontrole, firmeza de propósito e, acima de tudo, sentimento de autoperdão pelo que fez e pelo que pode vir a fazer, face aos escorregões naturais de quem busca deixar para trás padrões antigos de comportamento. No entanto, qualquer que seja a criatura engajada nos serviços cristãos e na busca da renovação íntima, deverá estar plenamente consciente do esforço íntimo que está de fato imprimindo na sua caminhada espiritual.

Há muitos espíritos que já optaram pelo caminho do bem, mas não conseguem despender esforços suficientes para se autoconhecer e modificar-se intimamente, e costumam fugir de si mesmos. Querem viver a plenitude de alegria dos páramos do Astral superior, mas não fazem por onde, não trabalham intimamente para tornar-se mais leves, capazes de ascender naturalmente (e sem ajuda artificial)[1] para ambientes espirituais mais sutis. Querem receber os benefícios superiores e ao mesmo tempo desejam, no íntimo, manter os vícios antigos dos prazeres menores, egocêntricos, apegados ao próprio orgulho e vaidade.

Grande parte das mazelas íntimas se esconde no subconsciente humano. Para contatá-las e trabalhá-las, é preciso acalmar a tempestade mental, fazendo chegar a calmaria interior, sem o que não se poderá detectar os sentimentos e pensamentos distorcidos e reincidentes que precisam ser burilados. A maioria costuma empurrar a sujeira mental-emocional para debaixo do tapete subconsciencial, por preguiça mental e por medo de desapegar-se das coisas mundanas ou vícios emocionais do passado, retroalimentando as próprias emanações que gerou. Então, tende a reagir negativamente e com irritação quando o orgulho se deixa ferir por algum comentário alheio, quando leem algo que mexe com essas mazelas, ou mesmo quando um guia espiritual lhes toca a intuição durante uma prece ou meditação.

Como nenhuma ovelha será abandonada pelo Bom Pastor, constantemente irmãos de falanges de resgatadores se dirigem ao Vale (tanto ao descampado, quanto à cidade que lá construíram) para sensibilizar e propor resgate a alguns desses espíritos. Às vezes obtêm êxito, mas na maioria delas não. Se na Cidade dos Nobres chegam entidades simples na aparência e ricas em humildade, bondade e tolerância, são tratadas pelos habitantes como indigentes. Se chegam espíritos com mais preparo intelectual, são tratadas como arrogantes que estão tentando humilhá-los. Na verdade, sempre encontrarão uma desculpa para manter viva a forte tendência de vaidade e orgulho que alimentam há milênios.

Há criaturas, em variadas colônias astrais, com muito me-

---

1 Há casos que, com o objetivo de educação espiritual, entidades superiores ajudam espíritos mais densos a visitar locais de paz, amor e harmonia no mundo astral, mas o fazem utilizando-se de artifícios energéticos, já que esses espíritos ainda não dispõem de elevação espiritual que os capacite naturalmente a chegar a esses ambientes.

O Vale dos Espíritas

nos conhecimento que a maioria dos que habitam a Cidade dos Nobres, mas que são sinceras consigo mesmas. Estão de corações abertos, querendo aprender mais e a melhorar-se intimamente. Algumas até ajudam o próximo, pensando em ser recompensadas pelo Alto, mas ainda são espíritos carentes de conhecimento; ao contrário de muitos encarnados e desencarnados já esclarecidos que tentam enganar a si próprios, fazendo comércio mental no campo do consciente e empurrando para o subconsciente a culpa por estar fazendo algo errado.

Aqueles que têm humildade sincera para perceber que são cheios de imperfeições, estão dispostos a reparar seus erros diariamente. Até podem tropeçar, mas estão sempre pedindo forças a Deus para se levantar e prosseguir no caminho do autoconhecimento e da autorrenovação. São vigilantes contínuos de suas mentes indisciplinadas ou deseducadas, e buscam corrigir-se internamente sempre que percebem algum sentimento em desacordo com os princípios contidos no Evangelho de Jesus.

Essa luta interior faz parte do processo; no início, é exaustiva para os neófitos na caminhada da autorrenovação, até que alcancem certo nível evolutivo básico e exerçam essa prática com naturalidade e equilíbrio, mas sempre avançando para o Alto, trabalhando intimamente com persistência, firmeza de propósito, fé em Deus, autoconfiança, gratidão e alegria. Com o tempo, essa caminhada deixa de ser tão árdua e se torna gratificante e prazerosa.

O primeiro passo para galgar os degraus da evolução é vivenciar os primeiros sinais da humildade no fundo do coração, reconhecendo a necessidade de reeducação dos sentimentos. Ao mesmo tempo, estar decidido a mudar para melhor, despendendo força de vontade em direção à prática do amor ensinado por Jesus para consigo, para com o próximo, e sintonizando-se com o fluxo evolutivo advindo de nosso Pai Celestial, que compreende as limitações de cada ser; por isso coloca no caminho o peso que se pode carregar, sem necessidade de tornar-se um mártir da evolução, mas simplesmente seguindo o caminho da ascensão de forma serena, alegre e persistente.

Relato de Jonair:

Depois de quase um ano na Cidade dos Nobres pude me certificar do quanto aquele lugar era inseguro, em termos vibratórios e em relação à invasão de entidades perturbadas, principalmente as mal-intencionadas. A mesma insegurança que se sente em muitos lugares na Terra, pela falta de paz e amor verdadeiros, também se sente ali, o que exige fortes sistemas de segurança, conforme ocorre nos condomínios e em muitas cidades terrenas. Mas até que, em se tratando do Umbral, o lugar não é dos piores. Na verdade, é uma reprodução de uma pequena cidade brasileira, com todos os seus aspectos bons ou ruins, sem trabalho no campo espiritual elevado e baseada em propósitos materialistas e egoísticos. "Orai e vigiai" é um hábito que simplesmente não existe entre os seus habitantes.

Quem anseia por paz, segurança, ambiente equilibrado, sem hipocrisia, vaidade e orgulho, esperaria por algo diferente, mais parecido com a colônia Nosso Lar, ou outras onde o amor crístico, a disciplina e a ética universal sejam as diretrizes dos pensamentos, sentimentos e atitudes, mesmo em meio a tantas imperfeições nas criaturas.

Descobri que vários habitantes da própria comunidade fazem coisas pouco dignas às escondidas, a exemplo do apego a certos vícios e práticas de quem ainda está muito ligado aos baixos instintos e que não se mostra preocupado em mudar e começar um trabalho de autoeducação da mente. Há membros da Cidade que chegam a buscar entidades fora dos muros, ainda muito viciadas em instintos sexuais (inclusive encarnados desdobrados do corpo físico, durante o sono), fazendo levianamente promessas a elas, como uma série de regalias e outras vantagens que nunca terão, somente para usufruir das práticas para satisfazer seus instintos mais grosseiros, do mesmo modo como ocorre rotineiramente nas relações na Terra.

Isso ocorre especialmente com os espíritos que costumam ir à crosta e voltam cheios de fluidos vampirizados em ambientes como motéis, boates ou lares de casais sem proteção. Fiquei especialmente impressionado com tais vícios ou imperfeições da alma que, na crosta, ficam escondidos no fundo de cada um e, no Astral, acabam desabrochando com uma força quase incontrolável, por mais que se queira escondê-los.

O lugar me parecia destinado ao encontro de espíritos orgulhosos e egoístas que, hipocritamente, deixam escapar seus impulsos mais íntimos, sem controle, sem colocar em prática o princípio basilar do "Orai e vigiai", ou sem esforçar-se para melhorar na intimidade, com autocontrole da mente e das paixões mais grosseiras. Era comum ocorrer extensas e infrutíferas discussões balizadas apenas pelo intelecto, sem a doçura da alma. Mais parecia um grande condomínio que lutava para proteger-se das constantes invasões, ou tentativas de invasão, por parte de entidades empedernidas. A vibração era sufocante, pois as influências vibratórias da região umbralina estavam muito presentes ali, ainda que se tentasse acionar um novo aparelho gigante que estava sendo testado com o objetivo de dispersar as energias densas que vinham como nuvens negras em direção à Cidade.

Certo dia, concluí que não estava feliz naquele local, que desejava encontrar um lugar de paz, que aquela insegurança e hipocrisia do ambiente não me faziam bem, que eu não tinha de exigir mais nada de ninguém, especialmente de Deus. Estava cansado. Aquele lugar não me supria mais. As longas reuniões burocráticas e de base unicamente racional e vaidosa me saturavam a paciência, e a cada dia me davam indisposição no estômago. Queria algo que ansiava no fundo do meu ser, nos fugazes momentos de minha vida terrena: que no dia em que meu corpo descansasse, encontraria Nosso Lar, cheio de alegria, harmonia e paz.

Foi quando, repentinamente, tive a sensação de me sentir despido de um véu que turvava a percepção de mim mesmo. Começava então a perceber com mais clareza e discernimento onde me encontrava. Pude ver minha avó, que subitamente surgira ao meu lado. Ela fazia uma prece doce e profunda. Senti-me tocado intimamente e pus-me a chorar, ao perceber que de fato eu não era nada, a não ser um pequeno grão de areia naquele imenso oceano de seres separados entre os que realmente desejavam melhorar e os que insistiam em permanecer enclausurados pelo orgulho, vaidade, egoísmo e vícios.

Naquela hora, pedi ajuda à minha avó e ela retrucou dizendo:

— Não peça ajuda a mim, meu filho, mas a Deus, nosso

Pai, por intermédio das falanges do Cristo que estão aqui comigo para resgatá-lo e conduzi-lo a um ambiente em que o amor verdadeiro e a sinceridade são os lemas de vida.

E então fui envolto numa nuvem de luz azul-esverdeada, clara e suave, e senti um impulso leve, graças àqueles espíritos benevolentes e tolerantes para com minhas imperfeições. Fui levado pelos membros da colônia espiritual onde iria iniciar minha afiliação para uma pequena comunidade, num local fronteiriço entre o Umbral e o Astral mediano. O lugar se chamava Bem-Aventurados, em referência às palavras de Jesus no Sermão da Montanha, quando cita: "Bem-Aventurados os mansos porque herdarão a Terra". Um ponto em comum entre os desencarnados daquele local era a tranquilidade, a mansidão de espírito. Guerra, discussão, violência estavam distantes dali. O orgulho, a vaidade e os vícios do passado eram aspectos que deveriam ser constante e incessantemente vigiados por cada um. A comunidade era cercada por colinas suaves. O Sol penetrava docemente e com uma claridade pelo menos dez vezes superior ao acinzentado Vale dos Espíritas. As vias de transeuntes eram limpas e bem-cuidadas, repletas de flores; sentia ali um perfume suave vindo de algumas delas. Redescobri o sorriso sincero nas faces dos habitantes, o que não vira desde quando vivia na crosta.

Sentia-me seguro e em paz, mais leve, sem as dores de cabeça que me afligiam mesmo quando ainda vivia na Cidade dos Nobres. Então, me levaram para um hospital e me deram um banho magnético de luzes vindas de um aparelho feito de algo como cristais e de onde saíam jatos de vento levemente úmido, com luzes brilhantes e um cheiro doce de jasmim.

Minha mente aos poucos ia relaxando. Puseram-me numa cama confortabilíssima; eu me sentia quase flutuando no ar. Ao deitar, tive um lampejo de consciência da minha adolescência, na última encarnação. Eu tinha apenas treze anos e não imaginava que, já naquela época, meu guia espiritual me intuía. Era por volta das dezessete horas, no mormaço de Belém do Pará, e estava na igreja Nossa Senhora de Nazaré, sentado no banco, aguardando minha mãe, que se confessava. Resolvi fazer a prece do Pai Nosso e em seguida me perguntei: "Qual o sentido da vida? O que estou fazendo aqui neste mundo? O que deveria fazer para um dia che-

O Vale dos Espíritas

37

gar ao céu? Seguir os dez mandamentos citados na Bíblia? Puxa, vou me concentrar nos dez mandamentos para conseguir esse objetivo". E então, desde aquele momento, resolvi buscar um caminho espiritual, que começou no catolicismo e mais tarde voltou-se para o espiritismo.

Ainda que o ambiente familiar me favorecesse a expandir meus sentimentos, minha história pregressa estava estruturada sobre um ser muito focado no intelecto e nas coisas racionais e materiais da vida. O convívio doce e amorável com minha mãe e meu pai, dois católicos fervorosos, não era por acaso; especialmente minha mãe, sempre repleta de muito carinho. Eu encarnara numa cidade afeita aos impulsos da emoção e do corpo, situação que condenava, por achar que as pessoas precisavam ser mais racionais e equilibradas. Sem dúvida, cabe à razão superior dar a direção equilibrada ao coração excessivamente emotivo e aos impulsos desregrados. Mas cada ser nasce no lugar ideal ao seu aprimoramento, ou para estimular certos aspectos ocultos na alma que necessitam ser trabalhados. Não se pode guardar nos esconderijos da alma o joio. É preciso que o ser reconheça a sua imperfeição e acesse esse material a ser transformado, pois chega um tempo em que não dá mais para adiar o início da autotransformação.

E então, antes de adormecer, vi ao meu lado um senhor que aparentava uns sessenta e cinco anos, de aspecto sereno e meigo, com um leve sorriso no rosto, a me olhar fazendo-me lembrar da doce vibração que senti naquele dia na igreja:

— Querido filho, o verdadeiro sentido da vida é viver o amor do Cristo dentro da gente, e, se ainda não conseguimos vivenciá-lo naturalmente, que passemos a cultivá-lo pelo esforço da oração, pela auto-observação, pela percepção de nossas tendências inferiores, colocando a vontade na direção da educação dessas tendências. Que possamos fazer esse trabalho de transformação íntima sempre abrindo as portas do coração para o serviço fraterno. Muitas vezes, o egoísmo nos impede de servir com um coração sincero, despojado de qualquer interesse, e aí a vaidade costuma alimentar o egoísmo, que por sua vez se enovela no orgulho de sentir-se maior do que os outros e necessitado de crescer em aparência, seja física ou intelectual.

Desde a encarnação em que fui seu pai, há mais de trezentos anos, me incumbi de orientá-lo, e, mesmo nos tempos em que não pude fazê-lo diretamente, estive acompanhando-o e ajudando-o no seu processo de encontro com Jesus. Somente o verdadeiro amor do Cristo, vivido na intimidade da alma, será capaz de realmente nos transformar e nos fazer encontrar a felicidade verdadeira. Descanse agora, e quando acordar estará em melhores condições para dialogar. Que Jesus lhe proteja!

Depoimento de Atanagildo:

Antônio tinha sido avô de Jonair, e desencarnou quando ele tinha três anos de idade. Numa certa existência, na antiga Roma, foi comandante de uma legião de lutadores que eram preparados para as guerras fratricidas. Um dia, descobriu um jovem no meio da plebe que chamou sua atenção, pelo porte físico atlético. Trouxe então esse jovem para ser treinado como um guerreiro-modelo, que mais tarde se tornaria líder dentre seus pares. E assim, conduziria inúmeras matanças, sob o comando de Antônio, que na época se chamava Celius. Tiveram outras encarnações juntos, em que o avô sempre o orientava pelo caminho do orgulho e da vaidade, a sentir-se o melhor. Na Idade Média, ambos participaram do movimento das Cruzadas, em que foram ardorosos lutadores das hordas cristãs.

Aos poucos, Antônio tomou consciência e amadureceu como espírito, compreendendo que a força ou impulso lutador que alimentava sua alma deveria ser direcionado para as lutas interiores da autotransformação. Mas Jonair só começou a perceber que sua luta deveria ser redirecionada para propósitos superiores após o desencarne, na época da Revolução Francesa. Em encarnações posteriores, seguiu o caminho do intelecto, tendo grandes avanços no campo das ciências biológicas, depois na mecânica e, na última encarnação, no campo do direito. Sentimentos de vaidade e orgulho ainda eram-lhe muito fortes, bem como sua submissão aos instintos. Ao longo da vida, seu guia espiritual tentou lhe enviar energias que o conduzissem aos caminhos da humildade, do amor e do autocontrole. Os efeitos foram aquém do esperado, mas houve progresso, e sua estada na Cidade dos Nobres, cercada pelo

O Vale dos Espíritas

Vale, foi crucial para que drenasse muitos miasmas, caísse em si e amadurecesse na autopercepção e na percepção do mundo que o rodeava.

Era preciso que Jonair descobrisse o peso energético do Umbral e o incômodo que ele lhe causava. Hoje, está engajado em falanges de socorro na crosta, especialmente resgatando irmãos que já estão preparados para migrar do Vale dos Espíritas e de outros locais similares para planos em que o amor e o discernimento vividos por Jesus sejam os parâmetros de vida.

Paz e amor!

Capítulo

2

Mergulho nas Sombras

Relato de Atanagildo:

Passava alguns minutos das vinte e três horas quando, por determinação superior, iniciamos uma jornada pelo Umbral para resgatar alguns espíritos recém-desencarnados em um acidente, oportunidade em que aproveitaríamos para verificar a possibilidade de resgatar outros irmãos que já estavam preparados para vivenciar os primeiros sinais de humildade. Assim, poderiam receber as vibrações advindas do Cristo Planetário, canalizadas por Jesus, das quais somos simples instrumentos, ainda que imperfeitos, sempre que convocados. Na verdade, essa vibração de amor é constante e atinge todos os seres da Terra. Mas infelizmente muitos encarnados e desencarnados acabam criando em torno de si uma couraça que os impermeabiliza para a recepção dessas energias superiores. Como regra geral, o orgulho, a vaidade, o egoísmo, o apego cego aos impulsos inferiores e aos bens que "a traça corrói" são alguns dos elementos físico-químicos do Astral que impermeabilizam a sensibilidade dessas criaturas.

Traçando um paralelo geográfico, para efeito de localização, estávamos numa região do Astral próxima à Capital Federal, e ao entrar em Brasília (local onde estavam aprisionados alguns recém-chegados do plano físico que receberiam ajuda de nossa equipe) logo identificamos com clareza raios de luz violeta, com traços esverdeados, e por vezes jatos de luz amarelo-clara, entremeada com gotas rosas e azuis, que desciam de muito alto sobre a região onde, no plano físico, se localiza a Praça dos Três Poderes, sendo o Congresso Nacional o local que requisitava maior atenção.

Augusto, um dos nossos colaboradores mais ativos, me questionava sobre a procedência daquelas luzes que faziam movimentos circulares e emitiam jatos intermitentes, mais fortes e mais fracos, como a realizar dois trabalhos simultâneos. Então, expliquei-lhe que procediam de naves extraterrenas localizadas numa dimensão mais sutil que o plano astral onde nos encontrávamos. Eram naves a serviço de Jesus, a pedido de Ismael, o administrador espiritual do Brasil. Aquele esforço de irmãos de outro orbe fazia parte dos movimentos da fraternidade universal. Tal tipo de intervenção normalmente exige que haja no mundo espiritual grupos de entidades capazes de recepcionar essas energias e decodificá-las, direcionando-as também para o plano astral, o que estava sendo feito por diversos grupos, numa grande corrente vertical, desde planos mais sutis até os mais densos.

O objetivo desse procedimento era reciclar energias para amenizar a carga pesada do Congresso Nacional, e ao mesmo tempo envolver o ambiente em vibrações protetoras contra a horda de espíritos inteligentes e mal-intencionados que faziam intervenções pesadas e intensas sobre vários parlamentares e assessores. A rigor, havia pelo menos seis vezes mais espíritos desencarnados do que encarnados perambulando pelo Congresso, e infelizmente a maior parte deles desorientados ou mal-intencionados, pois naquela semana estavam ocorrendo votações e decisões muito importantes para o Brasil.

Como Pátria do Evangelho, e considerando esses momentos cruciais para o destino do planeta Terra, em razão da missão que foi incumbida a este país, há uma constante vigilância sobre os caminhos legislativos da Nação, que precisam de bases mais firmes no campo da ética, do respeito ao ser humano e ao meio ambiente. Não somente os dirigentes espirituais ligados ao Brasil estão atentos a tais decisões; os dirigentes planetários também monitoram essas influências e sabem que os magos negros estão atentos, trabalhando a serviço de forças negativas para direcionar o país e o planeta para os caminhos da perversão, ganância e libertinagem. A velha luta do bem contra o mal é permanente e exige vigilância constante.

Liguei-me energeticamente àquele local, com atenção focada, e passei a observar um ex-parlamentar já desencarnado que dialogava com um ex-líder espírita que havia ocupado importante cargo numa instituição nacional ligada ao espiritismo. Ambos estavam cercados de quatro entidades, como se fossem seus seguranças. Pude auscultá-los e perceber que falavam sobre o assunto em pauta para votação no Congresso Nacional. Identifiquei no irmão vindo do movimento espírita que ele não se desvinculara dos interesses mundanos e políticos. Minutos depois da conversa, ele se desligava daquele ambiente e se movimentava em outra direção. Em seguida,

O Vale dos Espíritas

43

aproximou-se dele uma entidade que lhe falou ao ouvido. Parecia que ia ao encontro de alguém em outro local, mas eu não podia mais segui-lo porque tínhamos outra missão e não devíamos perder os minutos que nos restavam. Pensei então que poderia deixar aquele assunto para outra oportunidade.

É interessante observar que há espíritos que não alcançaram as zonas do médio astral, ou seja, que estão basicamente ligadas ao Umbral ou ao Astral inferior, e no entanto sabem muito bem transitar por esses locais e também por regiões do plano físico. São seres com certo grau de inteligência e que já dominam vários mecanismos no plano extrafísico, inclusive se utilizam de complexos mapas desses mundos. Eles não sabem volitar, porque ainda estão energeticamente muito pesados, mas usam atalhos nos deslocamentos no mundo extrafísico.

Nossa missão previa chegar a uma determinada zona do Astral onde havia vários espíritos perdidos, atordoados pela passagem súbita do mundo físico para o espiritual, após um acidente de ônibus que ocorrera havia duas semanas. Entre eles, encontravam-se irmãos que participaram de um grupo espírita. E, para minha surpresa, alguns minutos depois, chegava ao local onde eu me encontrava com a equipe de resgate o ex-dirigente espírita que pouco antes estava no Congresso Nacional com seus seguranças e outras entidades de aspecto sisudo e preocupado.

Nossa equipe de resgate era coordenada por Raimundo. Eu me engajara no grupo com o objetivo de avaliar algumas questões ligadas à história de vida física dos irmãos que haviam desencarnado. Sabia que algumas surpresas me esperavam. Agora então estava claro que a surpresa era a presença do ex-dirigente espírita desencarnado, e que eu seria induzido a compreender a trama que envolvia a todos.

Alguns dos irmãos acidentados foram automaticamente atraídos para as zonas infernais, um deles para uma colônia no Astral superior, três receberam ajuda de enfermeiros de uma colônia de socorro ligada a uma cidade do Astral médio e a maioria foi atraída para o Umbral. No meio destes, havia um egresso de grupo espírita, além de outros dois que possuíam certo grau de parentesco com ele e que, sem grande assiduidade, também frequentavam o mesmo grupo espírita quando em vida carnal.

Para minha surpresa, o ex-dirigente espírita que eu tinha visto com os parlamentares no Congresso dirigiu-se ao local onde se encontravam entidades umbralinas e, sem que percebesse a nossa presença, aproximou-se do irmão recém-desencarnado e o convidou, junto com seus parentes, para uma conversa, como se fosse uma entidade de resgate enviada dos páramos celestiais. Com indisfarçável vaidade, lhes dirigia a palavra:

– Bem-vindos ao mundo espiritual, meus irmãos! Vim em nome de Deus recepcioná-los nesta nova vida e levá-los para um local seguro e de paz. Meu caro Josué, sei que ainda está meio atordoado em razão da viagem da vida física para cá, o que causa desgaste e às vezes perda de memória momentânea. Mas você está se lembrado de mim, meu velho parceiro de jornada? Lembra que lhe iniciei nos conhecimentos espíritas? Certo dia, você visitava nosso trabalho espiritual e lhe recomendei alguns livros básicos da doutrina. Lembra dos estudos de como aplicar passes, e de que sua primeira missão no grupo foi coordenar aquele seminário sobre as obras de Kardec? Lembra que mais tarde você se tornou meu assistente e que, pelos destinos da vida, dois anos depois eu acabei mudando de cidade e você ficou no meu lugar, levando avante aquele pequeno grupo de estudos e passes? Foram décadas sem que retomássemos o contato. Felizmente nos reencontramos, pena que já sem o corpo físico. Mas vim aqui para salvá-lo; fazer o que não fizeram por mim, mesmo sendo um espírito abnegado como você.

Josué de fato ainda estava um tanto atordoado, cheio de preocupações e saudade intensa da família que deixara no plano físico. Aliás, esse apego era reforçado pelas vibrações de tristeza dos filhos, irmãos e outros parentes que o forçavam magneticamente a ser atraído para a residência física onde se encontravam. Contudo, no fundo de seu ser, ele sabia que não poderia deixar-se levar pelos apelos da saudade incontrolável e que deveria seguir seu caminho no mundo espiritual. Ao mesmo tempo, se preocupava com o estado emocional da esposa e do cunhado, que desencarnaram com ele e se encontravam um tanto perdidos, sem discernir o que de fato lhes acontecera.

Josué sabia que não poderia deixá-los ali, à própria sorte, até porque amava a esposa e tinha profundo carinho pelo cunhado; sentia-se responsável por eles. Aos poucos, entretanto, ia recobrando a memória e se lembrando do homem que lhe dirigia a palavra. Então finalmente respondeu:

– Agenor... claro, agora estou me lembrando de você!! Está diferente, mais envelhecido, o que não seria surpresa, pois imagino que são mais de trinta anos sem nos ver. Como você está?

– Meu caro, vim buscar você e seus parentes também, caso eles desejem vir conosco. Sei que todos estão precisando de ajuda, já que ainda estão enfraquecidos, o que é normal depois dessa viagem pelo Astral. Aqui temos de ter cuidado redobrado, pois vândalos é o que não falta e às vezes muitos deles levam os recém-chegados do mundo físico para o Astral inferior, especialmente quando se encontram fracos mentalmente. Lá os escravizam, além de sugar-lhe os restos residuais de ectoplasma que às vezes sobram ou que acabam se agregando ao corpo astral. A coisa por aqui é séria; temos de ser muito espertos e rápidos. Vamos lá!

Aliviado, Josué observou:

– Que bom saber que você lidera um grupo de resgate de desencarnados e que foi enviado para nos ajudar. Estou sentindo um tremendo torpor, um sono súbito, quase incontrolável, e estou me esforçando muito para ficar em pé. Aliás, só mesmo a preocupação com meus entes queridos é que me faz ter forças ainda...

– Meu amigo – esclareceu Agenor –, não fui mandado por ninguém não. Minha liderança aqui vai além do que você pode imaginar. Poderia ter mandado o pessoal vir apanhá-lo, mas fiz questão de estar aqui pessoalmente porque sei da sua importância como seguidor da doutrina. Sei da sua força interior, inteligência e poder mental, e o quanto isso é importante no plano astral. Esse seu torpor é natural, porque chegou faz pouquíssimo tempo. O pessoal vai ajudar a levar vocês daqui e quem não aguentar andar sozinho será carregado pelos meus assistentes. Nosso destino não está muito longe.

A missão de que nos tinham incumbido exigia ação rápida, pois percebi que Raimundo, um dos nossos experimentados missionários de resgate que deveria fazer a primeira abordagem a Josué, ficara algum tempo observando e estudando a situação local. Nesse ínterim, chegara Agenor, que imediatamente se adiantara a nós no contato com os recém-desencarnados. Josué e seus parentes não deveriam segui-lo, e sim irem conosco para uma casa de repouso próxima à colônia espiritual Boa Esperança, que fica na região do Astral intermediário, geograficamente sobre Goiânia, capital de Goiás, e é muito similar a Nosso Lar.

Quando ainda encarnado, Josué fora um trabalhador sincero e justo, tanto no campo familiar quanto profissional, como também nas atividades espirituais. Sempre se esforçara para dar o melhor de si com boa vontade e disposição. Tinha seus defeitos, como qualquer ser humano, e às vezes até se cobrava demais querendo, em muitas ocasiões, carregar o fardo dos outros, em especial dos mais ligados afetivamente a ele, como os filhos e a esposa.

O tempo urgia e naquele momento não podíamos vacilar. Precisávamos resgatar Josué da influência de Agenor. Sugeri a Raimundo que criássemos um campo magnético protetor em torno de Josué, da esposa e do cunhado, ao mesmo tempo em que alguns dos membros de nossa equipe plasmariam um corredor magnético para a retirada deles e um fluxo de volitação entre todos nós, como um processo de carregamento energético dos três resgatados sob nossa influência magnética, ação que exigia concentração, força mental, vontade dirigida e profundo sentimento de amor-proteção. Todos deveriam estar unidos naquele propósito, pois a operação exigia rapidez e foco, como um ato de surpresa. Apesar de Agenor e nenhum dos seus companheiros nos verem ou sentirem nossa presença, poderiam criar resistência ou alguma dificuldade durante o resgate, caso percebessem nosso trabalho.

Depois de todos se sintonizarem, realizamos a operação com sucesso. Chegamos em três minutos às portas de uma casa transitória de recuperação, onde deixamos os irmãos aos cuidados de Filomena, uma bem-humorada e disposta trabalhadora do Cristo que se encarregaria de cuidar de Josué, sua esposa e o cunhado. Depois de três semanas, eles seriam levados à colônia Boa Esperança. Somente após chegarem ao

O Vale dos Espíritas

47

nosso destino é que Josué e os demais seriam esclarecidos sobre o que ocorrera e o que estavam fazendo lá.

Assim que Josué recobrasse a consciência, eu tornaria a encontrá-lo para dialogarmos e fazermos um trabalho de limpeza mental, retirando miasmas com ajuda de alguns aparelhos de higienização astral. Iria estudar com ele o seu histórico reencarnatório e depois de um processo terapêutico psíquico-espiritual, o que poderia demorar meses ou até mais de um ano (a depender de sua resposta interior), o encaminharíamos para trabalhos no Departamento de Reencarnação. Não que ele fosse reencarnar logo, mas para lidar com esse tema, pois trazia uma certa bagagem de conhecimento e habilidades, inclusive na recente encarnação, que o capacitavam a desempenhar futuras tarefas nesse setor. Não existe mágica no processo evolutivo e nas oportunidades de servir ao Pai: o trabalho, o estudo, o esforço e a dedicação em atividades úteis e construtivas da vida, seja no meio dos encarnados como no dos desencarnados, sempre será útil em qualquer lugar do Universo.

Após aquele dia de trabalho intenso, mantinha-me curioso e impelido a descobrir o que teria feito Agenor estar naquelas condições espirituais, trabalho que iniciaria logo após retornar à colônia do Grande Coração. Precisaria acessar os registros akáshicos, e depois fazer um levantamento sobre o seu estado atual: como estava vivendo, o que estava fazendo, e então verificar o que poderíamos fazer para resgatá-lo daquela situação.

No dia seguinte, fui ao Departamento de Reencarnação da nossa colônia, onde há uma divisão especializada em carmas. Troquei algumas informações com Alfredo, o dirigente da área, que atenciosamente me permitiu acessar a sala onde há uma central de dados e informações que, por sua vez, está conectada a uma grande rede extrafísica de histórias cármicas de todos os habitantes da Terra, encarnados e desencarnados. É uma rede conectada por sinais de frequência e alimentada por energia magnética do Sol que gera sons e imagens, podendo apresentar um quadro resumido ou detalhado, conforme a necessidade da informação que se busca. O acesso é bastante auto-explicativo, com ícones e quadros que podem ser tocados e abertos, e desdobrar-se em subitens tal como se maneja um *tablet*.

Há uma série de requisitos para acessar essa banco de dados dos registros captados diretamente do éter, pois ele está protegido por uma complexa tecnologia astral. Não pode ser qualquer entidade a manejar esses dados; é preciso que se esteja engajado num programa global denominado Registros Akáshicos e, dependendo do grau de maturidade espiritual, é que se poderá ter ou não acesso a determinadas partes dos dados, o que se expandirá à proporção que amadurecer espiritualmente. A direção principal dessa rede está subordinada a Jesus, e daí para baixo há toda uma hierarquia. No Brasil, a coordenação maior está a cargo de Ismael e abaixo dele há uma entidade que é a gestora específica desses registros. Nos tempos passados, esse irmão esteve próximo ao discípulo João Evangelista.

J.R.K sabe da responsabilidade atual de seu papel, que exige estudos e meditações profundas sobre cada ser encarnado e desencarnado da Terra, incluindo interação com as bases de dados de todos os continentes e países do planeta. Especialistas dessa área normalmente são conhecedores de estatística e matemática cósmica; têm sensibilidade para vidência; são experimentados na psicologia humana e dispõem de uma mente extremamente aberta ao universalismo, exigindo habilidade de comunicação e grande interação com entidades oriundas de todos os países e até de muitos planetas.

Sebastião, profundo e hábil conhecedor do assunto e que foi citado na *Apresentação* desta obra (em sua última encarnação foi brasileiro), tem elevada posição na coordenação dessa rede em nível mundial, com intervenções transversais, em termos de movimentações na estrutura que organiza e gerencia o tema na Terra, pelo lado extrafísico. Ele sabe da posição que o Brasil representa nesta atual fase de mudança no campo espiritual e material do planeta, e por isso tem dado atenção especial às equipes de trabalho que atuam no país, com intercessões diretas a muitos desses grupos, evidentemente com anuência dos dirigentes maiores.

A transmigração de espíritos entre países é muito grande, e ultimamente tem sido mais intensa ainda, com trânsito

O Vale dos Espíritas

49

de reencarnes de seres entre os cinco continentes da Terra, além da recepção de irmãos de outros orbes planetários. Há uns cento e cinquenta anos esse processo foi intenso no Brasil, mas nos últimos trinta anos, apesar de o Brasil continuar recebendo espíritos que já viveram nos vários continentes, e até em outros planetas, a Terra toda tem passado por intenso processo transmigratório.

Essa base de dados acessa os registros akáshicos de todos os seres humanos viventes nos planos físico, astral ou mental. Para acessar dados de entidades de outros planos superiores, somente seres com graus mais elevados. Por exemplo: para consultar registros de seres do plano intuitivo (mental superior), somente espíritos que estejam no limiar do plano búdico terão maturidade espiritual para fazê-lo, e assim sucessivamente.

Não são todas as colônias espirituais do mundo astral que possuem ligação com essa rede. É evidente que espíritos muito evoluídos espiritualmente e que transitam pelos vários estágios ou planos evolutivos podem buscar os registros de irmãos que estejam evolutivamente abaixo deles, usando apenas sintonia mental para acessar os acervos que captam os dados do éter; seres angelicais acessam direto os registros akáshicos no éter, sem necessidade de equipamento algum.

Finalmente achei os registros de Agenor e pus-me a observá-los. Havia dados detalhados, mas fiz apenas uma abordagem sintética. Aliás, alguns diálogos dos irmãos ainda em estado de desequilíbrio foram captados dos próprios registros akáshicos e inseridos neste livro, apenas para fins de tornar o quadro mais realista e demonstrar que tudo o que fazemos, em qualquer parte do Cosmo, ficará impresso no éter. É importante sempre lembrar que nada se perde no Universo; tudo fica gravado no espaço invisível para os olhares mais densos. Entretanto, quanto mais sensível e evoluído for o ser, mais condições terá de acessar tais informações: atos, palavras, pensamentos e sentimentos expressos, tanto positivos como negativos. Há equipamentos moderníssimos no Astral superior capazes de coletar esses dados e fazer sua leitura. Toda a história da humanidade está impressa no éter, incluindo os demais atores não humanos (registros dos animais, vegetais e átomos do reino mineral que viveram no cenário terrestre, por exemplo).

Em sua última encarnação, Agenor nasceu em uma cidade brasileira de médio porte; migrou mais tarde para a capital do seu estado, onde se formou em um curso superior. Depois de certo tempo, mudou-se para a Capital Federal. Sempre esteve ligado à doutrina espírita, assumindo importante cargo em instituição espírita. Pessoa muita bem relacionada com políticos e dirigentes de instituições públicas, afeito às questões de poder e à vaidade inerente aos cargos, apesar de suas mazelas íntimas, naturais a qualquer ser humano, realizou importante trabalho na difusão do espiritismo.

Sua encarnação anterior, no século dezenove, foi como aristocrata inglês, advogado especialista em direito comercial. Nasceu em família abastada, recebeu boa base de estudos e educação refinada. Homem orgulhoso e obstinado, também era ligado às ciências, não como pesquisador diretamente, mas como financiador de algumas pesquisas nas quais acreditava que poderiam lhe trazer fortuna quando seus resultados alcançassem os estágios comerciais. Isso numa época de intensa urbanização e de mecanização das oficinas, que dia a dia se transformavam em fábricas. No fervilhante clima da Revolução Industrial, favoreciam-se as invenções que viessem a melhorar a qualidade de vida das pessoas.

Na época, acompanhou pela imprensa as experiências mediúnicas e os escritos de Allan Kardec, a quem ele via com antipatia. Condenava veementemente os ingleses que se interessavam pelo assunto, incluindo os frequentadores das sessões de "mesas falantes". Como assíduo frequentador da igreja anglicana, e aproveitando o acesso que tinha a famosos jornais londrinos da época, costumava assinar matérias combatendo o movimento espírita nascente. Não foi por acaso que, por bondade do Pai Celestial, mais tarde teria uma encarnação no Brasil, quando lhe seriam oferecidas oportunidades para realizar importante trabalho de difusão do espiritismo, exatamente para amortizar o carma adquirido no combate à doutrina, o que foi bastante positivo. No entanto, realizou essas tarefas sem trabalhar seus sentimentos, ainda cheios de vaidade e orgulho, que impermeabilizavam o intercâmbio de

O Vale dos Espíritas

51

sensibilidade com o plano espiritual superior.

Indo mais atrás na história, e trazendo informações sobre uma encarnação anterior, pudemos identificá-lo em um escravo africano que vivia em uma pequena e tranquila comunidade tribal na região central da África, onde atualmente se localiza o Congo. Inconscientemente, inconformado com sua condição simplória, os fortes impulsos de orgulho não o deixavam em paz naquela encarnação. Não demorou em resolver, junto com um grupo, a mudar-se para outro local onde havia parentes seus e podia tornar-se um líder tribal, o que não seria possível onde morava por questões de hierarquia familiar. E assim, foi e tornou-se de fato o líder de um grupo que realizava conquistas à base de guerras. Logo depois, verificou a constante entrada de missões de brancos europeus que se dirigiam ao continente africano para caçar e negociar escravos. Assim, não tardou a tornar-se articulador de revoltas e sabotagens contra caçadores estrangeiros de escravos na África. Foi capturado, torturado e escravizado.

Depois, em meados do século dezoito, foi enviado para a América do Norte, onde foi comprado e adotado por uma família de imigrantes ingleses, numa região agrícola da Carolina do Norte. Era um homem forte e trabalhador, mas sempre movido pela revolta por sua situação de submissão; nunca se rendendo à humildade que a encarnação lhe proporcionara vivenciar. A família que o adotara era religiosa e o incentivava às práticas cristãs, mas ele resistia à conversão por achar que tudo que se originava dos "brancos" deveria ser rechaçado. Sentia-se traído por seus guias espirituais africanos, por terem deixado que fosse capturado e escravizado. Assim, a revolta e o orgulho fervilhavam na intimidade de sua alma.

Mergulhado nesses sentimentos, mobilizou alguns negros conhecidos e organizou uma fuga. Tinha ouvido falar de algumas ilhas caribenhas onde havia negros livres vivendo nas montanhas. Contava com a ajuda de um negro migrado do Caribe, mas que o traiu e o delatou. Ele e seus companheiros foram pegos e torturados até a morte. Desencarnou em condições penosas e vagou durante décadas pelas zonas inferiores do Astral. Em função da sua situação como escravo e do seu alto grau de revolta e orgulho, desenvolveu profunda ira contra o protestantismc. Esse quadro de revolta demonstraria o quanto sua encarração na época da Reforma da Igreja, como um dos seguidores de Calvino, fora apenas um processo externo e de interesses egoísticos e orgulhosos de sua alma, e não uma vivência interior e religiosa profunda. Assim, não por acaso, viria mais tarde nascer como assíduo seguidor do anglicanismo, como forma de recuperar seu contato com a doutrina cristã e com os princípios exemplificados por Jesus.

Buscamos informações sobre sua encarnação anterior e acabamos por encontrar, no século dezessete, uma bela mulher camponesa que vivia nos arredores de uma pequena cidade no norte da Itália. Era filha de um senhor de posses medianas ligado a um duque que comandava a região de Sabóia. Nessa vida, recebeu uma boa orientação educativa básica, mesmo vivendo numa casa de campo, onde também aprendeu com a mãe a plantar e colher frutas. Por influência do pai e interesse próprio (pensava em tornar-se rica, morar na cidade, viver o *glamour* das moças que frequentavam as casas dos grandes senhores de posses, ligados à nobreza), casou-se cedo com um grande comerciante, amigo dele. O marido era farrista, mulherengo, violento e bebia muito. O sonho de tornar-se rica foi alcançado, mas vivia em plena amargura pelo sofrimento que o espcso lhe causava. Teve cinco filhos que deram a ela muito trabalho nos cuidados e educação.

Seu rico marido lhe disponibilizou um escravo trazido da África para auxiliar nos afazeres domésticos. O comércio de escravos africanos na Itália não era uma prática comum, por que era cara. Havia ainda certo receio por parte da população quanto aos riscos de doenças e misturas étnicas, levando-os a evitar a forte migração deles, ao contrário do que ocorria no novo continente americano. Apesar disso, desde a Idade Média os comerciantes mais ricos conseguiam comprar alguns poucos escravos que trabalhavam nos serviços mais pesados.

A moça rica fez as piores maldades com o pobre escravo, que gostava dela como mulher, mas jamais poderia expor isso. Ela, por sua vez, percebia tais sentimentos e reagia com ódio, decorrente do seu orgulho de pertencer a outro nível social e por considerá-lo inferior, humilhando-o especialmente por sua cor. Ela viria a desencarnar com trinta anos, vitimada pela

O Vale dos Espíritas

peste negra. De fato, o forte orgulho do fundo da alma nunca lhe permitiu aceitar sua posição de mulher submissa, primeiro ao pai e depois ao marido. Essa encarnação estava destinada a aproveitar a boa educação que recebera, a delicadeza e o carinho da mãe, e exercitar a humildade e a doçura dentro de si. É evidente que algo de positivo sempre acaba sendo cultivado dentro da alma, embora o orgulho termine bloqueando maiores avanços na evolução espiritual.

Sentimos que precisávamos ir bem mais para trás e verificar outras encarnações de Agenor. Chegamos então ao século dezesseis, no norte da Europa, na região de Estrasburgo, parte da Alemanha na época e hoje território da França. Lá, nos deparamos com um homem altivo, participante da Reforma Religiosa Protestante, que era muito próximo de João Calvino. De origem francesa, foi padre excomungado por Roma e refugiado no sul da Alemanha, face o seu envolvimento com o movimento protestante. Sofreu perseguição do reinado francês por contrapor-se ao catolicismo romano centralizado na figura do Papa. Era admirador de Calvino e de seus escritos, tendo-lhe prestado colaboração em vários momentos, mas no fundo sentia certa inveja dele por não dispor dos mesmos atributos e habilidades. De fato, gostaria de ter tido um papel de maior liderança no movimento separatista da Igreja Católica da época. Foi um homem de personalidade forte, arrogante e preocupado com as discriminações e centralizações de poder da Igreja, exercidos por Roma.

Pretendia ascender rapidamente na carreira religiosa, mas vinha de origem pobre, de família sem história de boas relações com a Igreja Romana. Percebendo o forte envolvimento político da Igreja e não conseguindo seus intentos, juntou-se a outros que se revoltavam contra ela. Desencarnou com idade avançada, pregando nos cultos protestantes dos sábados, no sul da Alemanha, sempre como forte combatente do catolicismo. Era defensor dos escritos do Evangelho; porém muito mais voltado para o que as palavras diziam do que para o que elas significavam, muito mais pelo orgulho ferido de não ter galgado postos superiores na Igreja Católica do que por convicções cristãs e filosóficas profundas. De fato, ele gostaria de voltar, naquela época, às mesmas benesses vividas em sua última encarnação, pois seu subconsciente guardava as lembranças (em forma de impulsos) dos tempos em que fora bispo renomado da Igreja Católica e ativo comandante de grupos da Inquisição, com riqueza, poder e influência, os quais alimentavam-lhe o orgulho, a vaidade e o egocentrismo. Esse bispo impunha seu poder e domínio no sul da França e noroeste da Itália, promovendo perseguições aos que não se submetiam aos seus desmandos e controle, incluindo atrocidades àqueles que não se alinhavam com o pensamento da Igreja naquele período. Naquela região, era comum a prática escondida da alquimia e de magia (tanto negra quanto branca), em benefício de pessoas ligadas ao poder político e da própria Igreja. Existia, portanto, um quadro de hipocrisia, pois havia magos e alquimistas que exerciam essas práticas em benefícios de quem estava no poder. Contudo, se essas práticas eram exercidas por pessoas não ligadas ao poder, então eram perseguidas, inclusive magos que tinham servido a membros das cortes e da Igreja, com fins de disputa de poder, e que mudaram de posição mais tarde. Assim, o bispo levou muitos à fogueira e comandou diversos grupos de inquisidores naquela região.

Agenor trazia um histórico de encarnações nos tempos medievais, ligadas ao poder e domínio, quando fora comandante de exército francês nos tempos das Cruzadas, como braço direito de bispos católicos da época, e numa encarnação anterior como membro da corte inglesa; outras tantas ligadas à política e a guerras. Entre essas encarnações em que prevaleceram o poder, o luxo e o comando, recebera oportunidade de reencarnar como pessoa simples no meio rural, ao lado de pais ou irmãos amoráveis, de modo a sensibilizar sua alma. Contudo, sempre que encarnava em meio simplório, sentia rejeição no fundo de sua alma, com revolta pela condição de submissão à pobreza e às coisas simples da vida.

Depois de farto material pesquisado e de montarmos o que chamamos de estrutura psíquica encarnatória,[1] iniciamos uma

---

1 Uma espécie de relatório, com laudo preliminar, que um computador digital astral produz, a partir de cruzamento de dados e análises da natureza essencial do espírito: personalidades vividas nas várias encarnações, aspectos marcantes na psique, condicionamentos, boas e más atitudes ao longo de cada vida, dentre outros aspectos que não cabe aqui detalhar. É evidente que espíritos que

O Vale dos Espíritas

55

análise mais profunda do caso, o que significava compreender as oportunidades trazidas pelo Alto para aquele determinado espírito, os cruzamentos de informações sobre débitos cármicos, as combinações que visavam a favorecê-lo para sair de certos aprisionamentos psíquicos, dentre outras análises complexas que exigiam não somente conhecimento, mas também forte dose intuitiva, sintonia e diálogo com aqueles que estão mais à frente na evolução e que nos orientam sobre as decisões encarnatórias, muitas vezes à revelia do próprio espírito reencarnante, especialmente quando ele se encontra cego pelo orgulho e egoísmo, como foi o caso da história de Agenor, em suas várias vidas.

Esse irmão gostava de demonstrar aos outros que possuía poder de comando, influência e inteligência acima da média. Ainda que, por infinita Bondade Divina, tivesse tido várias oportunidades para cultivar a humildade, a simplicidade, a aceitação a comandos superiores, e de desenvolver a doçura no coração em suas encarnações em ambientes rurais e com familiares amoráveis, as rejeitara por revolta contra as condições que essas vidas físicas lhe impunham. Como padre ou como pessoa ligada a movimentos religiosos, viveu em ambientes que lhe propiciavam ampliar a sensibilidade e sua aproximação com Deus, imprimindo em sua alma uma ligação psíquica com preceitos ético-espirituais. As análises psicológicas superiores advindas de entidades orientadoras criaram condições para que, aproveitando suas próprias imperfeições e ímpeto de comando, promovesse, juntamente com outras pessoas, reformas numa Igreja Católica que trazia desde a Idade Média vícios materialistas e apegos ao poder político, aliás aspectos inerentes à própria personalidade de Agenor. Mas a Reforma religiosa não conseguiu superar as marcas materialistas, orgulhosas e egocêntricas que estavam impregnadas no íntimo das pessoas ligadas à Igreja e aos movimentos protestantes.

Agenor cumprira vivências cármicas decorrentes das responsabilidades pelos atos com que afetara a outros. Contudo, a bondade superior costuma aproveitar sempre os pagamen-

atingem certo grau de evolução não necessitam recorrer a esse equipamento, pois acessam direto no éter as informações sobre determinadas criaturas, suas várias encarnações e a resultante psíquico-espiritual de todas as vidas.

tos de débitos pretéritos, para, ao mesmo tempo, gerar condições alquímicas interiores que favoreçam a reforma íntima. Essa é uma regra máxima nos estudos e preceitos cármicos que orientam reencarnantes para processos de transformação interior, simultaneamente ao cumprimento da Lei de Causa e Efeito. Mas poucos conseguem aproveitar essa condição de otimização encarnatória. Como a evolução não dá passos para trás, sempre algo positivo fica marcado no íntimo da criatura. O sofrimento é uma dádiva para amolecer corações endurecidos no orgulho que, com o tempo, acabam se cansando e deixando brilhar os primeiros raios de humildade.

A vida que Agenor teve no interior de Minas Gerais, com pais dedicados, implantou sementes de simplicidade e humildade em sua alma, além das ligações religiosas com o Evangelho, por meio da doutrina católica. Mas essas sementes não foram suficientemente cultivadas e ficaram adormecidas no fundo de seu ser, enrijecido pelo orgulho e egoísmo. Os orientadores espirituais desejavam colocar no caminho de Agenor novo contato com a doutrina cristã, por meio da fé católica que seus pais traziam. A química que lhe ocorreu na adolescência, o que é normal a todas as pessoas, com a explosão de hormônios, mexeu profundamente com os mecanismos internos de sua alma, despertando-lhe do subconsciente informações e impressões boas e más, algumas até adormecidas no seu íntimo. Assim, explodiu e prevaleceu aquela força maior do orgulho, vaidade e egoísmo, que a base ética até então conquistada não teve forças suficientes para domar.

Ao mesmo tempo, e no seu plano reencarnatório previa-se isso, pôde-se perceber que no meio dessa revolta íntima surgiram questionamentos benéficos, a exemplo de questões sobre o catolicismo e análises intelectuais sobre temas espirituais que o desprenderiam de egrégoras do passado, de um tempo religioso atrelado ao poder egocêntrico e materialista, e então surgiram dúvidas no campo espiritual que somente viriam a ser respondidas com a doutrina espírita, que, não por acaso, um amigo lhe apresentara por intermédio de uma obra psicografada pelo médium Chico Xavier.

Com o passar do tempo e a necessidade de expandir seus estudos, com árduo apoio da família migrou para a capital do

Estado. Ao deparar-se com colegas de estudo mais bem aquinhoados em recursos financeiros e bens materiais, sentiu-se profundamente inferiorizado, e a vaidade acentuou-lhe os interesses mundanos, de maneira a impulsioná-lo a conquistas materiais mais arrojadas e, por conseguinte, posições de liderança na área profissional. Nesse bojo, e com o passar do tempo, foram arrebatadas por ele posições de comando na empresa em que trabalhava e dentro da associação espírita a que se filiara, como um dos membros da diretoria, tendo alimentado profunda frustração por nunca ter conseguido ser presidente da instituição.

Os elementos psíquicos que constituem as estruturas de um espírito devem ser acessados via esforço de autoconhecimento (passo inicial da autotransformação), sejam virtudes, mazelas adquiridas pelas práticas e reflexos condicionados ao longo das várias encarnações e do tempo que se permaneceu no mundo astral. Vale dizer que o período imerso na carne tem papel preponderante nessa construção do arcabouço psíquico, porque é nesse período que as marcas se tornam mais acentuadas na alma. Não podemos nos dar o direito de julgar quem quer que seja, pois a consciência de cada um, quando recebe os sinais da centelha divina, em vários momentos do dia a dia e especialmente nos instantes da prece e da meditação, é que deve exercitar esse papel auto-analisador e auto-julgador na intimidade do ser, seguindo suas idiossincrasias.

O fato de Agenor ter buscado melhorias no campo material e profissional não deve ser visto como algo negativo; ao contrário, é mérito de cada espírito encarnado buscar progresso no mundo onde vive. Entretanto, os sentimentos que habitam as zonas conscientes ou subconscientes devem ser acessados e analisados com profunda sinceridade e coragem, porque atos positivos no mundo das formas, ainda que venham a gerar méritos na Contabilidade Cósmica, não necessariamente geram evolução espiritual. É indispensável o ser humano identificar e separar o joio do trigo, na intimidade da alma. Por isso, as virtudes precisam ser multiplicadas e os defeitos e vícios educados à luz de princípios universais superiores, como aqueles expostos no Evangelho de Jesus.

Agenor não fora um mau esposo ou pai de família ausente; sempre com o aspecto sisudo e moralista, tentava passar a imagem de homem ético e cumpridor dos deveres. E em boa parte da vida agiu de fato como tal, ou seja, as coisas materiais nunca faltaram no lar, bem como as orientações de boa conduta, e isso foi mérito dele. Entretanto, faltava-lhe a doçura no coração, o carinho, a flexibilidade, a tolerância, e em muitos momentos a compreensão com os mais próximos.

Sem dúvida, Agenor ajudou bastante na organização e na divulgação da doutrina espírita em seu estado. Despertara em sua alma memórias antigas relacionadas aos tempos da Reforma Protestante, e colocara em prática energias que tinham ficado enclausuradas, pois na época conseguira dar início ao movimento expansionista e de divulgação dos argumentos calvinistas, mas logo foi censurado e teve que migrar da França. Na Alemanha, só conseguiu realizar parte do que pretendia. Seu espírito manteve escondido no fundo do subconsciente esse sentimento de frustração, o qual começava a ser desperto e descarregado em suas ações de divulgação do espiritismo (mesmo sofrendo alguns preconceitos no meio profissional e na sua vizinhança), em um estado que, por séculos, teve no catolicismo a doutrina predominante. Juntavam-se a esses impulsos o sentimento de culpa que trazia da encarnação em que, como anglicano, perseguira, principalmente pela imprensa, o nascente espiritismo na Europa do século dezenove.

Passaram-se os anos dessa encarnação como brasileiro, e então seu dever profissional o fez transferir-se para a Capital Federal. A ânsia pelo comando da instituição espírita que associava todas as demais, em âmbito nacional, o fez iniciar amplo processo de articulação política interna, e até externa a ela. Nunca chegou a assumir o posto maior, mas teve grande influência no comando dessa instituição, onde viria a realizar amplo processo de divulgação da doutrina espírita, ainda impulsionado pelas frustrações do passado; e de fato fez um bom trabalho nesse sentido.

Entretanto, como desde os velhos tempos o ser humano tende a ficar preso às letras e não à prática e às transformações de sentimentos, Agenor reincidiria no mesmo erro da grande maioria das almas que se propõem a um caminho espiritual: aprisionamento ao orgulho e à vaidade, ao poder

O Vale dos Espíritas

59

de comando, àqueles que muito bem e com bons argumentos intelectuais ensinam tudo, mas no fundo do coração ainda resistem à verdadeira transformação íntima.

Quando desencarnou, Agenor esperava encontrar no plano astral um recepcionista das altas hierarquias espirituais esperando-o para conduzi-lo a uma cidade espiritual; se não ao Nosso Lar, a lugar semelhante onde pudesse continuar seu trabalho de liderança do movimento espírita, a fim de tornar-se um conselheiro local. Ele sempre resistira ao contato com seus sentimentos de orgulho e vaidade, ainda que ministrasse palestras e aconselhamentos sobre a necessária prática do Evangelho de Jesus e dos preceitos trazidos por Kardec. Procurava ajudar pessoas carentes com mantimentos e presentes, mas no fundo tinha guardados sentimentos de comércio com o mundo espiritual, esperando com as boas ações estar cultivando créditos com o plano invisível.

Como a mente possui níveis de consciência, há muitos casos como o de Agenor, em que se a pessoa não tiver cuidado cria egrégoras num plano mais superficial para tentar justificar-se como uma pessoa boa, de bons propósitos, íntegra e praticante dos princípios evangélicos; mas nas profundidades do ser permanecem guardadas nódoas que a cada dia se alimentam com doses de vaidade e orgulho suficientes para, aos poucos, manter essas energias fortalecidas como verdadeiros e sorrateiros "lobos", às vezes vestidos com "pele de cordeiro", artifício criado pelo próprio subconsciente. Essas sutilezas da mente produzem mecanismos capazes de se sustentar por séculos e milênios, até que a criatura enfrente a própria consciência, desbravando-a, reconhecendo sua própria imperfeição, com humildade, e então inicie intenso e persistente processo de educação desses "lobos", o que pode demorar muitas encarnações, dependendo do tipo de mazela a ser trabalhada e do grau de firmeza e resistência de suas raízes.

Não basta ser bom no comportamento e na superficialidade da própria consciência, como num ato de enganar-se a si próprio, pois, na maioria desses casos, quando o corpo encarnado adormece e o espírito se descola dele, normalmente busca satisfazer e atender a essas forças subsconsciencials no

Umbral e nas zonas inferiores do mundo astral. Ou seja, é preciso mergulhar na própria intimidade, na essência da alma, no âmago dos níveis profundos da subconsciência, usando técnicas do autodiálogo, educando o orgulho, a vaidade, o egoísmo e os impulsos inferiores. É fundamental nesse processo deixar brotar a sensibilidade, a humildade, a auto-aceitação de suas imperfeições e, ao mesmo tempo, a firmeza serena para que essas mazelas íntimas não sufoquem ou "enganem" os bons propósitos.

Quase sempre fortalecidas por entidades do mundo astral que se sintonizam com elas, essas emanações ilusórias buscam formas de sobrevivência dentro do ser. Por isso, é preciso persistência, humildade, fé e autoperdão redobrados para casos de reincidências eventuais a erros que as alimentem.

Um aspecto importante a observar diz respeito ao fato de que mergulhar dentro de si não é nada complexo; contudo, exige calma e quietude da mente. Não é preciso ficar horas meditando (ainda que isso possa ajudar, dependendo do caso, do estágio e do momento evolucionário de cada um), mas observar os pensamentos e sentimentos predominantes na alma, e mesmo aqueles sutis que tentam se esconder no fundo dela e que não condizem com o que a pessoa já estudou ou aprendeu, em termos de princípios espirituais elevados trazidos, por exemplo, no Evangelho de Jesus.

Nos seres que não são tão antigos, é compreensível os erros primários; entretanto, quando o espírito torna-se "velho" na escalada do tempo, ou seja, os que carregam consigo centenas de milhares e milhares de anos de encarnação, alguns até na escala dos milhões de anos, chega certo momento em que a própria consciência profunda do ser, alimentada pela centelha divina (a luz divina que brilha na essência individual), começa a cobrar novas posturas interiores, não bastando mostrar-se bom no mundo das formas, mas tendo que transformar cada sentimento íntimo desajustado em célula espiritual sadia, entendendo que esse processo é longo e certamente permeará várias encarnações (o importante é encontrar-se na estrada do autoconhecimento e da autotransformação).

Há espíritos que são antigos, mas que optam "conscientemente" pela crueldade e pelo caminho do mal: são magos

O Vale dos Espíritas

negros, entidades muito inteligentes e participantes das hordas da "esquerda" do Cristo e que atingiram graus elevados de patologia psíquico-espiritual, em que o orgulho, a vaidade, o egoísmo e o apego ao mundo da matéria são tão aguçados que criaram "capas" energético-astrais muito rígidas e se tornaram impermeáveis a absorver o amor divino que cobre a multidão das imperfeições humanas, de modo sereno e como medicamento transformador. Apesar dessa resistência ao bem, esse amor divino continua atuando sobre eles, inclusive exercendo a natural Lei do Carma.

Ao mesmo tempo, existem espíritos que, apesar de antigos, optaram pelo caminho do bem há pouco tempo, em encarnações recentes ou mesmo no plano astral, antes de reencarnar. Existem ainda os que não têm esse tempo milenar na escalada hominal de evolução. Estes podem receber um tipo de ajuda "extra", com uso de técnicas que os arrebatam para locais de recuperação, caso tragam certo volume de crédito pela prática do bem ao próximo; entretanto, terão de possuir um mínimo de humildade que lhes permita receber as frestas de luz e a ajuda espiritual de que necessitam.

Quando estamos encarnados, possuímos o corpo físico para nos proteger contra certo grau de mazelas espirituais, e aí ele acaba drenando as imperfeições, sofrendo através de dores, doenças e desequilíbrios psicofísicos, ou por meio de acidentes, ou ainda por processos mais lentos de drenagem. Quando a pessoa dorme ou desencarna, o corpo astral se descola e se depara com o mundo de energias mais livres. Então, será atraído naturalmente para o ambiente afim ou para perto das entidades com as quais tem similaridade de pensamentos e vibrações no campo do sentimento. Portanto, ao desencarnar, Agenor foi atraído para o Umbral, onde havia muitos irmãos carregados de orgulho e vaidade, de fortes ligações com o poder político e apego a cargos e imagem da personalidade.

Alguns, quando desencarnam e chegam a locais como esses, se possuírem frestas de humildade, se pedirem perdão sincero por seus equívocos na carne, se abrirem verdadeiramente o coração para o auxílio superior, certamente a Bondade Divina enviará seus servidores do bem para ajudar no momento do desenlace. Aliás, normalmente, o plano espiritual superior está sempre a postos para servir. Mas, ressaltamos novamente: é preciso que haja verdadeira sinceridade. Há muitos casos, como o de Agenor, em que o desencarnante chega cheio de si, como profundo estudioso do espiritismo, do Evangelho e de outras filosofias religiosas, ou de conhecimentos científicos. Assim, se não abrir as portas da humildade, certamente será tragado pelas zonas do Umbral sintonizadas com esses padrões de pensamentos e sentimentos arrogantes. É pura lei da física quântica agindo sobre a matéria sutil e aglomerados de energia.

Agenor deparou-se com o Umbral após lento e longo processo de doença vivida na carne, desencadeada por um câncer no pâncreas. Foi desencarnando aos poucos; a bondade de Deus lhe permitiu esse processo para que o choque com o mundo dos espíritos não fosse acentuado e, ao mesmo tempo, para que desse tempo de amolecer o coração, deixasse brotar um pouco de humildade na alma. Entretanto, ele teve reações contrárias ao que pregava nas palestras do centro espírita. Sentia-se machucado no ego quando percebia que não podia realizar sozinho as mínimas atividades domésticas, os cuidados com o asseio pessoal, a administração dos remédios, especialmente depois que deixou o hospital desenganado pelos médicos, o que o fez ir definhando os poucos, não só física como psiquicamente.

Em sua superficialidade mental, achava o seu quadro vergonhoso para uma alma ativa e altiva, trabalhadora, determinada, que mais ajudava do que recebia ajuda, e com profunda índole cristã. Tinha uma mente forte que se utilizava de mecanismos sutis para encobrir suas fraquezas íntimas, a ponto de acreditar no que ela lhe impunha como verdade. De fato, Agenor realizou boas obras e procurou ser íntegro em suas ações, o que lhe proporcionou vários méritos. No entanto, a substância pegajosa gerada em sua aura, em decorrência do elevado grau de orgulho e vaidade, impedia o acesso de seu guia e de amigos do mundo espiritual, que tentavam tocar-lhe os sentimentos e fazer com que ele acessasse nódoas que se escondiam no fundo de seu ser, a fim de desbloqueá-las, já que, quando ocorresse o desenlace do corpo físico, tais imperfeições se tornariam dominantes no seu contexto mental-emocional, envolvendo-lhe o perispírito.

O espírito encarnado que durante sua existência física não se esforçou para reencontrar-se interiormente, especialmente os espíritos antigos, que já reencarnaram inúmeras vezes e receberam muitas informações sobre temas éticos e espirituais, certamente terão dificuldades de se encontrar no momento do desencarne. No primeiro contato com o mundo astral, sentindo-se debilitado fisicamente, Agenor procurou buscar a força da mente para conduzi-lo sem saber para onde, pois estava perdido naquele novo cenário repleto de entidades vagantes, desorientadas, que gritavam revoltadas com a situação em que se encontravam.

Seu ser também gritava, resmungava (exatamente como costumava fazer quando estava sozinho em seu escritório nos tempos de encarnado), e questionava com muita raiva quanto ao belo mundo que deveria ter encontrado. As criaturas precisam estar atentas aos sentimentos, aos pensamentos mais íntimos, especialmente quando encontram-se sozinhas, sem qualquer pessoa que possa observá-las, pois nesses instantes é que vêm à tona as mazelas que usualmente aprisionam diante dos outros.

As preces dos parentes que haviam ficado na carne derramavam-lhe gotas suaves de esperança sobre o corpo astral, mas logo elas eram absorvidas pelo ambiente hostil e nebuloso e se desfaziam como o gelo ao contato com o calor. Logo Agenor avistou João, um velho político que desencanara alguns meses antes dele e que fora simpatizante e frequentador de centro espírita, quando encarnado. O amigo o recebeu e pediu a alguns ajudantes que o levasse para a Cidade dos Nobres.

– Vamos lá, Agenor! – saudou João. – Seja bem-vindo ao mundo dos espíritos! Como você sabe, aliás graças às suas preleções, acabei me tornando espírita, mesmo sendo um frequentador esporádico. Mas já sabemos que, como nós, você se sentiu um tanto enganado pelas promessas não cumpridas pelo lado invisível. É, mas você e tantos outros que pregavam o espiritismo ainda tiveram sorte, porque boa parte saiu do corpo e veio para o Vale dos Espíritos, que é o caminho para chegar à nossa cidade, repleta de nobres companheiros de jornada, onde poderá sentir-se mais seguro. Ao morrer, caí numa cilada e fui levado para uma região umbralina não muito longe daqui, repleta de gente louca, de arruaceiros, espíritos que classifiquei como vândalos vagantes. Alguns tentavam me aterrorizar e até me agrediam. Pareciam até velhos eleitores me cobrando coisas que eu havia prometido em discursos de campanha só para atrair votos. Por sinal, apareceram dois velhos correligionários me cobrando dívidas de campanha, me agredindo, dando pontapés; enfim, foi tenebroso. Você não imagina como sofri por lá; foi quase um ano de terror. Lembrei-me dos tempos em que ia à igreja católica com meus pais. Então pedia a Deus para me tirar daquele lugar que estava me enlouquecendo, e nada de ajuda espiritual. Deus não me ajudava e ninguém aparecia para me socorrer. Foi quando me lembrei dos tempos em que ia naquele nosso centro espírita.

Recordei-me das leituras que o palestrante fazia, das poucas vezes em que cheguei a ler algumas folhas de *O Livro dos Espíritos*. Aí não fiquei perdendo tempo com espíritos de segundo escalão; fui logo pedir ajuda a Allan Kardec, para me tirar daquele lugar e me levar para Nosso Lar, que todo mundo no centro falava como um lugar maravilhoso. Mas nada acontecia. Fiquei profundamente revoltado com tudo, pois dei muito dinheiro para o centro espírita, e todas aquelas perspectivas que falavam da existência dos bons lugares no mundo dos espíritos pareciam cada vez mais longe; parecia que aquelas palavras esperançosas eram como os discursos políticos. Você sabe, né, apenas palavras! Cheguei a pensar que estava sendo castigado pelas mentiras que nos acostumamos a dizer, principalmente no meio político, que evidentemente não se concretizam.

Sentia-me arrasado no mundo dos espíritos, decepcionado, derrotado por ter acreditado que tanta ajuda que dei ao centro espírita seria devolvida para mim em forma de créditos divinos. Aí foi mesmo natural que as avalanches de revolta surgissem dentro de mim, ainda mais quando lembrava que ajudei muita gente sendo político, e de quantas pessoas pobres ajudadas por mim diziam: "Deus te pague!". Claro, as coisas erradas que acontecem na política são inerentes à política. Tudo está podre mesmo e eu não tinha como escapar

O Vale dos Espíritas

65

das armações politiqueiras, dos esquemas para arranjar grana para a campanha, e por aí vai. Mas de fato ajudei muita gente, e Deus não me deu nada ao chegar no mundo astral. Até que um dia, um grupo de amigos da Cidade dos Nobres me avistou como um maltrapilho e me reconheceu. Então pensei: "Até que enfim surgiram pessoas que me reconheceram pelos belos trabalhos assistenciais que fiz quando era político, pelos discursos inflamados em prol dos mais carentes lá no parlamento..."

Alguns vândalos tentaram impedir que aquele grupo de companheiros me levasse dali, mas um dos nossos tinha uma arma que disparava choque elétrico contra os espíritos perturbados. Enfim, me tiraram e caminhamos alguns poucos quilômetros por uma trilha ainda mais escura que a região onde eu estava, cheia de entidades enlouquecidas, e então chegamos a um lugar chamado de Vale dos Espíritas, que é um grande vale que vai dar na Cidade dos Nobres. Por isso lhe digo, sorte sua de estar conosco. Aqui tem muita gente perturbada, mas pelo menos boa parte dos que aqui estão foram espíritas na carne, sabem dos nossos lemas e dilemas. Alguns estão prontos ou podem ser colaboradores fiéis; outros, muito perturbados ou apenas parasitas preguiçosos, deixemos de lado; eles acabam ficando no próprio vale descampado.

Nossa cidade é como se fosse um grande condomínio feito por pessoas com as quais temos algum tipo de ligação política, parentesco, amizade ou que de algum modo possam nos ajudar a melhorar a vida por aqui. Você entende, né, gente como você, inteligente. Gente passiva e que só vai pesar no nosso balancete, dando-nos prejuízo sem nada contribuir, é melhor ficar do lado de fora. Logo estaremos chegando aos portões da Cidade e você vai perceber a diferença. Vai descobrir que lá existem os mesmos desafios políticos que tínhamos na vida terrena; quer dizer, grupinhos fechados, traições, campanhas. Mas pelo menos há democracia, tipo aquela que tínhamos lá no mundo físico. Hoje estou na oposição da direção administrativa e em breve teremos eleições; por isso preciso de sua ajuda para arrebanhar eleitores. O pessoal que está na administração é muito fraco. Precisamos de gente mais ousada.

Um dos pontos mais sérios é a invasão ou a tentativa de

invasão da Cidade por parte dos perturbados e até de alguns espíritos muito inteligentes, mas que querem nos usar. Eles sabem que temos alguns cientistas que têm nos ajudado a construir um eficiente sistema de segurança, como o revólver de choque elétrico, além de outras inovações interessantes que você vai ver com os seus próprios olhos. Mas não podemos dispor somente de cientistas e processos de fabricação artesanal; temos de implantar indústrias com produção sistematizada, e em série. Usamos matéria-prima astral, que tem substância similar ao material existente na Terra, só que mais sutil, e exige outros tipos de destreza, inclusive precisamos de material energético que só os encarnados possuem: o ectoplasma e o bioplasma. Há verdadeira guerra aqui no mundo dos espíritos para se ter esses materiais com os quais fabricamos muitas coisas, pois servem como energia para movimentar os motores e equipamentos de fabricação. Logo você vai descobrir todos esses desafios com que nos defrontamos.

– É, João, tenho agora várias dívidas com você – observou Agenor. – Meu esforço em relação às articulações para elegê--lo novo gestor dessa cidade você pode contabilizar como ativo meu nessa conta. E vai dar certo! Logo estará assumindo esse posto, e vamos poder ampliar as ações por aqui, sendo mais ousados que o atual gestor.

Passaram-se dois meses, Agenor se restabelecia dos traumas do desencarne, de suas andanças nas Sombras, e aliava-se a João, com o intuito de assumirem a adminsitração da Cidade dos Nobres.

Agenor permanecerá ainda por muito tempo no Umbral, em razão do alto grau de orgulho e da falta de disposição para modificar-se internamente. Junto com alguns membros da Cidade dos Nobres, aos quais se associou, fez incursões em várias localidades do Umbral para resgatar espíritos recém-desencarnados que pudessem tornar-se potenciais colaboradores, dando preferência a egressos de grupos espíritas cheios de revolta, pois neles podiam encontrar material astral indispensável para alimentar interesses menos nobres, apoiados no orgulho que cultuavam. Pretendiam transformar aquele logradouro astral numa poderosa área de geração de tecnologias de segurança e transporte astral, e de conhecimentos

O Vale dos Espíritas

67

espirituais, modificando e distorcendo o entendimento da doutrina de Kardec, com interesses de poder e controle da vaidade e do egoísmo, que possibilitam a satisfação de apegos às paixões inferiores. Pretendiam aumentar o número de servidores no local, e por isso resgatavam espíritos nem sempre sintonizados com eles, mas de conhecimentos rudimentares e serviçais, pagando-lhes com "alimentos" astrais diversos.

Seguindo esse rumo, certamente não tardará e a Cidade dos Nobres estará mergulhada num verdadeiro caos, que se acentuará à medida em que o planeta Terra seguir os destinos programados para sua transformação mais profunda e completa, pelos tempos que são chegados. Quando está protegido pelo corpo físico, o ser humano pode esconder pensamentos e sentimentos, mas no plano espiritual não há essa proteção que muitas pessoas usam como disfarce ou esconderijo da realidade. Naturalmente, cada um é atraído para o ambiente condizente com o que pensa e sente, bem como o que deseja e vibra na intimidade.

O Vale dos Espíritas nada mais é que um ambiente no Astral, dentre tantos outros, mais precisamente em zona inferior do Umbral, já na fronteira das zonas mais tenebrosas, para onde são atraídos espíritos que vibram na mesma sintonia. Normalmente conhecem a doutrina do espiritismo, frequentaram grupos espíritas quando estavam encarnados e possuem uma característica que lhes é comum: o forte orgulho. Um orgulho que impede a penetração de vibrações superiores que trazem como base essencial a humildade, a resignação e a disposição em aceitar o cenário interior construído por si próprios e o cenário exterior condizente com seus desejos mais profundos.

Nenhum ser tem o direito de cobrar nada de quem quer que seja, muito menos da Espiritualidade Maior, sob o pretexto de achar que cumpriu os desígnios do Alto, pois Deus sabe o que faz e o que deve dar ao mais simples verme que habita a crosta e ao que deteve o mais alto cargo da hierarquia política ou religiosa. A Espiritualidade Superior não trata as criaturas como membros de um comércio de "dotes" de "boas obras". Sem dúvida, cada boa obra será contabilizada como mérito naquilo que lhe couber e no momento exato em que o espírito estiver minimamente maduro para recebê-lo, visando ao seu próprio bem interior e à sua felicidade verdadeira. Enquanto o orgulho, a revolta e as exigências descabidas vibrarem fortemente na essência do ser, não haverá campo propício para a recepção da infinita Bondade Divina expressa por intermédio dos inúmeros trabalhadores do Cristo que labutam incansavelmente no Umbral e em todas as paragens do mundo astral.

Com o passar dos anos no Vale dos Espíritas, os desencarnados mais intelectualizados, e com a mente mais "forte", resolveram iniciar a construção de um grande condomínio que passou a se chamar Cidade dos Nobres, com a qual se mantêm em sintonia entidades egressas de grupos espíritas, algumas até com largo cabedal de conhecimentos, mas com as mesmas prerrogativas da vaidade, do orgulho, da revolta, da busca pelo poder, do apego egoístico, e ligados a muitos vícios da carne, sem o desejo sincero de mudança. No fundo, não estavam dispostas a modificar-se quando ainda estagiavam no plano físico, e então, depois do desencarne, preferiram construir um ambiente onde pudessem dar continuidade aos mesmos interesses mesquinhos.

O aspecto natural dessa zona do Umbral é sombrio, escurecendo como um breu, à noite, e com nuvens escuras durante o dia, com alguns raros raios de sol em poucos momentos, especialmente no início da manhã: mecanismo das forças cósmicas que levam um pouco de luz até mesmo a lugares onde a revolta e a indisciplina não a desejam, a fim de tentar arrebatar os espíritos cansados daquele ambiente, saturados pelo veneno do orgulho e da dureza do coração, e já um pouco mais sensíveis à humildade e ao chamamento do Alto.

O nome dado ao lugar foi um reflexo da vaidade do seu primeiro dirigente, que assim o denominou por achar que ali seria o ponto de convergência de criaturas que tinham vivido na nobreza, em encarnações mais antigas, e que mantiveram esse *status* nos tempos modernos, até pelos cargos que assumiam quando encarnados. Na verdade, construíram uma vila astral com grande semelhança às vilas do interior do Brasil, com seus problemas estruturais e espirituais, mantendo contudo uma única diferença: a de que numa vila do mundo físico há sempre pessoas de boa e má índole misturadas, seres com e sem fé, humildes e orgulhosos, pacíficos e revoltados, já que o corpo físico serve de anteparo para promover a mistura das almas, independentemente de seu tônus vibratório, fato que não ocorre no plano astral.

Evidentemente, não existe um ser totalmente mau que não tenha algo de bom dentro de si que possa ser cultivado e ampliado, até porque todos temos a centelha de vida ou centelha divina na intimidade da alma. Além disso, o Mestre dos Mestres não abandonará uma ovelha sequer do seu rebanho, estando os trabalhadores de Sua seara atentos para recolher todos os irmãos que já estiverem prontos para aceitar humildemente sua condição de seres imperfeitos e necessitados de ajuda do Alto.

É importante deixar claro que, mesmo nos locais do plano astral onde predomina o ambiente de harmonia, paz e desejo de crescer espiritualmente, a aplicação da força de vontade faz parte do processo educativo diário, pois até mesmo os bons ainda precisam evoluir, com exceção dos anjos e arcanjos que, embora estejam isentos das rodas das encarnações, por serem totalmente bons, dispõem de um processo evolutivo diferente dos humanos.

É evidente que nem todos os espíritas vão para o Vale ao desencarnar, mesmo aqueles que deixam a carne cheios de imperfeições não superadas ou pouco trabalhadas na intimidade, repletos de traumas, recalques, medos, sentimentos de culpa ou sensação de metas não cumpridas, enquanto estiveram encarnados, pois isso é normal por tratar-se de seres humanos em diversificados estágios de evolução. Enfim, há casos e casos. A senha vibratória que atrai os desencarnados para o mesmo *locus* astral está atrelada principalmente a quatro fatores básicos: *orgulho exacerbado*, ou ausência de um mínimo de humildade que lhes permita aceitar que estão errados em seus pontos de vista, e arrogância ou cobranças descabidas (mesmo que esses mecanismos estejam escondidos no seu íntimo e não sejam expressos em gestos e palavras, ou quando o desencarnado se diz humilde e cumpridor do Evangelho de Jesus, mas isso é apenas da boca para fora); *vaidade*, que é irmã do orgulho e sustenta uma posição interior de superioridade, por acharem-se acima dos que não tiveram acesso aos conhecimentos espirituais, ou de terem assumido postos de comando na vida terrena, seja em ambientes profissionais ou religiosos, achando-se merecedores de uma recepção à altura de suas posições no momento da chegada ao mundo astral; *sentimento de comércio* com a Espiritualidade, por acharem que, ao ter ajudado muitas pessoas quando estavam encarnados, mereciam um outro tratamento ou recepção diferenciados, o que de certo modo também é uma expressão do orgulho, pois o capitalismo e o comércio existem somente nos mundos inferiores; e finalmente *sentimento de culpa*, que muitas vezes está atrelado a um sorrateiro grau de orgulho, por não permitirem-se errar, sentirem-se imperfeitos ou sujeitos a equívocos, havendo por trás desse processo muito medo ou autocobrança além da capacidade de se superar. De qualquer modo, esses sentimentos precisam ser trabalhados e não podem ser empurrados para os esconderijos da alma, já que após o desencarne eles explodirão com uma força descomunal dentro do ser.

Um teste importante para cada ser humano submeter-se é observar se o orgulho sobressai dentro de si ao receber uma crítica, estando-se certo ou errado. E, em seguida, avaliar o grau de intensidade desse orgulho. De modo geral, o ser humano ainda não aprendeu a ouvir, rebatendo de imediato uma determinada crítica ou consideração a algo que tenha feito ou deixado de fazer. É preciso que primeiro a pessoa ouça, processe a informação e depois então concorde ou não, e se posicione de forma educada, o que às vezes necessita de firmeza; porém uma firmeza sem violência. É muito importante encontrar as palavras certas, a forma mais eficaz de se comunicar, com conteúdo claro e educação, exercitando-se a empatia.

É certo que estamos em processo de evolução, e cada um possui um determinado grau de orgulho. O aspecto crucial a ser observado é se o indivíduo deixou manifestar o bom senso, e o discernimento, avaliando a situação com um mínimo de equilíbrio que permita sobressair um pouco de humildade dentro de si, pois à proporção que essa virtude aparece abrem-se canais de luz que brotam de nossa essência divina e de planos espirituais superiores, permitindo que se amplie o discernimento. É um largo processo colaborativo entre o indivíduo e a manifestação de Deus por meio de formas diversas, inclusive com a ajuda de seu guia espiritual.

As guerras e discórdias promovidas pelo orgulho e vaidade em ambientes diversos, inclusive em muitos centros espíritas, e que não são identificadas e trabalhadas à luz dos princípios contidos no Evangelho de Jesus, tendem a se cristalizar e a criar mantos impermeabilizantes à penetração das forças superiores, e então sintonizam-se com as zonas inferiores e umbralinas do Astral. Quando pessoas não se esforçam para melhorar (mesmo tendo quedas sucessivas), dispondo-se íntima e sinceramente a tornar-se mais humildes, certamente serão fortes candidatas a habitar o Umbral após o desencarne.

O Vale dos Espíritas congrega justamente espíritos com certa similaridade de desejos, conhecimentos e exigências descabidas. É válido esclarecer, entretanto, que ir para esses locais pode significar uma rápida passagem e posterior ascensão para lugares mais equilibrados, ou pode significar um longo estágio, proporcional à abertura do coração para as primeiras luzes de humildade.

Capítulo

3

Enfrentando a própria consciência

André era dono de livraria, atividade digna e séria que ele conduzia para pagar os estudos na faculdade de economia e ajudar os pais, pois vinha de uma família de classe média baixa do interior de São Paulo. Batalhador profissional durante o dia e estudante à noite, conseguiu montar sua loja após anos de trabalho em um escritório. Era contabilista, e com duras economias ajudava os pais, comendo às vezes mal, para minimizar despesas diárias. A livraria já estava com sete anos de existência, e a cada dia a clientela aumentava mais. Nas horas em que não estava atendendo ou organizando a loja, voltava-se para os estudos, principalmente dos livros espíritas que vendia. Era o chamado "rato de livraria", como vulgarmente se diz.

Sempre que precisava sair para resolver assuntos externos, deixava Maria cuidando da livraria. Além de vendedora, ela era assistente administrativa. E nessas saídas, ele aproveitava para dar uma rápida passada em outras livrarias e verificar se havia algo novo a aprender em termos de gerenciamento, de novidades nas estantes, inclusive dando uma olhada em livros que lhe chamavam a atenção, especialmente os de cunho espírita, espiritualista e esotérico.

Aos trinta e cinco anos, André já costumava fazer preleções esclarecedoras aos costumeiros clientes de sua livraria. Sempre que tinha um tempinho extra, tomava passe num centro espírita perto da faculdade. Estava para se formar em economia e tinha alguns sonhos profissionais: trabalhar numa empresa multinacional ou ser comentarista de economia numa revista importante ou jornal de grande circulação, mas isso sem se desfazer de sua livraria, atividade que desempenhava com amor. A divulgação era algo que o motivava, em especial quando se tratava de temas espirituais.

Apesar dos cuidados que tinha com os conhecimentos espíritas, negligenciava em alguns aspectos importantes, como aprimorar os sentimentos, incluindo o mergulho no subconsciente, através da auto-observação, a meditação para um maior autoconhecimento, dedicação à autotransformação, e também a atenção para sua saúde física. Mesmo sabendo que a carne não era um bom alimento, adorava uma picanha gordurosa ou uma carne de porco pingando gordura no prato.

Não fazia exercícios físicos nem costumava ir ao médico para fazer um *check-up*. Jamais podia imaginar que um belo dia iria sofrer um acidente cardiovascular fulminante que o levaria para o Além, pegando-o de surpresa.

Sempre afeito a incursões intelectuais no campo da economia, bem como no terreno dos temas espiritualistas e espíritas, tinha uma mente fortalecida intelectualmente e uma enorme fragilidade na área sentimental. Fugia de si mesmo, do enfrentamento de sua própria consciência. Seu grande aparato intelectual o fazia uma pessoa muito vaidosa. Tinha prazer em disseminar os preceitos espíritas e repassar informações esotéricas aos outros. Por algumas vezes, fora convidado a palestrar no centro espírita que frequentava e adorava quando era elogiado pelos conhecimentos adquiridos. Seu orgulho ficava inflado quando era ovacionado. Sempre que algum cliente ou algum assistente de suas palestras o contestava, ele ruborizava e ficava furioso intimamente, mas não expressava raiva nas palavras, embora fervesse por dentro. No fundo, tinha uma elevada autoestima e se considerava intelectualmente superior à maioria das pessoas nos assuntos que dominava.

Vez por outra, sentia dores de cabeça intensas, vista turva, tonteira, fraqueza e formigamento nas mãos, nos braços ou nas pernas. Quando isso acontecia, sentava-se, tomava água, descansava um pouco e logo voltava ao normal. Não tinha a mínima ideia de que algumas vezes havia sofrido pequenos acidentes vasculares cerebrais, vulgarmente conhecidos como derrame. Ensaiava ir procurar um médico, mas usava para si mesmo e para os amigos o argumento de que seus afazeres intensos do dia a dia o impediam de arranjar tempo para cuidar da saúde.

No ano em que acabara de se formar, estava cheio de esperanças profissionais, até que um dia, em pleno horário de trabalho na livraria, sentiu uma fraqueza repentina, perda de visão e desmaio súbito. Maria correu para socorrê-lo e chamou uma ambulância, mas ele já chegou ao pronto-socorro totalmente desfalecido.

No percurso da loja até o pronto-socorro, André teve uma rápida retrospectiva dos acontecimentos relevantes que o marcaram desde infância até aqueles dias finais. Seus senti-

O Vale dos Espíritas

75

mentos estavam intensamente mobilizados e confusos. Lembrava com preocupação de seus pais velhinhos e se preocupava com o envio mensal de dinheiro para a manutenção dos dois. Vinha à sua mente a preocupação com a gestão da loja; sentia uma sensação de perda de oportunidade de ir trabalhar numa revista de economia (ele aguardava um contato importante que um amigo estava articulando com um dos dirigentes dessa revista). Tinha a sensação de estarem escapando de suas mãos vários livros e papéis; via-se sendo retirado, carregado, de uma palestra espírita, com um auditório cheio de gente, e sentia vergonha por ver tantas pessoas observando-o naquelas condições de incapacidade.

André tinha uma mente forte e achava que sua saúde era inabalável. O orgulho e a vaidade o confrontavam intensamente. Foram vinte e cinco minutos entre a chegada da ambulância e a entrada no pronto-socorro, tempo que lhe pareceu uma eternidade ao reviver situações passadas e conflitos presentes em seu íntimo. Ao receber os primeiros tratamentos de choque para reativar o coração, apagou completamente, entrando num processo de inconsciência em razão de seu estado mental sobrecarregado e da hemorragia que tomava conta de seu cérebro.

Essa perda se estendeu ao seu perispírito, sem que ele se desse conta de que havia desencarnado. Por mais de quarenta e oito horas ficou grudado inconscientemente ao corpo. Finalmente acordou no momento em que estava sendo sepultado. Olhou os pais chorando, Maria em estado de choque, Márcia descontrolada (uma ex-namorada que o amava muito e que tinha esperanças de um dia casar-se com ele), alguns amigos mais chegados e vários colegas de faculdade, todos bastante tocados emocionalmente ou chocados pela rapidez do episódio. Um amigo do centro espírita terminava a prece de despedida e encaminhamento espiritual de André, quando ele se deu conta de que realmente tinha morrido.

Presente ao próprio enterro, em estado de choque, não acreditava no que via. De súbito, veio-lhe uma revolta com o ocorrido e um misto de sentimento de perda, derrota e injustiça divina para com tudo o que havia vivenciado e com o que estava sendo construído em sua vida material, além das esperanças no campo profissional. Tinha o sonho de casar-se e ter filhos, de ser rico, famoso, reconhecido na área espiritual e profissional. Ele, que havia saído do interior de São Paulo, de família simples, tinha conquistado a capital com esforço e dedicação ao trabalho, aguardava perspectivas nobres para o futuro. Sentia-se arrasado intimamente e, por detrás dessa decepção, escondia-se uma forte revolta, inclusive com Deus, mediante o destino inesperado e a sensação de derrota na vida.

Era final de tarde; as pessoas já haviam saído do cemitério e André continuava sentado numa sepultura vizinha à sua, completamente desolado, quando percebeu que ao seu redor e à distância havia muitas outras entidades que a rigor não tinham nada a ver com ele. Uma delas, com ar cadavérico, aproximou-se e puxou conversa, questionando-o sobre seu estado de inércia e motivando-o a juntar-se a ele e ao seu grupo, que denominava de Falange dos Revolucionários.

André ficou assutado; não se simpatizou muito com a criatura e lhe disse que gostaria de ficar ali mais um pouco, sem ser incomodado. Aos poucos, outros espíritos do mesmo grupo foram se aproximando e lhe cercando, pois percebiam no seu perispírito muitos resíduos de ectoplasma que poderiam ser vampirizados. Como tinha lido muitos livros sobre conhecimentos esotéricos, espiritualistas e espíritas, sabia que poderia afastar as entidades com sua força mental, aproveitando os restos de material plasmático que trazia do corpo físico e do duplo-etérico para imprimir mais força a esse processo. Então mentalizou em torno de si uma aura azul intensa e, como a provocar um sopro ou vento astral, fez um movimento empurrando aquelas entidades que se comportavam como urubus em torno da carniça.

De fato, como um tiro de ar comprimido em formato circular e em torno de si, jogou-as para alguns metros de distância. Todas correram, exceto a que parecia líder do grupo. Então sentiu um rasgo de medo e correu em direção à saída principal do cemitério. O estado de angustia e pavor foi se ampliando, e subitamente André adentrou um caminho paralelo que não estava no desenho geográfico original do campo físico de sua cidade, vendo-se em um local sombrio e repleto de "almas penadas". Olhava para trás e ainda via o espírito raivoso, com ar cadavérico, a persegui-lo.

O Vale dos Espíritas

André pressentia que não tinha mais ectoplasma disponível, mas de qualquer modo fez uma última tentativa de direcionar um petardo mental, como um raio laser, em direção ao líder dos Revolucionários. Deu certo, e a entidade foi parar bem longe, a mais de trezentos metros de distância, o que a fez perdê-lo de vista. Subitamente ele sentiu-se enfraquecido e teve certeza de que não possuía mais material plasmático.

André trazia uma postura comportamental, desde os tempos da carne, em que lutava sozinho, achava que não precisava de ninguém e que sua força interior era capaz de conduzi-lo pelos caminhos que desejasse. Não percebia que seu orgulho não era exatamente um alimento de fortaleza interior. Acabara de chegar ao Além, não conhecia a geografia do lugar, tinha conhecimentos básicos de manipulação de energia, mas desconhecia as regras e mecanismos mais complexos da vida astralina e, principalmente, não percebia que seu orgulho o impediria de acessar planos mais sutis. Tentava vencer o medo, a angústia e a revolta por ter de passar por aquilo tudo. No fundo, esperava que anjos e mensageiros do Alto o aguardassem e o conduzissem a regiões superiores.

Sua mente fervilhava, pensando no homem bom que tinha sido, na boa índole que possuía, na sua vida carnal delineada pela seriedade e postura ética. Pensava, com sentimento de decepção, no quanto divulgara os ensinamentos e conhecimentos espíritas e espiritualistas, fosse por palestras e diálogos esclarecedores, ou por meio dos livros que vendia. E concluía mentalmente: "De nada serviu o esforço que empreguei em prol do bem?". Explodia em xingamentos. Quantas vezes tivera autocontrole para não usar palavras de baixo calão contra clientes mal-educados que iam à sua loja, ou contra pessoas que furavam a fila do banco ou do cinema... Mas não possuía mais o corpo físico, não tinha mais a barreira energética densa que o impedia de expressar plenamente seus desejos e impulsos. E então se via mergulhado no mundo astralino, rodeado de desencarnados exatamente iguais a ele, gritando, xingando contra o mundo e a Deus pelas "injustiças" que passavam naqueles momentos.

Refletia consigo mesmo: "Sinto muito frio e já estou cansado de andar por este lugar, sem saber que direção tomar.

Estes seres malucos, gemendo, urrando, esfarrapados, me arrepiam pelo aspecto imundo. Ah, que vergonha por estar aqui! Fazem-me sentir no inferno de Dante. Que bela recepção o plano espiritual me preparou! Onde está o meu guia espiritual, que os médiuns do centro falavam que eu tinha ao meu lado? Tudo enganação! Quantas pessoas ajudei com esclarecimento... Lembro do caso de uma adolescente que me disseram que não se suicidou porque teria ouvido uma palestra minha, inclusive até perdoou o namorado por tê-la abandonado. Puxa, naquele dia, quando me deram essa notícia, tinha certeza de que Deus guardaria um lugarzinho especial para mim! Quer dizer que então de nada vale salvar vidas... Deus que é tudo, é bondade infinita, que perdoa a todos, cadê? Onde estão Teus mensageiros de amor que não aparecem para ajudar um trabalhador da Tua seara? Que raiva de tudo e de todos! Morrendo de frio, neste lugar horrendo, com cheiro de mofo, cheio de entidades perdidas, e eu com todo o meu cabedal de leituras aqui, junto delas. Era só o que me faltava!".

Foi quando surgiu alguém ao seu lado. André não sabia, mas era Samuel, um velho conhecido:

– Puxa, cara, que dificuldade para encontrá-lo! Vamos nessa, André! Nossos companheiros vão ajudá-lo; vão cercá-lo para evitar que baderneiros mexam com você ou tentem sequestrá-lo. Aqui há muita gente inteligente e de má índole, que quer escravizar espíritos recém-chegados e perdidos. Você daria um bom zumbi para eles manipularem a mente, usando-o como escravo. Ainda mais desse jeito, enfraquecido e sem saber para onde ir. Vamos lá, anda mais rápido! João, que é forte, pode carregá-lo, se não der conta.

André protestou:

– Quem são vocês? Espera lá, me expliquem melhor de onde vocês são e para onde querem me levar! Peraí, ninguém vai me carregar, não! Era só o que me faltava! Posso estar fraco, mas consigo andar, sim. Tenho muita força de vontade e esse papo seu, de entidade dominar minha mente... Você está pensando que eu sou um idiota, leigo das coisas sobre o mundo das energias?

– Não, você está brincando comigo é, André? – tornou Samuel. – Não se lembra de mim? Amigos de infância...você roubou minha namorada na adolescência, quer dizer, a menina que gostava de mim, no dia da festa do meu aniversário de quinze anos, e acabou transformando-a na sua primeira namorada. Fiquei de mal com você... e muitos anos depois, nos reencontramos numa palestra espírita sua, já adultos, lá em São Paulo. Depois você sumiu, né, ficou cheio de afazeres, de grana...talvez sua visão ainda esteja turva, depois do choque no derrame...por isso vou dar esse desconto, e também porque é normal quem perde o corpo físico chegar por aqui meio tonto e desorientado. Mas tenha calma! Somos da Cidade dos Nobres. Depois que descobri que você estava desencarnando e falei com nosso comandante, ele me pediu para vir apanhá-lo, junto com nossa equipe de salvadores de almas. Vamos resgatá-lo deste lugar, onde você corre riscos. Mas me surpreende não ter nenhum vampiro atrás de você, ou um grupo querendo sequestrá-lo para colônias das zonas infernais. Olha só, acalme-se! Não fique arredio não, que a gente vai ajudar. Ou você quer ficar aqui, perdido?

Finalmente André se deu conta da situação:

– Não, tudo bem. Vamos lá, Samuca, agora estou lhe reconhecendo! Desculpe, camarada! Soube da sua morte numa semana em que eu estava super atrapalhado na faculdade, com provas finais, e para completar com problemas na loja. Maria tinha ficado doente e eu não tive como ir ao seu enterro.

– É, cara, não esquenta não! – retrucou Samuel. – Eu sei que você queria ter ido e que não deu mesmo. Depois, eu fui investigar um por um dos meus amigos e parentes; fui ver quem tinha ido ou não no meu enterro e as causas das ausências, quando eu já estava me sentindo recuperado dos efeitos do acidente. Tinha um senhor, o seu Augusto, chefe do centro que eu passei a frequentar no meu bairro, que veio me buscar quando eu estava mergulhado em zonas muito perigosas no Umbral, sofrendo "pra caramba". Eu xinguei até a mãe dele, porque nas reuniões do centro seu Augusto repetia milhões de vezes que "sem caridade não há salvação". Quando cheguei, lembrei que eu dava cestas de alimentos, brinquedos e um montão de coisas no Dia das Crianças, no Natal, na Páscoa, enfim, ajudei gente à beça, para depois da morte encarar um Umbral gelado, cheio de gente maluca, agressiva?!! Aí não deu outra, a raiva subiu à cabeça. Eu não sabia para onde ir; via algumas pessoas mais antigas que frequentaram o centro espírita, como eu, e que morreram, até porque já tinham idade avançada, e estavam lá também, vagando às escuras e desesperadas, enlouquecidas de ódio com tudo e todos.

É, André, aqui quando a gente tem sentimentos, bons ou maus, eles explodem com força e aí sai da frente porque não tem quem nos segure. E o mais engraçado é que mesmo depois de xingar seu Augusto, ele próprio veio me resgatar e me levar para a Cidade dos Nobres. Não sei se ele ouviu meus xingamentos ou meus desejos de sair dali, mas hoje ele é uma espécie de meu protetor. Mas não pensa que lá é como nas histórias que o livro Nosso Lar contava sobre aquela cidade espiritual: tudo certinho e bonito, cheio de gente boazinha. Meu amigo, na Cidade dos Nobres a gente tem que estar esperto. Deixa a gente chegar e você ficar mais forte; vai descansar na minha casa, vai se recuperar dessa viagem e então vou lhe dar toda a orientação para você não se dar mal.

Escuta uma coisa, André, você teve sorte porque o buscamos só dois dias após o desencarne. Tem gente que fica pelo Vale descampado ou em outros lugares piores, como a grota, por até um ano ou mais. Você nem sofreu tanto.

– É, Samuca – suspirou André –, obrigado pela ajuda! Vocês é que são os meus guardiões e não os anjos que só cuidam de anjos.

Chegaram finalmente, e Samuel anunciou:

– Pronto, chegamos à minha casa! Vou lhe dar água e colocá-lo para descansar. Não esquenta com nada! Fique a vontade e não se preocupe em acordar logo; descanse o quanto precisar. Quando estiver bem, vou apresentá-lo ao pessoal da Cidade.

– Tudo bem, Samuca! Estou surpreso com este lugar. Parece aquelas cidadezinhas de interior. Vi até gente puxando carroça, ruas sem pavimento, casebres, gente simples e gente metida andando pelas ruas. E não tem sol; o lugar é meio sombrio e frio. Realmente estou me sentindo fraco e sonolento. Vim me segurando ao longo da caminhada, e ainda bem que seus amigos me deram uma força, porque minhas pernas estão bambas. Aceito o convite para descansar!

Dias depois, André já estava recuperado. Mas sua revolta

O Vale dos Espíritas

ainda era grande e lhe dominava o coração. Não conseguia distinguir entre os pensamentos alicerçados em sentimentos de orgulho, que o faziam sentir-se num pedestal de intelectualismo espiritual, e sua real situação, um ser profundamente necessitado de humildade, alojado numa residência do Umbral, em uma colônia não propriamente de aprendizado, ainda que em todo local possam ser criadas oportunidades de crescimento interior; todavia atraído para um ambiente que vibrava em sintonia com ele e vice-versa, sem o aconchego do sentimento fraterno.

Logicamente que nem todos os espíritas vão para lá, assim como nem todos que estão no conhecido Vale dos Espíritas ou na Cidade dos Nobres são necessariamente espíritas, ainda que haja ali uma presença bastante acentuada de irmãos egressos direta ou indiretamente da doutrina. Podemos verificar, especialmente, que aqueles que estão em postos de comando naquela cidade, ou que compõem o rol dos que são formadores de opinião, ou ainda os que desejam assumir o controle local, frequentaram centros espíritas.

Depois de quase um ano observando, relembrando e aprendendo a lidar com as regras energéticas do plano espiritual, em especial com as turbulências e a densidade pesada do Umbral, e se envolvendo com aqueles que detinham o poder de comando na Cidade dos Nobres, graças aos seus conhecimentos, capacidade de análise comparativa e sensibilidade que adquirira ao longo de muitas encarnações, ao exercer o papel de estudioso em escolas espiritualistas ou ocultistas, certamente chegaria o dia em que André iria cair em si. Vale salientar a ajuda incondicional que recebera de amigos do plano espiritual superior. Ele precisava passar por aquelas vivências, antes de adentrar seu mundo interior, e viver uma catarse profunda que o levaria a tomar consciência de seu verdadeiro estado espiritual.

André passara por encarnações que o tinham exercitado na aprendizagem do yoga, do budismo e nas práticas ocultistas, com muitas existências no Oriente: na Grécia antiga, integrando-se a escolas do conhecimento que ampliaram seu raciocínio, mas também sua vaidade. Retornou algumas vezes como pessoa pobre, em ambientes afastados do poder, da nobreza e da intelectualidade, com vistas a despertar a simplicidade. Sofreu e revoltou-se inconscientemente com sua situação, mas sem perder o orgulho forte, mesmo quando encarnara como escravo no Egito. Ao longo dessas vidas, esteve sempre preocupado com o conhecimento. As oportunidades em que viveu em ambientes menos rústicos o reforçaram na busca do saber e do poder político, e as que se deram em ambientes mais simples despertaram-lhe alguns sentimentos nobres, o que lhe proporcionara alguns rastros de humildade, ainda que seu forte orgulho e vaidade o impedissem de viver verdadeiramente tais sentimentos, gerando-lhe muitas vezes rejeição àquelas vivências encarnatórias com simplicidade. Achava que não merecia tais situações de inferioridade, especialmente quando se comparava com outras pessoas da época, menos inteligentes, com menor cabedal de conhecimentos e de baixa inspiração criativa, mas repletos de poder e riqueza.

A última encarnação deveria proporcionar-lhe o contato com a doutrina espírita. Ainda que pudesse relembrar os conhecimentos espiritualistas do Oriente, daria preferência ao espiritismo, cujo objetivo era mobilizar-lhe o coração pelas práticas cristãs. Desse modo, pelo conhecimento que dispunha, deveria juntar todo esse acervo e realizar um forte trabalho de autoconhecimento e autorrenovação. Não por acaso, um dia fora convidado por um amigo a entrar numa escola de yoga, com ênfase em raja, ou escola da meditação, local onde esteve por poucos anos aprendendo algumas técnicas, que depois abandonou em função de prioridades no campo profissional. Resumindo: ele teria adquirido base suficiente para imprimir um rumo diferente a sua caminhada, isto é, calcado na busca da transformação íntima de fato, entendendo que os conhecimentos eram importantes e basais para esse encontro consigo mesmo.

André não podia mais adiar o corajoso e sincero trabalho de autoconhecimento e autorrenovação. Sendo um espírito antigo, estava prestes a adentrar um universo perigoso para aqueles que já aprenderam muito e que não colocaram em prática as bases espirituais verdadeiras. O sentimento de superioridade que trazia no íntimo, aliado ao apego à riqueza e ao sucesso, lhe embotaram a percepção verdadeira da vida como um todo, e da sua vida em particular. Há muitos casos de criaturas que se embebedam pela vaidade e orgulho, muitas vezes maquiadas como conhecimentos espirituais, e então correm o risco de penetrar o campo da autossuficiência e gradativamente vão endurecendo o coração, tornando-se cada vez mais frios e calculistas, até atingirem estados psicopatológicos. Quando isso acontece, é preciso muitos séculos para que se retorne ao caminho do equilíbrio e do discernimento, quase sempre à base de encarnações muito sofridas, tal como se dá com a doce e maleável água, que necessita de milhares e milhares de anos para moldar a pedra dura, batendo sempre na mesma "tecla" que precisa moldar.

Cada alma tem que assumir seu estado interior de caminheira da evolução, aceitando-se com suas mazelas interiores como parte da prática de humildade. Alguns precisam vivenciar de fato o sucesso e a busca da riqueza material, em determinada etapa evolutiva; outros estão na fase de conquistas no campo da instintividade ou do poder; outras tantas, as mais velhas, que já transitaram por diversas posições e experiências no mundo da carne, deverão em algum instante da vida espiritual encontrar-se consigo mesmas.

Chega um tempo em que a maturidade encaminha cada criatura para o desvendar de seu mundo íntimo. Cada um deve chegar a esse ponto de maturação por esforço próprio, aprendendo, acertando e errando, e a cada nova encarnação recomeçando a escalada num novo patamar. Cada ser tem uma programação maior que está impressa na centelha divina que o habita, e essa programação contempla um conjunto de vidas e tendências encarnatórias, sujeitas a ajustes de percurso, até porque cada espírito tem seu livre-arbítrio.

Ainda que seja inevitável fazer comparações para quem está no aprendizado encarnatório e evolucionário, isso é o que menos importa, ou seja, é de extrema importância o ser descobrir dentro de si o que deve imprimir seu próprio registro de vida, de espírito, com sua natureza própria, com sua trilha única, antes de ficar fazendo comparações com outros, evidentemente compreendendo que fazem parte da vida a convivência social e o aprendizado pelo intercâmbio interpessoal, como parte do caminhar e do crescer.

Ao longo de sua caminhada evolutiva, André fez boas e sinceras amizades, incluindo almas de elevada estirpe espiritual. Sempre buscou ser uma criatura justa e ética, o que lhe proporcionou uma base sólida para saltos em direções mais aprofundadas de evolução. E alguns desses amigos o orientavam e o seguiam a partir do mundo invisível. Apesar de, em muitas ocasiões, não sentirem abertura para toques em sua sensibilidade, jamais o abandonaram, fazendo intercessões por ele em vários momentos e em especial após o seu desencarne.

Temos acompanhado muitos irmãos em sua caminhada evolutiva e, mesmo nos egressos de planetas mais evoluídos que a Terra, tanto no campo tecnológico quanto no espiritual, percebemos como muitos deles, de grande conhecimento intelectual, estão presos ao mundo das encarnações expiatórias ou regenerativas, por não terem desenvolvido alguns sentimentos atrofiados, tornando-se pessoas éticas e justas, porém mobilizadas apenas por uma mente elevada e consciente (o que já representa grande avanço; aliás, meritório), mas desprovidas de compaixão, perdão, doação incondicional, renúncia, esperança, alegria, amor que tolera as diferenças e imperfeições das pessoas. Por isso, voltam diversas vezes e lhes são oferecidas oportunidades reencarnatórias para amolecer o coração e tornarem-se mais humildes, menos arrogantes, mais sensíveis à dor alheia, à sua própria dor e à necessidade de progresso interior.

Muitos desses seres têm profunda consciência do que seja certo ou errado, mas, por sua baixa sensibilidade, acabam atraindo carmas para si e, quando fazem uma boa ação, raramente o fazem por sentirem no fundo da alma o amor pelo próximo. Por esse motivo, a dor ainda é um dos mais nobres instrumentos da evolução humana.

André começava então a sentir que a Cidade dos Nobres não era o seu lugar, ou que ali não se sentia verdadeiramente feliz. Seu profundo senso ético começava a despertar. Seus conhecimentos teóricos da psicologia humana, graças aos inúmeros livros que lera e o impressionaram pela largueza de percepção sobre os seres humanos, faziam-no um bom analista. Sob a tutela e inspiração do plano espiritual superior, começava a mobilizar-se com o sofrimento de muitos irmãos que

O Vale dos Espíritas

85

habitavam o Umbral e que, pelo elevado grau de orgulho e revolta interior, permaneciam presos a condições de sofrimento criados por si mesmos. O lugar sombrio onde estava vivendo o enchia de depressão. A politicagem que tanto criticara na Terra estava fortemente presente ali. As vaidades, os jogos de interesse, as buscas pelo poder, tudo o que o incomodara no passado recente existia naquele lugar: presenciava relações de trabalho quase escravagistas por parte dos "aristocratas" sobre os que detinham menos capacidade intelectual e que se encontravam aprisionados a vícios do mundo material, como fluidos de alimentos animais, sexuais, de bebidas alcoólicas e cigarros, com os quais os senhores pagavam os serviços menores e mais pesados, incluindo os de segurança.

Esses fluidos utilizados para pagamentos pelos gestores da Cidade dos Nobres eram trazidos por aparelhos desenvolvidos por mentes muito inteligentes. Na verdade, um desses aparelhos fora roubado por vândalos do Umbral, quando de uma incursão de entidades do bem em zonas sombrias. O grupo que o levava não tinha muita experiência no seu uso e resolveu assumir uma missão de resgate. Já dentro do Umbral, esse grupo percebeu que o aparelho apresentava algum tipo de problema e, por descuido, em determinado momento de desatenção e ao realizar adensamento energético para adentrar uma área escura do baixo Umbral, foi surpreendido por vândalos que logo se afastaram ao serem inibidos pela presença da luz que os incomodava. No tumulto, um dos membros de resgate deixou que um vândalo lhe roubasse o aparelho. Como esses vândalos não sabiam usá-lo, e não tinham noção do que se tratava aquilo, dias depois, ao se depararem com um grupo da Cidade dos Nobres, resolveram negociá-lo com eles, em troca de favores menores.

De volta ao seu lugar de origem, o equipamento foi entregue aos cientistas, que o recuperaram para coleta de ectoplasma e bioplasma provenientes do mundo físico. A partir desse protótipo, os cientistas estão desenvolvendo outros aparelhos similares. No mundo astral, o plasma de origem humana é um produto extremamente nobre e útil para as mais diversas finalidades; muitas vezes é denominado de "ouro astral". É o grande combustível para os ambientes espirituais menos evoluídos e por meio do qual satisfazem suas necessidades mais grosseiras e apegadas ao mundo da matéria.

André estava impressionado com a cidade espiritual a que estava integrado: era uma reprodução fiel dos ambientes mais mundanos, corruptos e interesseiros. Percebera o quanto a força mental dos dirigentes do lugar conseguira, a partir do uso de ectoplasma trazido do mundo material, plasmar os prédios, as ruas, os utensílios e todos os detalhes da paisagem. Sabia que para sustentar aquilo tudo era necessário manter o padrão mental do conjunto sustentando aquelas estruturas astrais, ou seja havia entidades que tinham o papel de mentalizar todos os componentes daquela pequena cidade astral para mantê-la intacta, o que exigia disciplina por parte das entidades de mentes mais fortes.

Em certas regiões do Astral médio e superior, as entidades elevadas conseguem plasmar e manter quadros e coisas astrais apenas com a força da mente e da vontade, cabendo aos seus habitantes vigiarem seus pensamentos e sentimentos (aplicam o "orai e vigiai"). No entanto, nos mundos inferiores do Astral, as imagens são produtos dos pensamentos e sentimentos naturais dos que ali habitam (normalmente sem disciplina no pensamento e sentimento). Há situações em que seres com mentes mais fortes conseguem também plasmar o que desejam e, não raras vezes, se utilizam de ectoplasma humano de encarnados para tornar essas imagens mais firmes e relativamente perenes, necessitando, inclusive, de periódica renovação. Isso faz com que eles realizem vampirizações dessas energias dos encarnados, a fim de retroalimentar as estruturas e componentes astrais que não conseguem plasmar e manter por muito tempo somente com a própria vontade, ainda frágil, se comparada com a dos seres espiritualmente mais elevados.

Passaram-se vários meses e, certa vez, num desses momentos de análise sobre a vida naquele lugar, eis que subitamente apareceu para André um ser enviado do Alto. Para sua surpresa, era seu tio Francisco, com o qual tivera certa convivência até a adolescência e a quem devia muito por ter-lhe aberto portas conscienciais para caminhos da Espiritualidade.

Francisco era uma pessoa muito ligada a temas espíritas

e espiritualistas e havia mostrado a André algumas obras que o marcaram significativamente, apesar de terem sido momentos efêmeros de convivência.

– Estou aqui, André, em nome de Jesus – disse Francisco.

– Vim para ajudá-lo, e propor-lhe uma nova vida; apresentar-lhe novas oportunidades para seu espírito. Basta que abra uma fresta de humildade dentro de si. Aceitando do fundo do coração que você é um ser necessitado de ajuda, de amor e de paz interior, Deus, em Sua infinita bondade, estará a postos, por intermédio de entidades bondosas para ajudá-lo, na medida de suas possibilidades de aceitação verdadeira.

Sinta, meu querido sobrinho, a vibração que o Alto está enviando para nós. Sinta no silêncio a doce melodia que desce dos céus para tocar seu coração, composta por suaves gotas de doçura, bondade, disposição em servir sem nada pedir em troca, em ser instrumento do Pai, como médium incondicional da vontade superior, sem desejo de se mostrar como ser superior, mas apenas de servir anonimamente. Essas notas musicais vêm de um grupo de músicos de uma colônia astral onde os seres buscam vivenciar o amor incondicional. Tocam essas melodias terapêuticas pelo simples prazer de servir às falanges do Cristo.

Essa vibração que chega até nós deverá mobilizar seus sentimentos de humildade e disposição em seguir o caminho do amor do Cristo. Contudo, é preciso que você deixe penetrar dentro de si essa força de amor infinito, sem interferências do seu intelecto, apenas imerso na fé e humildade no coração e com serenidade e fluidez da mente.

Dobre os joelhos diante de nosso Pai Celestial, meu querido, dobre o seu coração, deixe o orgulho e a vaidade se esvaírem neste momento, para que a luz de amor o toque. Sinta o aconchego que vem do Alto abraçando o seu ser, trazendo-lhe ternura e um cálido "colo". Sinta aquele amor doce que você sentia quando criança, quando era abraçado por sua avó paterna, e que lhe transmitia proteção e vontade de dormir sem medo. Sinta aquela sensação inexplicável de amor. Relaxe e entregue-se à Luz Maior; deixe a fé desabrochar em você. Sinta que você não é aquela pessoa invencível, poderosa por seus conhecimentos, desejosa de estar no palco, na mira dos holofotes e apoiado por aplausos pelo reconhecimento alheio, ou com seu nome exposto em livros, painéis ou menções honrosas pelos serviços prestados à melhoria das pessoas e do mundo.

Sinta que tudo o que você fez é de grande valia, que você tem de fato seus méritos, mas não apenas por você, que dispendeu esforços valiosos enquanto encarnado e durante suas várias encarnações, mas também e principalmente por Deus, que lhe deu um espírito, corpos físicos e outros espíritos que o amam e o ajudaram nessa escalada.

Sinta no fundo do seu coração que somos instrumentos do amor divino, que às vezes estamos encarnados no mundo da matéria e outras vezes vivemos no plano astral, continuando a trabalhar como médiuns da bondade superior, e que todos somos músicos anônimos dessa orquestra maior que engloba muitos outros seres mais evoluídos que nós, ou menos evoluídos que nós, mas importantes também; que há planetas, estrelas, galáxias, universos, e que somos apenas uma pequena gota imersa nesse infinito oceano de amor do Pai Maior.

Observe um detalhe importante: somos pequenos perante o infinito Universo, mas por nossa importante responsabilidade em conectar outros elos dessa orquestra, tornando-nos grandes também. Contudo, devemos vigiar a vaidade e o orgulho para que tais aspectos da alma em evolução não nos dominem e não criem artimanhas de sobrevivência e expansão dentro dela. As energias de vaidade e orgulho não devem ser eliminadas, como nada no Universo é destruído ou sustentado por violência, e sim transformadas, por meio do amor, em energias de simplicidade, renúncia, humildade e serviço incondicional e anônimo, pois todos somos partes do Pai. Se uma parte tenta aparecer mais que a outra, cria desajustes no conjunto, e todos esses componentes da orquestra, quando deixarem de se preocupar em aparecer, naturalmente despontarão por sua beleza própria. Essa diversidade ou multiplicidade é que faz a riqueza multiforme e policrômica da orquestra universal.

Após meses de catarse e questionamento sobre uma série de aspectos que compunham a vida naquela cidade espiritual, e depois de muito observar a natureza competitiva que pre-

O Vale dos Espíritas

89

dominava no lugar, André começou a criar possibilidades de ascender a outro patamar evolutivo no mundo astral. Sentia o choque que havia entre seus ideais e a realidade local. Todavia, a elevada vaidade que o habitava criara barreiras para essa ascensão. A intervenção de seu tio Francisco, incluindo o pedido de ajuda a seres superiores, em nome de Jesus, proporcionaram a quebra dessas barreiras internas. Enquanto ele ouvia e sentia as palavras do tio, começavam a penetrar raios de luz em seu coração, endurecido pelo intelectualismo espiritual justo, mas frio. Ao ver sua avó e sentir o calor do carinho que ela costumava lhe dar quando criança, caiu em prantos e sua dureza íntima desabou (durante a vida física, só chorou até atingir a adolescência ou quando se machucava fisicamente, porque não queria mostrar-se frágil a ninguém). Então, a casca do forte orgulho e vaidade começava a rachar e a desmontar-se.

É evidente que ninguém muda rapidamente e que a evolução não dá saltos. André teria, daí para a frente, sucessivos altos e baixos; porém, repetidas vezes, seria mobilizado em sua sensibilidade cristã. Com o passar do tempo, a reconstrução do orgulho e vaidade se tornaria cada vez mais difícil e, paralelamente, a humildade e a simplicidade, a ternura, a bondade, a compaixão e a disposição em servir incondicional e anonimamente seriam cada vez maiores, até um dia tomarem conta dele, ao alcançar estágios mais elevados de evolução.

Após aqueles instantes de ternura das falanges de Jesus, que jamais abandona Suas ovelhas, André pôde de fato ser resgatado para a colônia do Grande Coração, onde a partir de então começou uma nova jornada espiritual. Hoje ele se encontra engajado em serviços de uma escola na Colônia, bem como resgatando irmãos perdidos no Umbral. Está feliz e tem como uma de suas bases existenciais imprimir o "orai e vigiai", com especial atenção à vaidade e ao orgulho. Sabe que ainda terá de lutar por muito tempo contra suas próprias imperfeições, fortalecidas por ele mesmo por muitos séculos de vida na Terra e no seu planeta de origem. Sabe que o trabalho de servir ao próximo, incondicionalmente, será permanente e tão importante quanto o encontro com sua própria consciência e sentimentos mais íntimos.

Capítulo

4

Exigências descabidas:
"Eu era um líder espírita"

Fim do dia, Armando chegou em casa depois de uma jornada de trabalho:

— Boa noite! Mais um dia duro no escritório, muitos processos para analisar e dar parecer. Coloca minha comida, Filomena, por favor! Vou tomar um banho e logo estarei na sala de jantar.

Oi, filha! Fez o dever de casa? Que é isso, parece que não tomou banho até agora...! Daqui a pouco vamos para o centro. Assim é demais, parece que só eu labuto nesta casa, e se não estou aqui falta disciplina no ambiente. Filomena, assim não dá! Você precisa ser mais dura com essa menina; ela já é adulta e não aprende! E não esquece que temos de sair, no máximo, quinze para as oito. Hoje vou dar palestra e a expectativa é que tenha mais de duzentas pessoas.

A esposa retrucou com serenidade:

— Calma, Armando, tudo será resolvido! Esse seu estresse vai acabar te matando. Você não é mais jovem. Aos sessenta anos, já é hora de levar uma vida mais tranquila. Delegue tarefas para outros. Peça para abrirem novo concurso e contratarem auxiliares para você. Pare de achar que só seus pareceres são os melhores. E dentro de casa, pare um pouco de só cobrar. Você não pode querer ser sempre perfeito em tudo. E ainda quer ser o mandachuva que põe ordem no centro... Não sei não, mas está na hora de você repensar essa sua vida. Ponha mais amor nas suas atitudes e seja menos grosseiro com os outros!

E olha só, Clara me ajudou muito em casa hoje; arrumamos a biblioteca, e além disso ela vai ter provas finais na faculdade amanhã e estudou o dia inteiro. Você sabe... a empregada ajuda, mas só funciona com nossa supervisão direta; senão acaba fazendo besteira, sem falar que mora longe e quando dá quatro horas da tarde tem que ir embora.

Sua comida já está quente; já vou colocá-la na mesa.

Nossa, tem aumentado muito o número de pessoas para assistir suas palestras no centro. Aliás, sobre isso, eu tenho uma sugestão. Costumo ficar no meio da plateia e vejo que muita gente não entende algumas palavras que você usa. Não seria o caso de falar de forma mais simples, para que todos compreendam melhor o conteúdo que deseja transmitir?

Armando retrucou de imediato:

– Filomena, sem disciplina não há evolução. Não se esqueça que temos pessoas importantes como convidados, inclusive hoje deverá ir um colega meu, juiz lá do Tribunal. Não posso baixar o nível da minha palestra. Os outros que não me entendem é que precisam estudar mais, ler mais, melhorar em termos gramaticais. A gente tem que medir as coisas por cima, não por baixo. E com relação à empregada, devemos cobrar dela as horas de atraso e os dias em que antecipa a saída. Cada minuto deve ser anotado. A Lei do Carma é assim: fez coisa errada, tem que pagar. Devemos ser justos com os outros, mas os outros precisam ser justos com a gente. Já que ela diz que precisa sair cedo para pegar o ônibus, acho que tem dias que você deve mostrar que precisamos dela para ficar até mais tarde, apresentando as horas de saldo que temos e os débitos dela. Mas, vamos lá! O tempo corre!

– É, Armando – argumentou Filomena –, concordo que disciplina é importante, mas de nada adianta dureza e ordem sem amor. Tudo fica frio e amargo, e as pessoas acabam se revoltando com você. E ainda pode adquirir uma úlcera ou cirrose hepática! Ser organizado e disciplinado não elimina a docilidade na vida. Além disso, temos de ter flexibilidade e compreensão com a realidade dos outros. Maria tem cinco filhos, um marido alcoólatra, mora na periferia, enfim, tantos problemas que nem imaginamos. É só para você refletir um pouco sobre seu espírito cristão...

Depois desse diálogo, passou-se um ano e cinco meses na vida de Armando e sua família. A rotina continuava a mesma. Vez ou outra, ele sentia um mal-estar. Os exames de sangue para triglicérides, colesterol e glicose estavam elevados, além da gastrite e complicações no fígado, que se acentuavam em função da intensa raiva contida e que despejava toxinas nesse órgão do corpo que já se encontrava saturado. O médico lhe recomendara ginástica e caminhadas, além de uma dieta balanceada, que a esposa conseguia organizar em casa, mas que ele não cumpria quando comia em restaurantes e lanchonetes da cidade, exagerando nas frituras de porco, picanha gorda, pastéis e outros alimentos impróprios. Mal sabia que estava caminhando a passos largos para um sério problema vascular.

O Vale dos Espíritas

Apesar dos inúmeros conselhos de Filomena, sua teimosia e orgulho, que lhe davam uma aparente autossuficiência, não permitiam que ele procurasse um médico. Até que certo dia, após uma palestra no centro espírita, quando estava de saída para casa, um derrame fulminante o levou para a UTI. Seu estado enfraquecido impediu que as defesas do organismo superassem o desequilíbrio geral e a situação do estômago se agravou. Para piorar o quadro, havia já um processo avançado de câncer no fígado, de que ele não sabia e que nunca os seus médicos haviam identificado. Ficou seis meses no hospital tentando se recuperar das sequelas do derrame, que o deixaram com a face paralisada, período em que os exames trouxeram à tona o câncer em estado avançado. Então seus pesadelos aumentaram, à proporção que "jatos de toxinas" advindos da raiva que alimentava, em decorrência do seu estado físico, banhavam o fígado já intoxicado.

Durante esse período, Armando foi definhando até parecer uma pessoa desfigurada, só pele e osso. Muito vaidoso, não aceitava visitas de quem não fosse da família, pois se envergonhava do seu aspecto. A cada dia a revolta aumentava e lhe apertava o peito; por um lado, porque se autoacusava por não ter ido mais vezes ao médico e descoberto o câncer ainda no início, por outro porque achava injusto tudo aquilo, pois pensava que havia feito tudo certo, em termos espirituais. Acreditava que o fato de ser presidente de uma casa espírita, de realizar palestras e aconselhamentos, além de ser um profissional correto no trabalho e bom pai e marido, em família, não lhe propiciariam aquela triste situação. Assim, a raiva que lhe inundava a alma só favorecia o crescimento das células cancerosas.

Após quase seis meses de quimioterapia e radioterapia sem sucesso, seu desencarne foi inevitável. E já nos últimos momentos, em meio as vibrações de prece de Filomena, Armando fazia comentários mentais, como a enviar recados a Deus: afirmava em seu íntimo magoado que, após passar por todo aquele sofrimento, esperaria uma recepção espiritual à altura do que doara ao próximo, quando chegasse ao outro lado da vida, já que tinha estado numa casa religiosa prestando serviços espirituais relevantes à sociedade, o que lhe garantiria imediatamente um socorro espiritual dos planos superiores.

Cada alma e cada processo de desencarne é diferente um do outro. Pode parecer estranho e injusto ver muitas pessoas, até sem prática religiosa, serem socorridas por assistentes das falanges do Cristo durante a passagem do mundo físico para o astral, e outros, tão apegados às rotinas religiosas, serem deixados "aparentemente" à própria sorte. De fato, Deus não abandona nenhum de Seus filhos, e a velha sentença de que a quem muito foi dado, muito será cobrado, é inevitável. Essa cobrança certamente ocorrerá na hora dessa passagem, quando alcançará primeiramente a consciência divina que habita o íntimo de toda criatura. Ainda que a consciência da personalidade relativa àquela vida carnal possa estar enodoada pelo orgulho, vaidade, egoísmo e outras mazelas, como o apego ao mundo das sensações físicas, o espírito sentirá no fundo aquilo que fez de certo ou errado, e o "filme" com imagens e sentimentos passará em sua tela mental e atravessará seu "coração".

Realmente, não há julgamento, mas uma certa avaliação surgida do âmago do ser, que normalmente é realizada por sua própria consciência e não por Deus. Mesmo aqueles que acreditam estar neutros nesse processo, sentem o pulsar da consciência divina, que na verdade não está julgando, mas trazendo à tona atos, pensamentos e sentimentos que estiveram presentes naquela determinada existência. Então a maioria das pessoas acaba por se autocondenar (em muitos casos, quase como um processo involuntário, mas proveniente do subconsciente), ou simplesmente se entregam humilde e sinceramente a Deus.

Nesse último caso, quando há verdade íntima, certamente o desencarnante será imediatamente socorrido pelas falanges do Amor Crístico, que encontram canais de conexão e acesso para proceder à ajuda. Como não existem regras duras, sem flexibilidade ou exceção, como cada processo de desencarne é um caso em particular, evidentemente que há situações em que mesmo a criatura se autocondenando e, havendo merecimento e postura humilde interior, ela será auxiliada imediatamente.

Quanto às pessoas que muito ajudaram os outros, ou fizeram boa obra no campo religioso e, ao se depararem com o mundo espiritual, acabam se atolando nos charcos do mundo astral inferior ou Umbral, é porque certamente já alcançaram certo nível de evolução ou idade cósmica em que não lhes cabe mais atrasos no mergulho e início da transformação íntima de forma consistente, sem medo, sem preguiça, sem orgulho endurecido e com as primeiras frestas de humildade. Normalmente essas pessoas se atolam nas próprias culpas, criadas por suas mentes conscientes ou subconscientes. Ninguém do plano espiritual superior condenará quem quer que seja e, se aparecerem espíritos com esse propósito de juízes, certamente não serão espíritos-guias, mas obsessores.

Recém-desencarnado, Armando pensava consigo: "Ai, que dor insuportável no peito e na barriga. Que aperto no coração! Que sensação de vazio na alma! Nessa escuridão, só escuto o palavreado e o choro dos meus familiares. Agora vejo as principais passagens da minha vida, desde quando eu era criança, até detalhes aparentemente simples mas que marcaram a minha vida. Lembro que certa vez vi na televisão uma reportagem falando que se passa isso com as pessoas que estão morrendo. É, de fato, chegou minha hora! Estou desencarnando mesmo! Mas onde estão os espíritos amigos para me receber? E as entidades que frequentavam os nossos trabalhos no centro e que deixavam belas mensagens? Será que era animismo dos médiuns? Não estou entendendo o que está se passando comigo. Será que fui enganado esse tempo todo? Que dor insuportável dentro de mim! Eu era um líder espírita, e não mereço estar passando por essa situação dolorosa. Que vergonha definhar na frente das pessoas, como se eu fosse um indigente, com um aspecto horripilante. Onde está a proteção do plano espiritual?".

Apesar de toda a revolta de Armando, um grupo de espíritos bondosos estava aguardando uma fresta na consciência dele, a fim de dar-lhe uma palavra de conforto, e um pouco de humildade em seu coração para que se criassem frequências energético-vibratórias no seu íntimo e no seu entorno e pudesse ser realizada a assistência socorrista. Nesse grupo havia entidades que muitas vezes tinham sido assistidas por Armando com orientações espirituais, na época em que estavam encarnadas e frequentavam o centro, ou que tinham ouvido suas palestras, as quais ajudaram-nos muito na construção de estruturas de pensamento espiritual e dedicação aos princípios maiores. Eles então solicitaram autorização aos planos superiores para ajudar Armando no momento do desencarne, mesmo sabendo das dificuldades que teriam, face às crostas energéticas de orgulho e vaidade que encobriam os corpos sutis dele.

Contudo, a cada minuto que passava Armando alimentava mais revolta. Por um lado, questionava a justiça divina, pois achava que desencarnara fora de hora, uma vez que fazia um bom trabalho no centro espírita; não vira a filha num bom emprego que pudesse enaltecer o nome da família; a esposa ficaria sozinha e sem o apoio financeiro e moral dele; enfim, sentia-se traído por Deus, porque ainda tinha muita coisa a fazer na Terra, inclusive publicar um livro que estava escrevendo. Sua revolta se multiplicava e explodia dentro de si, até que sentiu um profundo sono e adormeceu. O desgaste emocional e a dor física que sentira, aliados ao processo íntimo repleto de cobranças descabidas, lhe desgastavam o pouco ectoplasma que ainda dispunha, provocavam-lhe muito cansaço e, assim, o esgotamento foi inevitável.

Armando não abria canais energéticos de contato astral que pudessem permitir a ajuda espiritual das entidades cristãs. Somente uma intervenção superior poderia ajudá-lo, o que não foi permitido, em função da necessidade de passar por uma catarse que lhe tocasse profundamente o coração e pudesse então promover a quebra do exacerbado orgulho que lhe endurecia o espírito.

Quando despertou de seu torpor, viu-se carregado por entidades inimigas do passado. Deu um salto e tentou lutar contra elas, mas estava debilitado e sem forças. Horas depois, encontrava-se diante de um velho inimigo de outras vidas que fora seu concorrente no ambiente de trabalho, e com quem disputara cargos e posições de destaque. Certa vez, assumira cargo importante no Tribunal em que trabalhava e seu colega Juvenal, que se achava melhor preparado que ele, sabia (por meio de fofocas) que Armando havia se articulado com políti-

O Vale dos Espíritas

97

cos para assumir aquela posição. Existia a suspeita na mente de Juvenal de que Armando se comprometera com políticos para realizar favorecimentos nas ocasiões em que tais políticos necessitassem de alguma ajuda no Tribunal de Justiça. Pensou até em armar uma cilada contra Armando, mas por medo de algo dar errado acabou desistindo.

Juvenal já trazia um ódio espontâneo inconsciente em relação a Armando, em decorrência de desavenças que se repetiam por várias vidas anteriores, sendo a mais recente como filho (Juvenal) e pai (Armando), em que viviam em pé de guerra constante, inclusive com agressões físicas mútuas que acabaram com o afastamento de ambos até o desencarne de Ernst (Armando, numa encarnação na Alemanha).

Já tinham sido padres, lado a lado como colegas de batina, com oportunidades de transformarem o ódio, o impulso de competição e a inveja que os rodeavam em sentimento de amor fraterno, mas a traição, reforçada por inimigos do passado, acabara vencendo, o que ocasionara mais alimento ao sentimento de vingança por parte de Juvenal. Em vida mais para trás, Armando fora um general romano que preparou Juvenal para ser um grande guerreiro, pois ele era forte, inteligente e hábil no manejo da espada. Certo dia, Juvenal (que se chamava Agrício) matou seu tutor (que era Armando e que naquela encarnação se chamava Lúcio) num cilada para ficar com sua esposa e assumir posição de destaque junto ao imperador. Em encarnação anterior, ambos tinham sido inimigos, na Grécia, que lutavam pelas mesmas posições como líderes do exército troiano, época em que havia uma disputa pela mesma mulher. Lutaram em duelo de espada, mas foram salvos da morte por amigos comuns. Armando viria a envenenar Juvenal, naqueles velhos tempos.

Um encontro, em pleno século vinte, seria a oportunidade ideal para construírem uma amizade verdadeira, pois na última experiência terrena, ambos se conheceram num cursinho preparatório de concurso, costumavam estudar juntos e saíam algumas vezes para festas e encontros de colegas. Armando apresentara o espiritismo a Juvenal, levando-o inclusive a várias reuniões do centro e apresentando-lhe vários livros da doutrina espírita. Passaram juntos no concurso para o Tribunal, e tiveram muitas oportunidades de ajuda mútua. Mas como o perdão ainda não havia lhes atingido a alma, não suportaram as cargas do antigo ódio decorrente do orgulho ferido que se instalou no coração de cada um.

Evidentemente que algo de positivo fora alimentado em seus espíritos nessas idas e vindas encarnatórias, nos momentos em que construíram boas ações conjuntamente, e até certo ponto cresceu um amor fraterno entre eles, mas em doses muito pequenas. Contudo, ao se posicionarem em situação de competição profissional, as mágoas ressuscitaram mais intensas que as doses de amor conquistadas. Vivenciar esse antigo ódio seria inevitável em algum momento da vida deles, não para dominá-los, mas para que fosse domado pelo perdão, compreensão e boa vontade. Ambos dispunham de muita inteligência e sabiam discernir entre o certo e o errado, e o que era mais sensato e espiritualmente mais equilibrado imprimir em seus mundos íntimos. Porém, o orgulho e a vaidade endurecidos lhes causaram cegueira, quando precisaram tomar atitudes superiores.

Ao chegar ao plano espiritual, Juvenal foi recepcionado por um experiente agente das Sombras que constantemente visita e se aproxima dos líderes da Cidade dos Nobres com o intuito de fazer parcerias mal-intencionadas. Dali saem periodicamente espíritos que, após passarem por processo de drenagem psíquica e certo sofrimento, além de tomada de consciência, amadurecem o mínimo necessário para serem resgatados para planos mais acima. É um lugar onde se sintonizam espíritos ainda impermeáveis à humildade e à simplicidade verdadeira, refletindo o que ocorre nas cidades terrenas. Apesar de ser um ambiente energeticamente imerso na depressão, na ira, insatisfação e solidão, não chega a ser tenebroso, como tantos outros no mundo astral, a exemplo das zonas infernais.

Contudo, a Cidade dos Nobres está sendo monitorada por entidades muito inteligentes das Sombras, que estão ampliando seus domínios no plano astral. Desse modo, corre o risco de ser, em futuro breve, dominada por esses seres diabólicos e por magos negros. De maneira sorrateira, aos poucos eles estão se aproximando e buscando parcerias com as

O Vale dos Espíritas

99

lideranças daquela colônia. De modo geral, são criaturas que conhecem muito bem a psicologia humana, possuem cientistas inteligentíssimos e desenvolvem tecnologias de ponta em vários campos, desde a nanoeletrônica até a biotecnologia, todas com o intuito de dominar e escravizar seres mentalmente mais fracos e afastados do verdadeiro amor crístico. Se não fosse a cegueira oriunda do orgulho, da vaidade e do egoísmo que sustentam essas entidades maléficas e que as impede de se unirem numa gigantesca falange do mal (pois essas lideranças do mal vivem em constantes disputas e guerras), já teriam dominado totalmente o plano astral inferior e o Umbral, além de controlar grande parte dos habitantes da Terra, apesar de já terem conquistado a mente de boa parte dos encarnados, haja vista suas estratégias psicológicas muito bem planejadas e executadas. Há, inclusive, contatos, intercâmbios e parcerias com extraterrenos, como os reptilianos, que possuem alta tecnologia e são de baixa evolução espiritual. O orgulho, a vaidade e o egoísmo são as molas propulsoras desses seres, normalmente apegados aos mais primários instintos.

Juvenal anteriormente fora cooptado por uma dessas entidades maléficas das Sombras que estava monitorando o desencarne de Armando, pois sabia que ele provavelmente seria atraído para o Vale dos Espíritas e que, em seguida, poderia ser resgatado por um habitante da Cidade dos Nobres. Então, antes que isso ocorresse, foi resgatá-lo.

Então dirigiu-se ao ex-colega e disse:

– Armando, agora você vai ser meu escravo. Lembro do dia em que você foi ao meu enterro e alimentava no íntimo certo alívio com o fato de eu ter morrido, pois seria menos uma pedra no seu sapato na disputa do cargo de desembargador. Aliás, sempre fiquei do lado de cá acompanhando suas articulações com políticos para assumir esse cargo. Você não imagina o quanto lutei por aqui para impedir esse seu intento. Ninguém luta e perde eternamente. Você não tem ideia do ódio que me dava. Ao chegar aqui, descobri o quanto você aprontou para me prejudicar. No fundo, sabia que eu era mais preparado que você e por isso se utilizou de armações para me vencer. Agora sou eu quem o controlo. Já estamos com nossa equipe de técnicos preparada, e olha que tem até psicólogo na jogada. Vamos aproveitar essa sua fraqueza geral e lhe dar uma lição. Quando você se recuperar, estará bem condicionado através de uma boa lavagem cerebral que sofrerá a partir de agora. Vai ouvir todos os dias, durante muitas horas, a frase: "Eu sou um fraco; eu sou um perdedor; eu sou escravo do meu orgulho e da minha vaidade. A partir de agora serei servo do Juvenal. Pagarei a ele todas as minhas dívidas por lhe ter roubado as oportunidades". Vamos lá, pessoal, podem começar o trabalho! Ele vai aprender a me obedecer.

Há muitos casos como esse, em que a Espiritualidade proporciona o afastamento de espíritos inimigos por certo tempo; propicia encarnações para que cultivem educação, aprimorem a ética, o respeito humano, e exercitem a humildade, a fim de que um dia, em encarnações futuras, possam se reencontrar em bases cristãs mais sólidas, favorecendo o perdão mútuo e a construção do verdadeiro amor fraterno. Mas há o livre-arbítrio, e nem sempre as almas conseguem vencer suas mazelas íntimas. Ao longo de algumas encarnações, Armando e Juvenal mantiveram-se separados. Com o passar do tempo, Armando teve um pequeno avanço consciencial em relação a Juvenal; ambos cresceram em conhecimento intelectual, mas no fundo da alma o sincero sentimento cristão ainda estava ausente nos dois, decorrente da pouca humildade.

Apesar das chances que tiveram, especialmente na última encarnação, nascendo em família pobre, cercados por pais amoráveis e cristãos, resistiram a dobrar o orgulho e à aceitação da simplicidade íntima. Não que devessem permanecer pobres e submissos, pois também faz parte da evolução o emprego do esforço pessoal para melhorar-se de vida em condições materiais, até porque somente espíritos muito elevados conseguem suplantar as dificuldades materiais e viver em meio à pobreza com regozijo espiritual. Regra geral, as pessoas despendem seu tempo em atender às suas necessidades básicas de alimentação, habitação, vestimenta e segurança material da família, dedicando boa parte dos afazeres ao campo profissional, para depois buscarem o caminho espiritual, o que é justo.

Armando era dirigente de uma grande instituição espírita em sua cidade, que atendia mais de mil pessoas por mês. Todas as semanas havia atividades de atendimento ao público e trabalhos internos para os médiuns, envolvendo estudos e sessões mediúnicas. Sempre fora pessoa dedicada ao trabalho, à família e às atividades espirituais. Entretanto, fixado essencialmente no cumprimento rígido das normas, na disciplina implacável, e tendo no fundo a preocupação de ser aplaudido, reconhecido e valorizado por seu desempenho, tentava exercitar processos decisórios participativos, mas raramente conseguia isso. Preferia tomar decisões centralizadas e rápidas para demonstrar eficiência e ver as ações acontecerem na prática, de modo que os outros pudessem aplaudi-lo, alimentando ainda mais sua vaidade. Com todas as suas imperfeições e tentativas de acertos, imbuído do propósito de buscar o melhor para o conjunto, no todo, Armando não estava errado, exceto o fato de não trabalhar sua vaidade e seu orgulho exacerbados na intimidade de si mesmo.

Ele não aproveitava os ensinamentos espirituais para exercer o autoconhecimento e a renovação íntima. Alimentar sua vaidade e seu orgulho era de fato o objetivo maior de suas atitudes, ainda que sem plena consciência. Na verdade, ele evitava tomar essa consciência, pois na intimidade de sua alma sabia que precisava burilar-se; sabia que estava fugindo de si mesmo, procurando preencher seu tempo com caridade aos outros e atividades que lhe proporcionassem louros e prêmios, a fim de que se orgulhasse por ser um grande administrador no campo espiritual e admirado na profissão.

Essas influências sutis exercidas fortemente pelas vibrações do orgulho e da vaidade são decisivas no encaminhamento de almas no desencarne, especialmente quando elas já conhecem muito sobre as leis espirituais e ainda se submetem ao poder íntimo dessas mazelas, por comodismo e resistência em evoluir. Existe uma Contabilidade Cósmica, e todos os espíritos têm tempo determinado para se engajar voluntariamente no fluxo natural da evolução. Quando atingem certo número de encarnações, tornam-se espíritos velhos, no ponto de amadurecer. Contudo, alguns resistem à força propulsora do amor universal e acabam alcançando estados espirituais patológicos. Assim, ficam fadados ao sofrimento que construíram para si próprios e somente o desabrochar da humildade no seu íntimo lhes permitirá contatarem os primeiros sinais de luz, a fim de descobrirem que há outros caminhos em suas vidas que os levarão de fato à verdadeira felicidade.

Deus sabe de nossas imperfeições e limitações, mas também conhece nossos potenciais. Sabe o quanto já caminhamos e o quanto podemos realizar em termos de ações externas, e de nossa capacidade de mobilização e contato com imperfeições íntimas visando à autotransformação. Sabe Ele que a evolução não dá saltos e que cabe a cada um descobrir o estágio em que se encontra e o quanto se deve mobilizar de forças internas em direção à modificação de hábitos e sentimentos arraigados a vícios diversos, apegos à materialidade, postura interior egocêntrica, orgulhosa e vaidosa. Deus não cobra, bem como a própria consciência de cada um não deve cobrar por esforços além da capacidade pessoal de vivenciar a transformação, pois no fundo da alma sabe-se o quanto se está exercendo de esforço sincero de transformação interior; esforço que não deve proporcionar estado interior de tristeza, peso e reclamações, mas de serenidade, boa vontade, gratidão, persistência e alegria.

Há várias encarnações Armando vinha evitando o contato consigo mesmo, apesar das oportunidades claras de fazê-lo. Mas o Universo tem planilhas contábeis sobre a história de cada alma e estas, por sua vez, estão conectadas à história de muitas outras, formando famílias espirituais. Por conseguinte, essas famílias estão associadas a outras famílias ou grupos maiores de irmãos cósmicos, os quais têm interligações com histórias planetárias e de sistemas solares, e assim sucessivamente. E toda essa rede gigantesca de interações exige evolução de todos os seus componentes, sob risco de haver descompassos na evolução do conjunto. É por isso que muitos que já avançaram na evolução retornam para auxiliar espíritos atrasados nessa caminhada, pois sentem no fundo do coração que não podem abandonar irmãos amados à própria sorte; além do que o Pai Maior espera que Seus "braços e mãos" efetivem realizações de amor universal por meio de Seus filhos encarnados e desencarnados.

A pedagogia espiritual conhece os melhores traçados educativos para os seres, e ajudar também significa deixar que o aprendiz caminhe com seus próprios pés e descubra seus próprios caminhos, atitude que será crescentemente mais exigida à proporção que a criatura amplia os conhecimentos adquiridos em suas inúmeras encarnações e na erraticidade.

A Espiritualidade Maior, como de costume, planeja diversas situações com alternativas de aproximação do aprendiz ao seu "mestre" interior. Assim, se falhar determinado plano, haverá sempre uma solução alternativa que possa recuperar ou proporcionar o realinhamento do caminheiro. Mas os planos superiores respeitam o livre-arbítrio. Há casos de intervenções compulsórias, a depender da situação.

Quanto a Armando, em razão de seus conhecimentos, sua história pregressa, as oportunidades que tivera, precisava passar por situações de sofrimento que o pressionassem e fizessem amolecer os sentimentos mais endurecidos. Não tardará o dia em que ele se sentirá tão cansado de sofrer, agarrado a suas mazelas, que se derramará em prantos que lavarão essas cascas astrais de orgulho, permitindo-lhe acessar os mais profundos conteúdos patológicos de um espírito que deseja encontrar a paz verdadeira. Quando isso ocorrer, os assistentes espirituais do Cristo estarão a postos para resgatá-lo, e então estará iniciando de fato o seu mergulho interior de autotransformação do orgulho em humildade.

Vale ressaltar que Juvenal se encontra atualmente numa colônia que está sob domínio de um velho mago egresso da Atlântida. Ele assumiu papel semelhante ao de um senhor feudal, numa pequena área dentro da colônia, e tem Armando, até hoje, sob sua tutela.

Capítulo

5

Amortecimento da subida
e drenagem psíquica

Alexandre era funcionário público, político, detentor de cargos públicos importantes e dedicado trabalhador de um centro espírita, numa grande cidade brasileira. Antes de filiar-se ao espiritismo, frequentara terreiros de umbanda e a Sociedade Teosófica. Desencarnou sem que houvesse chegado aos cinquenta anos de idade, cheio de energia e planos para o futuro. Lutara veemente contra um câncer na laringe, mas esqueceu-se de lutar contra algumas de suas mazelas psíquicas, o que o faria passar por dificuldades no desencarne e dores profundas no campo do sentimento e da razão, em seus primeiros meses no mundo astral.

Em sua penúltima encarnação, na Letônia, Europa Oriental, desencarnou em plena agitação da revolução socialista comandada por Lênin e em meio à Primeira Guerra Mundial. O país, que era estratégica passagem entre a Europa Ocidental e a Oriental, além de tradicional rota comercial entre o norte e o sul do leste europeu, fora, ao longo de sua história, invadido por vários povos, vivendo naquele período um momento de intenso conflito entre a ocupação alemã (havia muitos alemães proprietários de terras e prósperos comerciantes, e quando estourou a Primeira Guerra o exército alemão ocupou o território letão) e russa (fazia mais de cem anos que os russos ocupavam a Letônia e mais de vinte que os letões reivindicavam sua independência; no meio dessa turbulência, o movimento socialista iniciado por Lênin promovia a anexação da Letônia ao regime comunista, o que se efetivaria somente mais tarde, com a ocupação do país pelo regime de Stalin).

Com a ocupação, os russos transmitiram seus costumes, cultura e língua aos letões, que tentavam, em sua maioria, manter seu idioma como uma das marcas da resistência. Havia aqueles, porém, que se associaram ao domínio russo e usufruíam das benesses de estarem ligados ao poder político dos czares. A família de Alexander[1] estava nesse grupo. Eram aliados do czar e ele, especificamente, possuía alto cargo no governo. Vivera seus últimos anos num ambiente de nobreza,

---

1 O impulso de informações advindas do subconsciente da mãe de Alexandre levou-a a se inspirar no nome dado em sua última encarnação, Alexander. Anna, que fora sua irmã adorada, e que numa encarnação antes tinha sido sua esposa, seria sua mãe na encanação em território brasileiro, e a forte ligação afetiva entre eles a faria estar, ainda, com profundas conexões psíquicas ao passado.

luxo e prazeres. Apesar do seu profundo envolvimento com os detentores do poder russo, tinha um forte sentimento letão, e era bem relacionado com todos, principalmente com seus compatriotas. Às vezes, achava que tinha muitos amigos, mas, na verdade, possuía apenas colegas e pessoas conhecidas, algumas delas fingiam ser seus amigos.

Alguns desses inimigos disfarçados de amigos alinharam-se aos revolucionários russos, os quais haviam derrubado o regime czarista para implantar o regime comunista na Letônia. Assim, Alexander viu-se entre a cruz e a espada quando estourou a revolução, mas optou por lutar contra os revolucionários anti-Rússia e acabou morrendo em uma cilada arquitetada por um desses seus falsos amigos.

Seus pais eram profundamente ligados à Igreja Católica, tradicional no leste letão, apesar de sustentados por fortes tradições culturais de obediência ao comando russo que dominava a região. Criaram Alexander para ser um homem disciplinado e de sucesso profissional. O sonho do casal era ver os filhos Alexander, como advogado famoso, e Anna, como médica de sucesso. Tinham o costume de ler o Evangelho no lar e iam à igreja todos os domingos. Os irmãos Alexander e Anna eram muitos ligados um ao outro. Compartilhavam segredos desde criança. Alexander sentia um forte impulso protetor de Anna e esta, por sua vez, dois anos mais velha, costumava lhe dar conselhos, orientava-o quanto aos estudos e rezava todos os dias por ele, mesmo depois que se casara e fora morar em outra residência.

Após formar-se em direito, Alexander, que era bem relacionado por uma natural habilidade em comunicação e mobilização social, fora convidado por um colega da universidade (então filho do dirigente e representante do czar russo na Letônia) para trabalhar num órgão público. Hábil e inteligente em política, em pouco tempo conquistou espaços importantes dentro do governo e passou a ser uma das pessoas de confiança e conselheiro do governo.

Cobiçado pelas mulheres e dado a oferecer festas para pessoas que estrategicamente selecionava na comunidade, com o intuito de apoio ao governo russo, tentava sutilmente ir enfraquecendo a resistência dos letões à presença russa sob domínio czarista. Com isso, vivia profundos conflitos psíquicos, pois seus fortes sentimentos letões o faziam oscilar entre o patriotismo e as benesses que o poder russo lhe oferecia. Machucou muitos corações femininos com promessas de casamento que não cumpria, pois lhe era cômodo viver solteiro, usufruindo do luxo e das noitadas ofertadas pela nobreza, tanto em seu país quanto nos eventos que costumava frequentar na capital russa. Aos poucos, foi empurrando seus sentimentos patrióticos para os esconderijos da alma, e um véu de vaidade, orgulho e apego às vantagens do poder foram se expandindo e encobrindo sua memória espiritual mais madura.

No campo político, envolveu-se com articulações interesseiras e estratégias sujas para manter-se no poder. Adentrou caminhos tortuosos em sua vida que culminariam com a morte de muitas pessoas, o que lhe pesaria na consciência, mais tarde. Sua habilidade de comunicação, seu magnetismo e conquista de pessoas seriam utilizados para garantir a boa vida egoísta que levava, bem como de sua família. Em alguns momentos, ajudou a destinar investimentos públicos na melhoria de vida das cidades, mas, de maneira geral, ajudou muito mais seus parentes e amigos. A partir de certa etapa da vida, perdeu-se em farras e noitadas e em acumular bens pessoais. No fundo, Alexander era uma alma de bom coração e boas intenções, mas estava deslumbrado com o poder e assim perdeu o discernimento. Em determinado momento, foi "atropelado" pelo desencarne prematuro.

Quando encarnou no Brasil, trazia uma série de compromissos com a própria consciência e deveria ser um agente de transformação social, por meio da política e de cargos no governo que viria a assumir. Teria de vigiar suas tendências à corrupção, às farras e o descompromisso com as mulheres. Receberia orientação cristã e, mais tarde, se filiaria ao movimento espírita. Teria a oportunidade de resgatar débitos dentro da família consanguínea e com Rita, sua esposa, que fora explorada por Alexander em seus tempos de nobreza na Letônia. Ela (Rita) trazia do passado impulsos (memórias inconscientes) do tempo em que ele abusava de seu corpo e manipulava seus sentimentos, sem assumir compromisso. Rita, por sua vez (naquele tempo chamava-se Valentina), tivera uma vida de abusos de comida, paixões, sexo, interesse material e poder, mas, de certo modo, fora incentivada por Alexander, que criava condições e ambiente psíquico favorável para que a jovem e desorientada Valentina rumasse por descaminhos.

Nos tempos presentes, no Brasil, os pais de Alexandre eram espíritas e propiciaram a ele uma boa orientação cristã e formação espiritual. Cresceu como toda criança e adolescente, sadio e cheio de energia. Desde cedo, ia com os pais às palestras e aos passes do centro espírita em sua cidade natal, Belo Horizonte. Sua família era de classe média e nada lhe faltava, materialmente falando. Recebeu muito carinho, atenção e orientação da mãe. A bem-estruturada formação de base espiritual e psíquica lhe propiciavam um bom alicerce de personalidade. A Espiritualidade Superior conhece profundamente a psicologia de cada espírito e, a cada encarnação, cria condições para que ele cresça espiritualmente o máximo que puder, dentro de suas potencialidades e limitações interiores. Sabiam seus orientadores do plano invisível que, na adolescência, o que é normal a todo ser por influências hormonais naturais, seriam despertados com mais intensidade seus aspectos íntimos e comportamentais de outras vidas, então guardados no universo subconsciente.

Somente para refrescar um pouco a memória dos leitores sobre alguns aspectos muitas vezes abordados por psicólogos holísticos experientes e por mensageiros da Espiritualidade: na primeira fase da infância, até os sete anos, é normal que estejam fortemente presentes impulsos inerentes à personalidade da vida anterior, o que exige observação e ação educativa por parte dos pais. Daí para frente, aos poucos, esses impulsos vão se alojando nos esconderijos da alma e reaparecem durante a adolescência, com mais intensidade e diversidade, exigindo muita orientação e amor dos pais, no sentido de promover um encaminhamento adequado à realidade interior do jovem. Se na infância, os pais necessitam ser mais diretivos e condutores da criança, tomando atitudes até impositivas em certas situações (especialmente se estiver diante de uma alma rebelde), durante a adolescência exige-se deles mais discernimento e atitude orientadora, com processo educativo que demanda muito mais diálogo do que na infância, mas, também,

O Vale dos Espíritas

109

podendo exigir certo grau de firmeza condizente com o grau de rebeldia da alma.

À medida que o ser se torna adulto, então se demanda mais diálogo ainda, porque o jovem desperta com mais amplitude seu intelecto e não se conforma apenas com determinações ou orientações diretivas. Frisamos que a abordagem educativo-orientativa também deve existir na infância e adolescência, mas que, de acordo com o perfil da alma em processo de educação, principalmente em se tratando de alma rebelde e imersa no próprio orgulho, é importante tornar-se parte dessa educação amorável certo grau de firmeza diretiva, sob risco de essa alma deixar que os impulsos de orgulho dominem os pais. Não raras vezes, muitos filhos foram obsessores dos pais e cobraram débitos passados quando no plano invisível e, ao reencarnarem, continuam com essa prática de forma inconsciente e às vezes inconsequente. Quanto mais madura for a alma, mais estará permeável ao diálogo aberto e sensível desde a infância e, quanto mais imatura for, mais exigirá posturas diretivas por parte dos tutores ou pais, evidentemente aliando-se ao diálogo esclarecedor e amorável (às vezes, pode até possuir bom grau de desenvolvimento intelectual, mas poderá estar coberta por imaturidade emocional, ou seja, repleta de revolta, orgulho e egoísmo dentro de si, enceguecendo-a para as percepções mais sutis). Faz parte da educação expressar não apenas doçura, mas orientação firme, por meio de diálogo sincero, evidentemente permeado de amor-educativo.

Apesar de toda a boa fase de repasse de conhecimentos espirituais e ação educativa que recebera, Alexandre, no final de sua adolescência, começou a fazer amizades com pessoas que tinham uma índole libertina. Ele trazia essa natureza íntima, em que sua vontade estava atrelada a noitadas e descompromisso, aspectos morais que se faziam presentes no seu íntimo e estavam adormecidos, mas logo seriam despertados por identificação inconsciente e atração vibratória com outros espíritos encarnados e desencarnados, de interesses similares; alguns deles companheiros de vidas passadas.

Alexandre era estudioso e entrou no Colégio Militar, não por acaso, mas também como uma forma de aprimorar o senso de disciplina, o que representava mais um insumo que mais tarde lhe serviria de material psíquico necessário para domar seus impulsos inferiores. Lá, fez o curso de segundo grau e depois entrou na universidade pública, na faculdade de economia. Sempre teve bom desempenho como aluno. Após terminar a faculdade tornou-se fiscal da Secretaria da Fazenda do Estado de Minas Gerais, recebendo um salário muito bom. Se, no passado, tinha gasto o dinheiro público de forma perdulária, agora trabalharia para repor esses recursos por meio do seu labor diário no Fisco, atuando na fiscalização daqueles que tentariam burlar as leis e ser inadimplentes para com a receita de impostos, arrecadação crucial para aplicação em obras e serviços públicos necessários à população.

Por ter tido uma boa orientação espírita, durante a vida adulta Alexandre retomou a frequência ao centro espírita ao qual costumava ir com os pais, durante a infância e início da adolescência. Envolvia-se sempre com atividades de assistência social e costumava dar passes nos frequentadores da casa.

De certo modo, guardava em seu íntimo muito sentimento de culpa por suas atitudes em relação às mulheres, às bebidas e noitadas e, no fundo do pensamento, justificava sua integração aos trabalhos do centro como uma forma de amortizar suas dívidas com o Alto, culpa guardada em níveis da mente subconsciente. Com o passar do tempo, por ter uma ótima capacidade de comunicação e conhecer razoavelmente bem a doutrina, possuindo uma boa didática, era sempre escalado para realizar palestras e cursos.

Como se pode ver, a evolução não dá saltos. Sem dúvida, foram meritórios e providenciais os esforços de Alexandre nos caminhos da busca espiritual, mas as histórias pregressas traziam material subconsciente muito abundante e carregado de peso energético denso que necessitava ser trabalhado. Ele já possuía capacidade psicológica e conhecimentos suficientes para começar a depurar suas mazelas íntimas. Era um espírito antigo e não cabia mais adiamentos para iniciar esse processo; no fundo do seu ser, sabia disso e apenas fugia desse contato consigo mesmo.

O comportamento de Alexandre refletia sua natureza predominante na recente encarnação: mulherengo, amante das farras e noitadas. Em face disso, por diversas vezes machucou corações e criou animosidade ao terminar relacionamentos, ou simplesmente porque não respeitava o sentimento alheio e usava o corpo das mulheres como se fossem mercadorias, além de atrair inimigos de encarnações anteriores por envolver-se em conflitos amorosos, fossem pessoas magoadas, fossem homens traídos.

Essa característica comportamental de Alexandre já vinha de muitas vidas passadas. Nas duas últimas encarnações, além de receber uma carga mais intensa de base espiritual, trazia internamente o sofrimento oriundo não só dessas experiências repetitivas, como também dos períodos em que estagiava no plano astral. Todavia, era inevitável que o reflexo dos atos repetidos por tanto tempo gerassem impulsos na alma para que ele retornasse a atitudes passadas. Apesar da consciência de que estava errado, a vontade de Alexandre fraquejava diante dos testes. Esse processo natural da caminhada evolutiva é inerente à alma que pensa, sente e age de forma harmonizada com o Amor Cósmico ou de maneira equivocada ou maldosa, e, neste caso, precisa se redirecionar, não somente resgatando carmas mas principalmente renovando-se (mesmo sabendo que essa caminhada é longa e exigirá determinação, persistência e capacidade para autoperdoar-se é preciso iniciar o processo, isto é, chega um momento em que não dá mais para adiar o início da trilha).

Como Alexandre era viciado em adrenalina e extremamente ansioso, vivia em constante estado de estresse e ação. Não arranjava tempo na vida para acalmar a mente, meditar e orar com serenidade e profundidade. Estava sempre ocupado com coisas externas e não parava para analisar o seu comportamento, as mágoas e animosidades que gerava e a necessidade que tinha de sentir-se amado. Costumeiramente situava-se longe do sentimento de gratidão. Além de sua vaidade e orgulho acentuados por ser homem bonito, popular, bem-sucedido e inteligente, possuía um egoísmo igualmente cristalizado (principalmente no que se refere aos aspectos de relação íntima), em que pese seus esforços de ajudar ao próximo, especialmente com coisas materiais – o que de certa forma já fazia de coração, pois trazia dentro de si os primeiros sinais do cuidado com os menos favorecidos socialmente, já que estava calejado em reencarnar em situações de pobreza e sabia do sofrimento dos menos favorecidos, embora no íntimo tivesse esperança do retorno ou "pagamento" pela ajuda que dava, ou melhor dizendo: pensava que fazendo o bem amortizaria seus débitos alojados no inconsciente.

É claro que é melhor fazer o bem, mesmo pensando em ser recompensado com proteção e ajuda futura, do que fazer o mal a quem quer que seja. Entretanto, essa forma de pensar ainda está bem longe do verdadeiro sentimento cristãos, especialmente para um espírito já antigo e que recebeu muito conhecimento espiritual. Trata-se de uma postura íntima aceitável apenas por espíritos mais novos. A consciência daquele que muito recebeu certamente cobrará bem mais do que a de espíritos mais novos e mais ignorantes.

Os anos se passaram. A habilidade política e o carisma na comunicação fizeram de Alexandre um líder estudantil na época da faculdade, e, mais tarde, quando já era funcionário público, tornou-se vereador de sua cidade. Depois, foi eleito deputado estadual e em seguida deputado federal. Era pessoa muito bem relacionada e querida junto ao meio político, pois sua habilidade em dialogar e lidar com conflitos fizera dele um exímio parlamentar. Foi secretário de Estado, bastante conhecido por suas boas realizações no campo político e nas obras sociais ou investimentos públicos que fez. Falhou diversas vezes no trato com o dinheiro público, tanto por erros de planejamento, em razão de sua natureza ansiosa, como em atos de corrupção, em certas circunstâncias. Durante esse intenso período, afastou-se do centro espírita, apesar de nunca ter abandonado as ajudas financeiras e providências políticas que propiciaram a doação de um terreno para a construção da sede definitiva da instituição, a que se filiara desde jovem.

Por problemas de saúde, abandonou a vida parlamentar e se dedicou à função pública, sempre com cargos importantes no governo do estado. Nesse período de maior retraimento à causa pública, voltou a frequentar o centro espírita e a ele se dedicou com mais afinco, principalmente com ajudas materiais. Trazia problemas nas cordas vocais e sinais que o levariam a um futuro câncer na laringe. As noitadas, cigarros

O Vale dos Espíritas

113

e beberagens na juventude, o uso da palavra de modo excessivo para alimentar seu orgulho, vaidade e egoísmo, e, em muitos momentos, para locupletar-se por posições públicas assumidas, ou gabar-se pelos casos amorosos que mantinha, propiciaram-lhe plasmar na carne um processo cármico, reforçado por atitudes, pensamentos e sentimentos atuais, ao repetir comportamento de vidas vidas anteriores.

Os cuidados médicos e as dietas nos últimos dois anos de vida (processo iniciado tarde demais e, especialmente, pela demora em abandonar o fumo, prática que tinha desde a adolescência e que se estendera até os trinta e cinco anos, em uso diário, e até os quarenta e três, em uso esporádico, e que lhe deixou fortes danos na laringe e no sistema respiratório) não foram suficientes para conter o avanço do câncer que tinha como principal "alimento" os pensamentos e sentimentos acumulados em seu mundo íntimo e a profunda, culpa pelas atitudes erradas da vida, no campo político e nas relações humanas.

Essa culpa levava Alexandre a um processo de autodestruição, em que ele buscava o cigarro, as comidas gordurosas e pesadas, as bebidas alcoólicas em abundância, além do martírio mental que o perseguia e que ele tentava amenizar fazendo doações ao centro espírita e às famílias carentes. A culpa trazida do passado estava muito presente na encarnação atual e se acentuava com a repetição dos mesmos atos, pensamentos e sentimentos, os quais ele mesmo condenava no fundo da alma.

Sem dúvida que qualquer boa ação será sempre compreendida por Deus. Contudo, é preciso ter-se plena consciência de que ela gera méritos, mas não necessariamente evolução, que somente se dá com a renovação íntima. E para que ocorra a renovação, é indispensável acessar, conhecer e transformar as mazelas que habitam os escaninhos da alma, pois elas se utilizam do pensar e do sentir como força energética de existência e de ação, através do corpo físico, para materializar-se no mundo das formas.

O mundo das formas tem papel crucial na evolução dos seres, pois, se as experiências podem trazer resultados negativos, são também fontes para conquistas positivas. Nos mundos astral e mental também ocorre evolução; contudo, no mundo físico, havendo transformação íntima, os mecanismos químico-espirituais desse processo funcionam como fortes catalisadores da evolução e geram avanços bem mais acentuados no espírito do que os vivenciados no plano astral ou mental, além, evidentemente, de cumprir-se processos cármicos (quem fez o mal na carne, pela lei universal, deverá voltar à carne para resgatar esse mal com a boa ação, normalmente no próprio planeta onde viveu. Todavia, há casos de resgates com encarnações em outros planetas, especialmente quando o planeta não mais existe em forma física. Há casos ainda em que ocorre migração em massa de espíritos que se enclausuram em carmas coletivos ou interpessoais, passando o resgate cármico a ocorrer no meio sócio-espiritual para onde migraram).

Aquele que se encontra em processo de evolução, ainda nas fases primárias e intermediárias, tem dentro de si o bem e o mal em conflituosa disputa interior; o bem que precisa ser expandido e o mal que necessita ser transformado no bem, à medida que se cresce em conhecimento, consciência e amadurecimento interior, graças às vivências, sofrimentos e percepções superiores que surgem na alma e que lapidam os sentimentos. Entretanto, ao longo da caminhada evolutiva, os mecanismos subconscienciais realizam verdadeiras artimanhas para manter intactas as egrégoras do passado (formas de pensar, sentir e agir que geram costumes), e o lado que representa a consciência do bem (conquistas pelo conhecimento, pelos bons sentimentos e boas ações) tenta a todo instante criar caminhos de retomada do rumo correto, nem sempre com êxito e, em muitos momentos, as criaturas optam por alimentar sentimento de culpa, de modo consciente, subconsciente ou até totalmente inconsciente, como impulso ou mecanismo de compensação pelas atitudes erradas de vidas passadas ou da presente.

Nesse contexto, muitos encarnados costumam adotar comportamentos de ajuda ao próximo, a entidades religiosas ou assistenciais, com o intuito de amenizar a culpa e reduzir seus débitos para com o Alto, o que não deixa de ser um equivocado pensamento, ato de comércio ou de troca com a Espiritualidade. No mundo espiritual superior, não existe comércio,

O Vale dos Espíritas

mas amor incondicional. É evidente que os espíritos excelsos sabem das vidas pregressas, limitações e potenciais de cada alma e, por isso, adotam soluções ou ajudas apropriadas a cada ser, a partir de princípios, conceitos e práticas pedagógico-espirituais específicos e que favoreçam o crescimento, sem causar danos psicológicos. A própria alma, sim, é que costuma criar danos a si própria, com autoflagelos, autoperseguições e autofugas.

Ninguém tem o direito de julgar quem quer que seja, mas naturalmente a consciência profunda de cada um é que lhe condena ou eleva no momento de desencarne. Assim, é preciso que cada alma tenha consciência lúcida sobre seu estado evolutivo, seus avanços e estacionamentos em costumes do passado, e, ao mesmo tempo, ter sincero diálogo e entendimento consigo e com Deus, no sentido de fortalecer a fé e a vontade de vencer a si mesma, e, por conseguinte, transformar as mazelas que fazem parte de seu mundo interior. Esse é um processo lento. Por esse motivo, o ser encarnado tem que construir dentro de si a capacidade de perdoar-se cada vez que tropeça, pois mesmo antes de isso ocorrer Deus já o perdoou. E aí, torna-se indispensável realizar constantemente esse diálogo e entendimento interior de modo sincero, confiante, motivado e construtivo. É importante evitar lamentações e sentir-se vítima ou culpado, pois somos caminheiros de uma longa jornada que exige persistência e fé em Deus, que nos conduz e nos dá forças para prosseguir na caminhada.

Alexandre encontrava-se em condições difíceis na hora final. Seu corpo excessivamente emagrecido e cadavérico, sua fé abalada, o medo de enfrentar a morte e a própria consciência, a vergonha de encontrar seu guia espiritual ou aqueles que ele sabia que tinham lhe ajudado muito em sua vida carnal, enfim, um quadro de definhamento físico, mental e emocional que tenderia a fazê-lo fugir de si e de seus amigos no mundo espiritual. Para completar, havia os parentes encarnados que, com sofrimento e apego, seguravam-no energeticamente na carne e evitavam a sua libertação, no momento do descolamento do perispírito do corpo. Havia alguns inimigos desencarnados do passado que estavam à beira de sua cama incutindo-lhe ideias e sentimentos de autodestruição, cobrança, medo e culpa. O guia espiritual dele e mais alguns amigos (dentre eles entidades desconhecidas, mas que tinham recebido direta ou indiretamente ajuda de Alexandre) e trabalhadores da seara do Cristo aguardavam-no no momento do desenlace e estavam atentos, inclusive criando condições mentais-emocionais de modo a que ele pudesse receber ajuda espiritual.

Alexandre disse com dificuldade e por meio de sinais, pois já não conseguia mais falar em decorrência dos danos nas cordas vocais, que queria ficar sozinho e descansar um pouco. Todos então se afastaram e o deixaram no quarto com a mãe, que estava tranquila e fazia orações em silêncio. Ele havia captado as sugestões dos amigos espirituais, pois precisava que os presentes o deixassem partir em paz, sem apegos que o puxassem energeticamente para o corpo físico já moribundo. Ao adormecer, ocorreu o desencarne.

Alexandre desejava dormir para sempre e não ver mais nada nem ninguém, fosse do mundo físico ou do espiritual. E justamente por causa desse seu estado mental-emocional, permaneceu dormindo ao lado de seu corpo, já sem vida. No dia seguinte, no plano físico, ocorreram as providências para o enterro, que se realizou com uma quantidade enorme de pessoas amigas, colegas de trabalho ou do centro espírita, e a parentela.

Após sete dias, ele abriu os olhos e viu-se na escuridão da pequena capela do cemitério onde estava o gavetão que guardava seus despejos, próximo ao de seu pai e dos avós. Ficara ali um guardião de bem esperando por aquele momento, a fim de avisar os amigos a hora de prosseguir com o resgate. Não muito distante, havia dois inimigos do passado, à espreita, aguardando um momento de desatenção do guardião (que sabia da presença deles). Alexandre sentiu um frio interior, e então concluiu: "Se já perdi meu corpo, apodrecido pela doença, se já paguei meus pecados, por que então não surge algum guia espiritual para me tirar daqui?". Naquele instante sobreveio do seu íntimo uma raiva terrível. Ele se deu conta de tudo que fizera nos tempos de encarnado e ao longo de sua vida, e que se sentia injustiçado por Deus. Deixou escapar toda a inconformação com o processo da doença por dois anos. Esse

O Vale dos Espíritas

estado de insatisfação acentuada estava acumulado no seu íntimo, carregado de revolta por achar que poderia viver pelo menos mais trinta anos e realizar tudo o que gostaria, principalmente no campo político, pois desejava ter saúde para retornar à Câmara Federal e tentar cargos mais importantes no governo.

Aquele quadro interior quebrou a aura protetora que o guardião lhe colocara, permitindo a aproximação dos inimigos políticos desencarnados e também dos desafetos dos tempos da Letônia, que logo o agrediram com palavras de baixo calão, atirando-lhe "bolotas" (termo pejorativo adotado nas zonas inferiores e umbralinas para um tipo de artefato astral escuro, em formato de pequenas bolas carregadas de miasmas). Logo se aproximou um grupo de entidades empedernidas para tentar captar-lhe os últimos resíduos de ectoplasma e escravizá-lo. Os amigos espirituais que se encontravam próximos pediram apoio superior para tirá-lo daquela situação, e receberam a orientação de deixá-lo passar por aquele processo, necessário para a expurgação de miasmas decorrentes da revolta e orgulho. Mas, de certo modo, acabaram por ajudá-lo quando, dois dias antes, intuíram algumas entidades da Cidade dos Nobres a se dirigirem ao local e resgatarem um amigo que lhes interessaria. Sabiam eles que aquela colônia não era o lugar ideal, mas certamente bem melhor de que ser raptado por espíritos empedernidos. Sabiam também que na Cidade dos Nobres Alexandre poderia estagiar o tempo necessário para cair em si e drenar sua psique ainda carregada de revolta.

E assim, o grupo chegou na hora em que Alexandre estava sendo levado, sob gritos e tentativas de livrar-se do ataque, e, como estavam em número maior, direcionaram jatos de bolotas na direção dos "ladrões de almas", além de emitirem choques magnéticos. Em seguida, carregaram Alexandre e o levaram embora. Como ele já estava sendo monitorado por entidades da Cidade dos Nobres, certamente teria sido chipado se a pequena fábrica de *chips* já estivesse concluída. Esses dispositivos já haviam sido testados e deram resultados eficazes, mas ainda não estavam disponíveis em estoque. Sempre que houver desencarnados que lhes interesse, e em situações em que não haja conflito com os magos negros (os dirigentes da Cidade dos Nobres não desejam encrenca com eles), inserirão *chips* em seus corpos astrais. Como há limites na produção desse material, escolherão espíritos prioritariamente pelo seguinte critério: grau de sintonia com os membros daquela colônia, ligações antigas entre eles, nível de inteligência elevado, e pessoas com elevada produção de bioplasma, principalmente ectoplasma.

Esse material astral é necessário para o funcionamento da barreira energética protetora da colônia, e também para uso em outras finalidades.[2] Há outras fábricas dessas em alguns outros locais das zonas inferiores do mundo astral. Eles têm sido produzidos em escalas cada vez maiores. Foram desenvolvidos por mentes de seres de outros planetas que estão em sintonia com magros negros e entidades mal-intencionadas viventes no Astral, que, embora detenham muita inteligência, possuem baixa moral. Há uma antiga luta do mal contra o bem, desde os tempos atlantes, para que essas entidades negativas dominem o planeta Terra.

Chegando à Cidade dos Nobres bastante debilitado, Alexandre foi alojado num pequeno hospital para recuperação de recém-chegados do mundo físico. Sua inteligência, capacidade de dominação das palavras bem articuladas e com forte magnetismo, proporcionavam-lhe grande interesse para a cúpula daquela colônia, pois futuramente essas suas habilidades seriam muito bem utilizadas em prol de suas artimanhas. Some-se a isso o fato de um dos membros daquele local, ligado à sua alta direção, ter sido primo carnal de Alexandre, havendo boa amizade entre ambos.

Passada uma semana, Alexandre tinha uma excelente recuperação. Já fazia uma branda caminhada, e um mês depois estaria pronto para atividades normais. As dores na região da garganta ainda persistiam, mas em menor grau. Vez por outra, sentia fortes dores pontiagudas na cabeça e mal-estar na região abdominal. Os médicos lhe diziam que aquilo era

---

2 Nas zonas astrais intermediárias fronteiriças com o Umbral e em alguns pontos estratégicos que são passagens ou caminhos de conexão entre as diversas zonas astrais, as entidades superiores costumam colocar barreiras energéticas de proteção, mas se utilizam de magnetismo produzido pelas mentes de entidades com certo grau de evolução, capacitadas para tal finalidade, ou seja, não precisam de bioplasma e ectoplasma para tal fim, qual ocorre nas zonas inferiores e umbralinas do Astral.

normal e que, embora ele não possuísse mais um corpo físico, ainda sentiria por muito tempo alguns de seus reflexos, como por exemplo dores advindas do câncer e outros desequilíbrios orgânicos. Mas o principal, ainda não percebido por todos ali, era que Alexandre precisava contatar seu mundo interior e alcançar as causas de sua doença no corpo e no espírito, ou seja, o orgulho, os apegos diversos, especialmente ao poder e à vida desregrada com mulheres, cigarros e bebidas, o egocentrismo de achar que o mundo deveria tê-lo como um centro de atenções para alimentar sua vaidade. Aquele lugar no Umbral, com seu peso energético, também lhe gerava um mal-estar inconsciente, ao que muitos acabavam por se acostumar.

Francisco Mário, primo de Alexandre, passaria a ser uma espécie de seu orientador, até que tomasse pé de todas as situações e oportunidades que teria, principalmente no sentido de aliar-se aos dirigentes da Cidade e se tornar membro importante na gestão e na captação de outros membros de elevado poder mental e inteligência, além de ajudar nos trabalhos de articulação e negociações junto a entidades poderosas do mal, de outras localidades astralinas (as negociatas têm sido comuns nas zonas inferiores do Astral: os jogos de interesse, a busca de ampliação do poder ou de cooptar aliados para alcançar certas conquistas, e satisfazer certos interesses).

Na verdade, a cúpula da Cidade dos Nobres, bem como o próprio Francisco Mário, esperavam grande contribuição de Alexandre para a sua expansão territorial, graças às suas habilidades políticas, de persuasão e de comunicação, pois a intenção era transformar o lugar num grande centro de poder no mundo invisível. Por ter sido político e assumido vários cargos importantes na Terra, ele conhecia muita gente e poderia trazer, além de pessoas que pudessem agregar ao crescimento local, outras que poderiam servir de bons guardas de segurança e bons "ladrões" de bioplasma e ectoplasma. A Cidade dos Nobres vivencia os reflexos dos meios políticos e do comércio dos municípios terrenos, onde a politicagem, a mentira, a manipulação, a troca de favores e interesses para atender elevados padrões de egoísmo, orgulho e satisfação dos mais baixos e degradantes vícios humanos se encontram presentes.

Deus oferece oportunidades de melhoria interior e resgate cármico a todos os Seus filhos, e mesmo aqueles que foram líderes do mal no passado obviamente também recebem oportunidades reencarnatórias, nascendo em ambientes em que possam desenvolver o espírito cristão. Assim, muitos espíritos nobres e dispostos a ajudar (incluindo algumas ainda cheias de imperfeições, mas já optantes pelo bem, e que precisam resgatar certos carmas do passado com espíritos com os quais possuem pendências) aceitam ser pais, mães, irmãos e amigos de entidades empedernidas que encarnarão no convívio com elas visando a receber orientação e amor. O objetivo desse convívio é ajudar a todos e, assim, as empedernidas podem se redimir e se transformar um pouco, caminhando em direção ao Cristo, e as já redimidas podem ampliar a capacidade de amar e compreender, além de cumprir suas obrigações cármicas.

Por isso, além dos irmãos já compromissados com o lado do bem, que descem ao mundo da carne com missões de continuar o trabalho enobrecedor nos diversos setores da vida, há os que se tornam buscadores do caminho espiritual, líderes espíritas, políticos e tantos outros profissionais, oriundos de zonas mais densas, mas que vêm tendo a chance de se comprometer a mudar, antes do reencarne, o que nem sempre conseguem levar a termo quando mergulham na carne, embrenhando-se por caminhos tortuosos.

Quando os espíritos necessitados reencarnam e não acessam suas imperfeições de forma sincera, corajosa e com o intuito de transformar-se verdadeiramente, acabam ficando na superficialidade da vida; por isso se tornam "presas" fáceis do lado negativo que os habita na intimidade do ser, normalmente impulsionados por entidades negativas que tentam desviá-los para os velhos caminhos na erraticidade. As almas imperfeitas, como a maioria, precisam estar cientes de que optar pelo caminho do bem não significa que terão de se transformar do dia para a noite, mas sim que, mesmo tropeçando e se reerguendo, devem persistir na direção do bem.

Em certo momento da evolução, especialmente em se tratando da vida terrena atual, há espíritos que oscilam entre o bem e o mal. Sabem que precisam mudar, mas não conseguem e, ao tomarem certas atitudes negativas durante a vida, seja contra si ou o próximo, dobram-se às hordas do lado negativo, quase sempre estimulados por entidades inteligentes e conhecedoras da psicologia humana e que não desejam que seus comparsas do mal mudem de lado.

Normalmente esses psicólogos do mal adotam o sentimento de culpa como fator vibratório de conexão com eles. É muito comum usarem certos pensamentos para incutir na cabeça de encarnados: "Ora, fiz tudo errado, agora já não tem sentido eu caminhar corretamente. Sujei-me, agora é terminar de me sujar. Não teria cara de enfrentar os espíritos superiores. Que vergonha! Eu não mereço estar junto de pessoas tão boas, muito menos entrar no céu. Eu sou um derrotado; meus vícios me dominam. Para viver neste mundo, tem que ter malandragem, astúcia, senão seremos massacrados. Aqui em baixo não dá para ser santo. A regra lá em cima é uma, aqui em baixo é outra. Agora é tocar a vida do jeito que ela vier, desviando-se dos obstáculos quando der e eliminando quem estiver atrapalhando meu caminho". Desse modo, quando estão lidando com mentes muito intelectualizadas, esses seres do mal se utilizam de pensamentos e impulsos vibratórios que tocam a vaidade, o orgulho, o egoísmo e a satisfação dos interesses mais grosseiros no campo dos instintos.

Há muitas artimanhas do mundo espiritual inferior para atrair parceiros encarnados e desencarnados. Há especialistas que conhecem bem as fragilidades humanas, e as mobilizam em prol dos seus interesses obsessivos e de dominação. Há casos, inclusive, de encarnações providenciadas pelo lado negativo inteligente, que possui conhecimentos e domina técnicas reencarnatórias, providenciando reencarnes sob verdadeiros contratos entre os que "ficam" e os que "descem" para o mundo da carne. Assim, os reencarnantes servem de canais para intercâmbio entre ambos os mundos. É evidente que esses processos estão sob a atenção do plano espiritual superior, que pode ou não interferir, deixando muitas vezes o reencarne acontecer porque sabe que todos estão sob os "olhos" de Deus e de uma lei maior, e sujeitos à ação direta dos processos cármicos.

Depois de certo tempo, Alexandre engajou-se em grupos de articulação e negociação no Astral inferior. Manteve contatos com lideranças negativas e buscou parcerias visando a acordos de delimitação de áreas específicas para domínio de certas zonas do Umbral, além de acertos objetivando a conexão com o mundo das formas físicas no intuito de captarem bioplasma e ectoplasma. Contudo, continuou sentindo as dores na região da garganta e do abdome. Cada vez mais frequentes se tornaram as dores pontiagudas na cabeça, situação que o incomodava muito. Então começou a tomar consciência de sua real situação e a sentir-se usado pelas entidades astutas. Ficou com o orgulho ferido; por isso as dores a cada dia se amplificavam. Seu guia espiritual costumava visitá-lo de forma invisível a ele, em razão das diferenças vibratórias, incutindo-lhe alguns questionamentos na mente, ao usar o próprio orgulho dele, a fim de levá-lo à conclusão de que aquele lugar não era bom para ele.

Passaram-se quase dois anos sem Alexandre se dar conta do tempo exato em que estava no plano astral, ainda que lhe parecesse dez anos de vida extrafísica, pelo impacto que o tempo gera nos espíritos recém-oriundos do plano físico. Aos poucos, ele foi sentindo certa revolta com as entidades daquele lugar. Suas dores aumentaram e passaram a incomodá-lo mais. Os médicos locais lhe afirmavam tratar-se de reflexos dos traumas do corpo físico, que persistiriam ainda por algum tempo. Tal argumento não o satisfazia mais, e ele começou então a entrar num processo de conflito mental.

Aproveitando os momentos em que se encontrava sozinho no quarto, seu guia espiritual passou a estar com mais frequência ao seu lado, juntamente com entidades amigas, dentre as quais a sua avó, realizando intenso trabalho nos vórtices de energia de seu corpo astral, a fim de abrir brechas em sua aura e lhe enviarem sentimentos de humildade e compaixão, ao mesmo tempo em que transmitiam pensamentos de compreensão sobre a Cidade dos Nobres e as entidades que ali residiam. Então, Alexandre começou a cultivar os primeiros sinais de humildade, que já o habitavam desde outros tempos e estavam adormecidos, e experimentou o que se costuma chamar de *insight*, passando a perceber que seu lugar não era ali.

O Vale dos Espíritas

Sob influência espiritual superior, começou a substituir os pensamentos e sentimentos de revolta por outros mais leves e de entendimento. Concluiu que deveria fazer uma prece sentida e consciente a Deus, como no tempo de sua avó materna, pedindo-Lhe ajuda para sair daquele local e mudar-se para onde não houvesse mentira, perseguição, interesses grosseiros e manipulações. Pedindo principalmente que Deus o perdoasse pelos caminhos tortuosos de sua vida no plano físico e no Astral, e que tirasse aquela dor de cabeça que começava a chegar a estados insuportáveis. Assim, Alexandre sentiu-se envolto pelas vibrações de carinho da avó e começou a chorar, vivenciando um processo de catarse interior.

Durante esse período no Astral, Alexandre adquiriu mais carmas na contabilidade astralina, porque se envolveu com entidades negativas muito perigosas e astutas, inclusive atrelando-se a compromissos com os dirigentes da Cidade dos Nobres. Realizou ali bons trabalhos, na visão desses dirigentes, em termos de articulação e consolidação de acordos com entidades nada confiáveis e envolvidas com a maldade. Foi quando começou a sentir-se usado e seu ego a ser machucado; afinal fora político importante no mundo físico e estava lidando com entidades que, apesar da astúcia, considerava menos inteligentes que ele. Suas dores alcançavam estágios elevados e, sem saber como lidar com elas, começava a incomodar-se com tudo naquela zona densa do Astral. Apesar de suas mazelas, trazia certa sensibilidade no seu íntimo, e os primeiros traços de humildade abriam canais de interlocução vibratória com entidades amigas de zonas mais altas.

O trabalho de drenagem psíquico-astralina intensificou-se e Alexandre começou a se desvencilhar de antigos vícios, inclusive o de roubar energias oriundas de práticas sexuais desequilibradas de pessoas encarnadas. Entrava, assim, num processo de saturação e insatisfação intensa com as coisas daquele lugar e com as entidades que haviam se tornado companhias dele em atos incorretos e não dignos de alguém que trazia no íntimo conhecimentos elevados, compromissos com os planos mais altos e certo grau de sentimento de gratidão pela ajuda e amor recebidos dos parentes, da época em que estava encarnado. Após essa etapa de drenagem, estava pronto para ser resgatado para regiões vibratoriamente mais elevadas. Sob influência de entidades verdadeiramente amigas, sem que as percebesse, começou a sentir compaixão daquelas entidades que habitavam a colônia; começava a perceber que ali era um lugar sintonizado com o mundo material, muito próximo da vida física, com todas as suas imperfeições e peso de orgulho, vaidade, egoísmo e apego a impulsos inferiores. Passava a ter menos momentos de revolta e a chorar mais vezes. Suas lágrimas começavam a lavar-lhe a "alma", e seus sentimentos mais nobres surgiram.

Certo dia, sozinho em seu quarto, Alexandre deixou cair mais um véu do orgulho que o impedia de ver seu verdadeiro estado psíquico. Nesse instante, ele foi levado, inconsciente, por entidades amigas a um centro espírita que costumava frequentar no passado, e lá foi submetido a um choque anímico. Aproveitando o ambiente rico em ectoplasmia, as entidades cristãs fizeram um trabalho de limpeza sobre seu corpo astral e o levaram para um centro de recuperação de entidades atordoadas e dispostas a mudar de vida interior. Ele estava levemente entorpecido e só conseguiu ver a avó materna. Sentiu-se aconchegado por ela e, já sem forças, com o orgulho amenizado, entregou-se aos cuidados das falanges cristãs.

Três semanas depois, Alexandre acordou e viu-se rodeado de entidades amigas, incluindo a sua avó. Praticamente dois anos após o seu desencarne, o aspecto dele era outro: agora passaria a receber banhos astrais terapêuticos e em breve teria uma longa conversa com o mentor daquele centro de recuperação. Seria preparado para, logo, integrar-se à convivência fraterna numa colônia espiritual ali perto, num plano vibratório acima do Umbral.

Depoimento de Alexandre três anos depois:

Estimados leitores desta obra:

Quando fui convidado a participar deste trabalho, dando permissão para o amigo Atanagildo transmitir-lhes parte da minha história, num primeiro instante fui pego de surpresa e, em seguida, experimentei um sentimento de muito agradecimento a Deus por essa possibilidade. Se fosse à época em que acabara de chegar a esta colônia, certamente diria que não era merecedor de tal oportunidade, face ao meu estado de profunda amargura e sentimento de culpa para comigo mesmo. Hoje, graças ao bondoso Mestre Jesus e à ajuda de tantos irmãos amoráveis, sinto-me leve e disposto a servir onde for convocado.

Quando recobrei minha verdadeira consciência e deixei brotar sentimentos de humildade em meu coração, constatei que estava inundado de culpa, desde o fundo até o topo do meu ser. Essa culpa, que trazia já de muito tempo, principalmente desde a encarnação na Letônia, me chegava em forma de impulsos inconscientes. Meus pais me deram uma boa base religiosa na infância, que foi crucial para a minha evolução nesta etapa de vida, servindo de conexão para os conhecimentos e vivências do passado no campo espiritual. Na adolescência, deixei explodir em mim os impulsos da conquista e da descoberta de novas percepções do mundo e das pessoas que, direta ou indiretamente, participavam da minha vida. Em poucos momentos deixava a minha base espiritual conectar-se com as sugestões que vinham dos amigos da Espiritualidade Superior. Na maior parte do tempo, deixava-me ocupar pelos interesses mais corriqueiros e mundanos da vida.

Minha caminhada encarnatória vinha sendo programada havia séculos para que eu realizasse trabalhos tão dignos quanto outros no campo da política. Quem vivencia essa provação na área política, necessita despender uma vigilância elevada e constante oração para não se deixar levar pelas forças negativas que cercam a todo instante aqueles que têm papel crucial na gestão pública, na construção de leis e na condução de pessoas, cidades e países a rumos que lhes propiciarão cidadania, educação, dignidade humana e equilíbrio social, sem violência. Por isso, muitas entidades do mal ficam à espreita e tentam influenciar a todo momento políticos e dirigentes públicos para o caminho da corrupção, desordem, falta de fraternidade e luxúria, pois dessa forma criam sintonia para que atuem e roubem as energias de que necessitam para viver atados aos vícios do mundo físico, no plano astral. Buscam ampliar domínio do negativo no planeta e tentam evitar que o bem se expanda por meio das decisões e obras de quem dirige a comunidade.

Desde o início da minha vida adulta, senti no fundo do coração que a política me motivava e que por ali seria meu caminho profissional. Formei-me para melhor me estruturar em conhecimentos e comecei minha caminhada. Nessa época, me afastei do caminho espiritual e isso foi extremamente negativo, pois me deixava vulnerável à intervenção de entidades inimigas do passado e daquelas que outrora foram comparsas meus nos caminhos do erro.

Durante todo esse período passado da minha vida, o sentimento de culpa estava presente e se manifestava de diversas formas: por um lado, me causando fobias a ambientes escuros (o que significa dizer medo do desconhecido e perigoso escuro que habitava minha alma e que necessitava ser conhecido, transformado e clareado com a Luz do Cristo); por outro, levando-me a consumir coisas que me destruíam a saúde (uma espécie de autoflagelo inconsciente e impulsivo), como fumar e beber abundantemente, retroalimentando os mesmos vícios de outros tempos. Estava com os caminhos energéticos sintonizados com entidades comparsas (masculinas e femininas) do passado, do leste europeu, e que adoravam meus vícios em noitadas e sexo desregrado, pois realizavam "transfusão", ou vampirismo, de energias com essas vibrações a que estavam submissos.

Graças ao bom Deus, os irmãos da Espiritualidade Superior jamais me abandonaram, apesar de eu ter mentalmente me afastado deles. E em meio às minhas desordens emocionais, sempre insistiam comigo em retornar ao caminho espiritual nas noites de descanso, durante o sono físico, e com o descolamento do meu espírito para o plano astral. Mesmo nos momentos de vigília, quando precisava tomar decisões importantes no campo profissional e político, eles me davam boas sugestões (especialmente decisões que geravam reflexos na vida da população e na minha estrada espiritual). Hoje, sei que há mestres espirituais especialistas em carmas individuais e coletivos, e que muitas vezes uma sociedade sofre por decisões políticas porque possuem carmas coletivos. Mas há situações em que certas decisões são evitadas ou atingem somente parte da população, porque o plano espiritual superior

O Vale dos Espíritas

127

orienta e toma providências para que se evite que certos grupos sociais, ou mesmo uma população inteira, venha a sofrer com decisões equivocadas do governo ou de políticos.

Os vícios da bebida, do cigarro e das noitadas com mulheres me amplificaram as desordens no campo emocional e sujavam sobremaneira meus corpos sutis, especialmente o corpo astral. Meus chacras viviam entupidos e impediam uma boa circulação das energias prânicas entre as camadas sutis e mais densas dos meus corpos, principalmente no meu duplo-etérico. Complicações no corpo físico seriam inevitáveis, com o passar dos anos. Então comecei a apresentar sérios problemas de saúde. E aí vai uma dica para os leitores: desde o momento em que se apresentarem doenças ou desequilíbrios em seus corpos físicos, fiquem alertas. Busquem imediatamente o acompanhamento e a orientação médica, sem dúvida, mas atentem para os processos mentais e emocionais que se instalam na sua intimidade. Vejam o que tem sido predominante (e porque não dizer, obsessivo) nos pensamentos e impulsos instintivos e emocionais. As doenças ou dores físicas são sinais valiosos para que se inicie um sério trabalho no fundo da alma. Nós, ainda presos aos grilhões de um passado rico em erros, estamos repletos de carmas. Contudo, mesmo trazendo carma desde a infância, o que normalmente gera reflexos no corpo mais denso: junto com ele advêm padrões de pensar, sentir e agir, reflexos condicionados que nos levam a repetir as mesmas coisas do passado na vida presente.

Não adianta fugir de si mesmo, da possibilidade de contato com as mazelas íntimas e da necessidade de trabalhá-las, entendendo que não haverá saltos evolutivos, mas o início firme e determinado de uma longa caminhada, composta por erros e acertos, quedas e soerguimentos (é fundamental não deixar a depressão tomar conta de si e impedir-lhe o soerguimento; é preciso humildade para pedir forças a Deus), sem desistência e principalmente com vigilância, para que não haja sentimento de culpa. Com o passar do tempo, quando menos se espera, a alma vai ganhando força e o que antes era impossível, ou quase impossível de se vencer, vai se tornando administrável e, quem sabe, na mesma, na próxima ou numa encarnação mais à frente, tais mazelas estarão mais brandas, podendo ser transformadas em virtudes espontâneas.

Quando comecei a sentir a morte chegando, ao invés de enfrentar minhas mazelas interiores, comecei e dar alimento ao câncer, ou seja, empurrar "para baixo do tapete" as minhas culpas pelos males que havia feito a outrem e ao erário público. Não queria nem chegar perto desses sentimentos de culpa, mas apenas escondê-los no fundo de minha alma, e muito menos desejava enfrentar corajosamente as causas comportamentais e de postura interior que me levaram a tais sentimentos de culpa. Junto com a culpa, havia também orgulho de minha parte em não querer aceitar que eu era falível, imperfeito e cheio de defeitos. Precisava de ajuda externa, mas não queria expor minhas fraquezas, meus erros do passado, meus desequilíbrios íntimos.

Um político, um gestor público que fora tão respeitado por suas ações, um conhecido defensor e "praticante" do espiritismo... realmente eu não podia mostrar aos que me rodeavam e ao público as minhas quedas. Vez ou outra, a imprensa também me visitava e eu não podia nem imaginar vê-la expondo minhas fraquezas. Em face desse quadro, me restava apenas aumentar as doações de alimentos aos trabalhos assistenciais do centro espírita que frequentava durante anos; restava-me dar mais atenção à minha família; e essa tomada de consciência mais humanista e cristã me tocava o coração, me emocionava e me aliviava o sofrimento. Entretanto, esses atos nobres encobriam a necessidade do contato com os defeitos que se alojavam nos esconderijos de minha alma. É evidente que ajudar ao próximo é fundamental; todavia, tão vital quanto realizar a reforma íntima. Não se pode fazer um sem o outro, e vice-versa. Dessa forma, o orgulho e o sentimento de culpa me empurraram para o Umbral, no meu processo de desencarne. As inimizades do passado torciam por minha derrota e aguardavam a minha chegada ao mundo astral para cobrar-me dívidas passadas.

Ao chegar à Cidade dos Nobres vi a possibilidade de retomar as atitudes que alimentavam minha vaidade e a oportunidade de alimentar meus vícios mundanos. No fundo, representava mais uma fuga do contato comigo mesmo, pois era como assumir que eu já estava sujo mesmo, e lá assumiria de

O Vale dos Espíritas

vez esse papel. Quando estamos encarnados, somos protegidos pela matéria densa e, assim, podemos frequentar qualquer ambiente físico, desde os espiritualizados aos mais pesados energeticamente. Entretanto, sem a vestimenta corpórea, tudo o que sentimos é aumentado várias vezes, e naturalmente o espírito será atraído para o ambiente astral condizente com a sua vibração e o seu peso energético. Não há para onde fugir ou se proteger. O primeiro passo para livrar-se dos ambientes densos do Astral é sentir-se humilde diante de Deus, de forma sincera e profunda, e então pedir ajuda ao Pai Celestial.

Como eu havia acumulado estados viciados de pensamento e ação, sem qualquer esforço de disciplinamento dos "lobos selvagens" que me habitavam, que eram alimentados nas noitadas e madrugadas, certamente eles acordariam com força total no mundo astral e reclamariam para serem alimentados. Naquela colônia, percebi de cara que se eu mostrasse um bom trabalho aos dirigentes, naquilo que eu sabia fazer de melhor, como a política, certamente me arranjariam caminhos seguros para "roubar" energias sexuais, de cigarro e bebida, para me satisfazerem os vícios que haviam aumentado muitas vezes o que sentia quando estava na carne.

Como nada no Universo se perde, seja de bom ou de mau, as coisas nobres que havia adquirido um dia iriam me acenar com possibilidades de encontrar a verdadeira felicidade. E assim, chegou um tempo em que aquele ambiente umbralino e as ligações com as energias densas do mundo físico me saturariam o espírito. Chegaria o momento da minha insatisfação, e o mesmo orgulho e vaidade que me empurravam para o pedestal da aparência, me levavam para estados de revolta íntima por sentir-me usado por mentes "aparentemente" menos inteligentes que a minha. O ego sentia-se a cada dia mais machucado. Como no sábio princípio da homeopatia, em que se cura determinada mazela com o semelhante, do orgulho se extrairia o aprendizado ou o antídoto para o despertar e, ao me livrar daquele estado mental-emocional de abuso, luxúria e sintonia com os planos densos do espírito, encontraria a minha natureza íntima na "esquina" do orgulho, com a chance de mudança de rumo, mas que exigiria de mim humildade e disposição para pedir a Deus que me tirasse dali, com toda a minha vontade.

Meu espírito trazia memórias passadas de lugares harmoniosos do Astral, e essas lembranças subconscientes criavam-me no íntimo uma polarização entre o bem e o mal. Surgia então a vontade de mudar da lama para a água pura; brotava-me um largo cansaço daquela vida e a sensação de que eu poderia pedir perdão por meus erros, por meus vícios, e deixar que o meu lado superior dominasse o lado inferior. Sem dúvida alguma, a ajuda espiritual que recebi, vinda de amigos amoráveis, não tem preço. A partir dos convites que vinham do Alto, mesclados com os "ventos" magnéticos de boas vibrações do bem, surgia aos poucos em mim uma leve vontade de servir às falanges do Cristo em prol de um mundo mais harmonioso, pacífico e direcionado para o amor cristão. Lembrava dos estudos espirituais quanto à necessidade de minha verdadeira renovação íntima e da caridade fraterna, que precisava brotar em meu ser, onde já havia certa fertilidade de terreno interior.

Fui salvo pelo amor do Cristo, pela amor dos amigos espirituais e pelas oportunidades que tive no passado e no presente, capazes de alimentar e guardar no espírito bons pensamentos, bons sentimentos e boas atitudes. Quanto às coisas ruins que fiz ou os vícios adquiridos, não posso me apegar a eles. Devo deixá-los quietos; não devo excitá-los. Todavia, não posso ignorá-los, enfrentando-os com coragem, firmeza e amor, e, se eles tentarem me dominar, devo sempre pedir forças a Deus para vencê-los, sem estresse ou autoperseguição. Se houver quedas, que a culpa não me domine, mas sim que a força de vontade possa me soerguer para prosseguir, com a ajuda daqueles que estão à minha frente na evolução. Hoje me sinto bem, graças ao bom Deus e ao amor dos amigos espirituais. Os defeitos morais continuam dentro de mim e aos poucos vou trabalhando cada uma deles, sem fugir de minha natureza íntima, mas também sem me auto-punir.

Sei que precisarei reencarnar daqui a algum tempo, pois é na carne que essas mazelas são melhor trabalhadas, ou seja, com o corpo físico podemos drenar para a matéria nossas imperfeições e potencializar as coisas boas que a força de vontade e o desejo de evoluir podem nos proporcionar. Cada passo dado em direção ao Alto, quando encarnados, representa cen-

O Vale dos Espíritas   131

tenas de passos quando fazemos o mesmo no mundo astral. Evoluir na carne é o grande desafio e, ao mesmo tempo, a melhor oportunidade para se aproximar do Pai. Sem contar que carmas adquiridos no mundo físico devem ser resgatados no mundo físico. Nós, que nos encontramos em estágios muito primários da evolução, precisamos voltar muitas vezes à carne até que estejamos mais leves vibratoriamente, de modo a nos capacitar a viagens mais elevadas e nos tornarmos habilitados para descer a zonas mais densas do Universo, a fim de ajudar fraternalmente os espíritos sofredores e que passaram por situações e dores como as que passamos.

Capítulo
6
Quando os caminhos são descaminhos

Rogério era filho de um senador da República. Vivia envolvido com drogas, bebidas e relacionamentos descompromissados. Era um verdadeiro perdulário. Sua mãe, católica, procurou desde cedo ensinar aos filhos os princípios básicos do cristianismo. O pai tentava não fugir dos compromissos familiares, mas os afazeres e desafios atrelados à política lhe consumiam o tempo. Dessa forma, os dois filhos, Andréa e Rogério, cresceram sem a referência paterna que lhes transmitiria direção e amor, a partir do tempo em que o pai iniciou sua carreira política, ainda como vereador. Dona Ângela é quem assumira o papel duplo de pai e mãe dentro do lar. Contudo, faltava-lhe pulso em muitas ocasiões para conter o ímpeto do filho irado e afeito aos desregramentos. Andréa, por possuir uma natureza espiritual mais dócil e aberta à evolução, apesar de todos os seus deslizes na vida, conseguia refletir sobre seus atos inconsequentes, reajustar-se e prosseguir no caminho do bem.

Certa vez, em uma festa, Rogério conheceu Melissa, uma moça bela e jovem, cheia de energia e de boa índole. De família espírita, ela também era praticante da doutrina e assídua leitora dos livros que propagavam os ensinamentos espirituais. Como qualquer ser humano, tinha suas fraquezas; entretanto, a determinação em seguir no caminho do bem lhe fortalecia a fé. Ela e Rogério começaram a namorar, e, como já estava no *script* do plano espiritual, não teria sido por acaso esse reencontro. Melissa teria o papel de resgatar Rogério do mundo das Sombras e levá-lo para o caminho da Espiritualidade.

Numa vida anterior, Rogério desencarnou quando ainda era bebê, em decorrência da explosão de sua casa durante um ataque aéreo de tropas aliadas à Alemanha nazista. Essa forma abrupta e violenta de desencarne, ainda em tenra idade, fazia parte de seu projeto espiritual, a fim de que ele drenasse um pouco mais seu carma, carregado de comprometimentos com as vidas humanas. Dando mais um passo no tempo reencarnatório, identificamos Rogério como Wilhelm, um coronel prussiano que viveu durante a guerra de unificação da Alemanha, no século dezenove, liderada por Bismarck. Wilhelm era valente, destemido e com firme domínio sobre suas tropas, face a sua postura totalitária e profundamente apaixonada pelas tradições germânicas, fato que aproveitava com astúcia para tocar com suas palavras o sentimento patriótico dos soldados. Homem de confiança do comando militar superior das tropas de Bismarck no *front* de batalha, ajudara na conquista da Áustria e de outros estados da região, além de ser um dos comandantes na vitória contra a França, o que resultara na conquista das regiões de Alsácia e Lorena. Assim, comandara o desencarne de muitas criaturas, providenciando até com as próprias mãos a morte de dezenas delas. Milhares de inimigos de guerra desencarnaram sob seu comando, alguns dos quais fora dos campos de batalha, nas invasões de vilas e cidades, quando suas tropas trucidavam idosos, crianças e adultos civis.

Quando estourou a guerra entre a Prússia (onde hoje se situa a Alemanha, mas que incluía parte de outros países daquela região) e a Áustria, Wilhelm já era casado com Antonina, dedicada mulher de origem austríaca, e, por questões de dever e fidelidade a Bismarck, preferiu manter-se afastado dela, ainda que vivendo na mesma casa, pois deveria cortar ligações com tudo o que tivesse vínculo com a Áustria, naqueles períodos. Wilhelm optaria por uma vida de noitadas com prostitutas e bebidas para satisfazer seus instintos. Buscava a disciplina do trabalho no exército, durante o dia, e à noite soltava sua natureza indisciplinada para com os impulsos inferiores. Antonina, que estudara e se radicara na antiga Prússia, era filha de importante membro do governo austríaco e não podia saber dos planos que envolveriam a invasão de seu país. Aliás, durante a invasão da Áustria pela Prússia seu pai seria morto, o que provocara a revolta de Antonina, que mais tarde fugiria com o filho para a Áustria, em busca do encontro com sua mãe e outros familiares, abandonando de vez o cruel marido.

Graças ao seu amor por Wilhelm e seu desejo de resgatá-lo dos mundos astralinos inferiores, Antonina aceitaria mais tarde reencarnar no Brasil, entrando na vida dele com a missão de ajudá-lo através do amor. Seria também uma forma de resgatar a culpa por tê-lo abandonado e nunca mais ter-lhe permitido contato com o filho, de quem sentia muito orgulho.

Com o passar dos meses de namoro, Melissa habilmente

conseguiu convencer Rogério a frequentar o centro espírita a que costumava frequentar aos sábados à tarde. Emprestou--lhe alguns livros que Rogério lia com certo esforço, desistindo da leitura antes de chegar ao seu final. A impaciência e dificuldade em absorver conceitos espirituais lhe provocavam certa resistência interior, especialmente naqueles pontos em que se falava de humildade e perdão. Apesar disso, Melissa não desistia, pois, além de ser um belo rapaz, Rogério demonstrava possuir bom coração em algumas ocasiões, especialmente no trato com as mulheres. Desde sua encarnação na velha Prússia, ele vinha tendo a graça de ter mães e irmãs bondosas que o enchiam de amor, fato que também ocorrera na presente encarnação; por isso, apesar do ódio que guardara de Antonina, possuía uma forte referência de respeito ao gênero feminino, ao longo de sua trajetória reencarnatória.

Rogério adorava praticar "pegas", aquelas corridas de carro nas ruas da cidade. Melissa costumava alertá-lo sobre os riscos dessa prática. O namoro continuava firme, e Rogério começava a gostar de ir ao centro espírita. Já entendia muito dos princípios e conceitos que absorvia durante as palestras, as quais assistia com atenção. Até falara com sua mãe que havia se tornado espírita. O jeito doce e meigo de Melissa estava domando o coração duro de Rogério, que abria, a cada dia, sua sensibilidade e compreensão sobre as coisas superiores do mundo espiritual. O amor, de fato, opera verdadeiros milagres. Contudo, ele continuava com as práticas das noitadas regadas a bebidas e uso de drogas, de vez em quando, além dos "pegas". Algumas vezes traía a namorada e isso lhe causava remorso, que logo era abafado pelos comentários menos dignos de seus companheiros. Havia eliminado as drogas pesadas, mas continuava fumando maconha às escondidas, além do consumo de bebidas que passava costumeiramente dos limites.

Rogério pensava intimamente que sua ligação com o espiritismo poderia salvar sua alma, pois sabia que estava no descaminho. No entanto, ouvia nas palestras do centro que Deus perdoava Seus filhos, e acreditava que os passes semanais resguardariam o seu espírito. Passou a ajudar financeiramente o centro com despesas para campanhas assistenciais, o que lhe dava mais garantia de que receberia proteção do Alto. Assim, vivia numa tremenda ambiguidade: buscando um caminho espiritual, em certos momentos, e noutros continuando pelos descaminhos. Oscilava entre o bem e o mal, mas achava que, de alguma forma, estava seguro espiritualmente por sua ligação com o centro espírita de Melissa.

Essa aproximação com a doutrina evidentemente ajudou Rogério, porque amenizou seu comportamento desregrado, proporcionou-lhe relativo distanciamento de alguns de seus companheiros mais afoitos de noitadas e drogas, abriu-lhe algumas novas brechas na mente para um sentido mais elevado da vida e tornou sua alma um pouco mais sensível. Esses avanços já poderiam ser considerados vitoriosos, e Melissa poderia sentir-se com o dever cumprido, especialmente porque o amor que ela dedicava a ele funcionava como uma aura protetora contra invasores do mundo invisível negativo e o ajudava a amolecer o coração, tornando-se mais humano e fraterno.

Os avanços conquistados eram consideráveis, em se tratando da natureza fria e calculista de Rogério, do seu passado comprometido com o desenlace de muitas vidas e dos descaminhos que o conectavam com forças negativas e entidades inteligentes do Astral inferior. Essas mentes do mal não gostavam nem um pouco dos novos caminhos que ele pretendia trilhar e, sempre que deixava brotar impulsos e pensamentos inferiores, as entidades negativas aproveitavam para incutir-lhe ideias e sensações alinhadas com os propósitos mais densos, viciosos e maldosos que os ligavam.

Rogério teve um reencarne compulsório, e ficou sob os "olhos" da Espiritualidade Maior, mesmo sabendo que entidades negativas estariam monitorando seu processo encarnatório com o intuito de utilizá-lo como "ponte" para suas ações menos dignas. Em muitas ocasiões o plano espiritual superior permite que as entidades do mal pensem que estão planejando e agindo sozinhas, mas fica atento para evitar que elas ultrapassem certos limites, momento em que pode ocorrer a intervenção superior. Os espíritos benfeitores adotam o mesmo procedimento em relação aos seus pupilos: se o reencarnante resiste em mudar de rumo e não busca o caminho do bem, eles respeitam o seu livre-arbítrio e o deixa entregue à própria sorte para que a Lei da Causa e Efeito atue diretamente sobre ele, levando-o a vivenciar situações de sofrimento e dor, até que um dia amoleça seu coração endurecido e abra sua mente para novas perspectivas de vida.

O quadro reencarnatório em curso exigia de Rogério uma nova postura de vida, ou seja, ele teria que lutar muito contra suas más tendências. As entidades superiores, por conhecerem a psicologia cósmica profundamente, sabiam que os avanços de Rogério não seriam significativos, se observados por um ótica humana de curto prazo. Contudo, analisados sob o prisma da realidade milenar do espírito, já representavam avanços consideráveis, ainda que parecessem insignificantes. Seu espírito já estava mais sensibilizado e seus novos conhecimentos já o posicionavam num patamar de compreensão espiritual acima daquele em que se encontrava antes da atual reencarnação, apesar de situar-se ainda no mesmo estágio de muitos que negociavam com o mundo espiritual, por ajudarem instituições religiosas.

Trabalhar o orgulho, a vaidade, o egoísmo e o apego aos vícios mundanos são exercícios que exigem persistência, em muitas e muitas vidas. Há encarnações em que o espírito avança um pouco mais do que em outras; há situações de aparente estacionamento, embora o sofrimento vivido acabe por tornar a alma mais sensível à dor alheia e à própria necessidade de crescimento interior. Há encarnações-chave, em que a alma iniciará uma caminhada em nova direção, por sugestão de um amigo espiritual que se alia para ajudá-la, propiciando-lhe a abertura da mente para uma nova perspectiva de vida. Nesses casos, é quase certo que haverá quedas e aparente estacionamento, pois a alma poderá voltar a trilhar os errôneos caminhos antigos. Contudo, haverá algum instante em que sentirá necessidade de banhar-se com as águas puras e reconfortadoras do caminho que havia abandonado. Observa-se, nesses casos, o quão importante foi conhecer o caminho novo, já que a alma não estará imersa apenas num único sentido, o do mal, passando a oscilar entre o bem e o mal até que reconheça que a verdadeira felicidade está em caminhar no lado do amor e da paz. Assim é a caminhada evolutiva: descobrir que o trabalho é fruto de alegria e pacificação da alma e não de sacrifício amargo.

Certo dia, apesar dos insistentes conselhos de Melissa, Rogério saiu para mais um de seus "pegas". Como costumava fazer, ia sozinho, encontrava os companheiros e, depois das apostas de corrida, saíam juntos para uma noitada de bebidas, drogas e mulheres. Naquela noite, entretanto, a caminho do encontro com os companheiros, correndo a cento e quarenta por hora, em plena área urbana, um carro repentinamente apareceu à sua frente, numa manobra inesperada, e cruzou-lhe o caminho. A colisão foi inevitável. Ele ainda tentou desviar, bateu no fusca e capotou em seguida, sendo imprensado em uma árvore na lateral da via. Rogério sofreu traumatismo craniano e faleceu no local.

O choque provocou o desligamento abrupto do seu duplo-etérico. Rogério levantou-se assustado, já em corpo astral, sem perceber que havia desencarnado. Vendo o corpo caído logo à frente, todo ensanguentado, achou que era uma ilusão de ótica causada pelo choque do acidente. Correu desesperado na direção do fusca, para tomar satisfação com o motorista desatento, ficando assustado quando percebeu que um senhor de idade estava desacordado, em estado de choque. Aos poucos, as pessoas se acumulavam no local e uma delas telefonou para os bombeiros e a polícia, que em alguns minutos chegavam ao local do acidente. Ao ver o estado do automóvel, as pessoas que se aproximavam não acreditavam que alguém pudesse ter sobrevivido. Tentavam distorcer as ferragens parar tirar o corpo que ali se encontrava. Foi quando Rogério se deu conta de que não estava mais no mundo da matéria. Viu o próprio corpo todo ensanguentado e completamente esfacelado sendo carregado.

Tentava falar com as pessoas, mas ninguém lhe dava atenção, como se não o vissem. Um dos bombeiros encontrara um telefone celular no carro e ligou para o último número que constava no rol de ligações recebidas. Melissa, com sua sensibilidade aguçada, sentira algo estranho em seu coração, um aperto inesperado na hora do acidente, e havia telefonado várias vezes para Rogério, sem que ele retornasse as ligações. Ao atender o chamado do policial, ela ficou por segundos em

O Vale dos Espíritas

estado de choque, mas respirou fundo, recompôs-se emocionalmente e ligou para os pais de Rogério, deslocando-se em seguida para o local do acidente.

Rogério estava em estado de choque e não acreditava no que presenciava. Começou então a sentir uma tremenda revolta com a situação. Pensou no tanto que se esforçava para seguir o caminho do bem, já que frequentava havia mais de um ano o centro espírita. Já tinha lido livros, assistido palestras, tomado passes, ajudado as campanhas sociais. Achou que os guias espirituais, tão falados nas palestras do centro espírita, deveriam ajudá-lo naquele momento em que se sentia sozinho e amargurado por ter que romper com toda a sua trajetória de vida no mundo material. Estava meio tonto, com dores na cabeça, sentia frio, fome, irritação, e não aparecia ninguém para ajudá-lo no mundo astral.

Rogério estava para se formar em direito, e o pai havia lhe prometido um emprego no Senado Federal, com ótimo salário. Ele não aceitava aquele rompimento brusco da carreira, e sua confusão mental e revolta aumentavam a cada segundo. Começou a xingar alto, gritando contra a injustiça de Deus e a farsa dos guias espirituais. Logo se aproximaram seis entidades agitadas, zombeteiras e viciadas, que aguardavam Rogério e seus companheiros para a sessão de vampirismo da noite de bebidas, drogas e abusos sexuais. Eram velhos conhecidos; uma delas fora prostituta e sua amante nos velhos tempos da Prússia de Bismarck. Em seguida, chegou um emissário das Sombras, a serviço de um mago negro que usava Rogério como um de seus soldados no mundo das formas e que oferecia ajuda ao rapaz, prometendo que o levaria para um local seguro. Mas, num primeiro momento, ele não sabia de quem se tratava.

Já se passavam mais de cinco horas do acidente. O carro não estava mais no local, seu corpo estava num necrotério, aguardando os trâmites burocráticos, e os familiares dormiam. Melissa chorava a todo instante, sem sono, e rezava por sua alma, pedindo a Deus que o guiasse para um bom caminho no mundo espiritual. Quando se deu conta, Rogério percebeu que as entidades zombeteiras o xingavam por sua atitude imprudente ao volante, deixando que o acidente acontecesse. Ainda tonto com a situação, pensou em aceitar o convite da entidade astuta para segui-la, juntamente com mais oito guardas, rumo a uma colônia astral das Sombras, mas sentiu um arrepio e ficou em dúvida. Não sabia se pedia ajuda e desculpas a Deus pelos xingamentos ou se seguia o espírito sisudo vestido de preto.

Nesse instante, interpôs-se entre eles uma luz intensa que afastou todos os presentes. Era um grupo de enviados das zonas superiores do plano astral que tinham ido resgatar Rogério, a pedido de duas entidades-guias ligadas à Melissa e à mãe dele. Ocorre que o grupo de luz não poderia avançar em sua missão se não houvesse colaboração e interesse de Rogério em segui-los. Era necessário disposição pessoal e ação do livre-arbítrio, somada à necessidade de reduzir o grau de revolta interior com o fato ocorrido, pois dessa forma as vibrações de humildade desabrochariam aos poucos. Ainda que fossem alguns sinais apenas de humildade, ele já poderia receber a ajuda superior. Se Rogério, porém, mantivesse aquela enorme revolta interior com o fato ocorrido, decorrente do seu forte orgulho, ficaria difícil proceder à ajuda superior. Ele precisaria ter, além de humildade, disposição em aceitar a ajuda das falanges ligadas ao Cristo.

Uma das entidades então reduziu sua vibração, minimizou a luz que a envolvia, e se fez vibratoriamente no mesmo padrão de Rogério para que pudesse falar com ele, dirigindo-lhe a palavra:

— Meu querido filho, estou aqui em nome de Jesus para levá-lo a um local de repouso, a fim de que se recupere dessa passagem traumática e que possa se restabelecer como espírito seguidor do caminho do bem. Seres queridos que o amam nos enviaram até aqui para ajudá-lo. Tenho certeza de que não se arrependerá do amor e da felicidade que o aguardam junto aos que seguem o Cristo.

Nesse instante, a entidade astuta das Sombras emitiu ondas mentais de insatisfação e ódio em direção a Rogério, que, sem amenizar a revolta instalada em seu coração, as captou, expressando-se assim:

— Não sei quem é você e essas suas palavras doces não reduziram nem um pouco a revolta que estou sentindo nes-

O Vale dos Espíritas

141

te momento, muito menos as dores de cabeça absurdas que sinto, como se uma lança perfurasse meu cérebro. Quero saber por que me tiraram a vida! Ora, eu estava ajudando um centro espírita, várias famílias carentes, assistia às palestras, tomava passes, fazia tudo o que Melissa me pedia, porque sabia que seria protegido. E ninguém me protegeu. Deixaram acontecer o acidente, sendo que eu tinha toda uma vida pela frente. Só tenho vinte e seis anos, ainda sou jovem. E agora, como fica a minha carreira, a minha curtição com os amigos? Eu ia me casar com Melissa; ia provar para os meus amigos que seria capaz de ter um relacionamento sério, mesmo tendo as minhas curtições de vez em quando, e estava quase me formando! Esse negócio de guia espiritual é uma farsa! Não é justo o que aconteceu comigo.

A entidade bondosa então lhe dirigiu novamente a palavra:

—Meu filho, tire essa revolta do seu coração, pois ela só lhe traz mais angústia e sofrimento, afastando-o da verdadeira felicidade. Você não ama sua mãe e Melissa? Pois foram elas quem pediram ajuda a Jesus para que estivéssemos aqui, a fim de resgatá-lo para um local onde reina o amor e a paz.

Nesse momento, criou-se uma crosta negra de energias em torno de Rogério, junto com a gargalhada da entidade astuta das Sombras, que continuava emitindo ondas mentais e sentimentos de revolta em direção a ele. Com essas emissões, ela fazia Rogério lembrar-se dos agradáveis momentos de curtição com sexo, bebidas e drogas que tinha perdido e que poderia obter novamente se optasse por segui-la. Ao mesmo tempo, pegava alguns resíduos de ectoplasma que guardara num recipiente, colocava nas mãos, soprava em direção a Rogério, envolvendo-o com vibrações relacionadas com essas práticas, e emitia palavras de convite para segui-lo, repetidas vezes, em tom hipnótico.

Rogério virou-se então para o ser superior e disse:

— É o seguinte, minha irmã, me deixa em paz. Não venha com esse papo de anjo querendo me enganar, pois estou cansado de ouvir essas conversas só para me afastar do que eu gosto. Vou aceitar o convite do meu irmão ali, que está me esperando.

A partir daí, os amigos da Espiritualidade Superior não

puderam fazer mais nada, pois não se pode interferir no livre-arbítrio. É preciso esperar que o espírito amadureça um mínimo necessário para receber a ajuda de que necessita. Ninguém pode ajudar quem opta deliberadamente por não ser ajudado. Rogério estava e ainda está muito ligado ao mundo das Sombras, em razão de sua natureza íntima. Ainda permanece como optante pelos vícios e maldades. Terá que encarnar ainda algumas vezes em situações de sofrimento intenso para que amoleça o coração e abra a mente de forma sincera e firme para o lado do bem. Apesar de sua imaturidade espiritual, o plano superior criou situações, em vidas pregressas e na atual, para que Rogério conhecesse novos rumos de vida. Colocou almas bondosas em seu caminho, deu-lhe "banhos energéticos" de amor, principalmente por meio de sua mãe e da namorada, tentou resgatá-lo quando encarnado e já no pós-desencarne, e chegou ao limite do auxílio. É parte da Lei Cósmica respeitar o livre-arbítrio, a menos em casos especiais como, por exemplo, quando o espírito está mergulhado em culpa e não consegue sair da sombra criada por si próprio, ainda que tenha boa índole. Isso mostra o quanto Deus quer resgatar todos os Seus filhos em direção à Luz Maior, mas ao mesmo tempo Ele tem paciência com o processo de amadurecimento de cada um e não pode recolher o filho ainda necessitado de crescimento em compreensão e amor.

Rogério transformou-se num perseguidor de trabalhos espíritas no mundo astral, associado a comandantes das zonas sombrias. Costuma atuar junto com vários comparsas visando a desestruturar e criar descrédito em grupos espíritas. Costumam ir aos centros para arrebanhar seguidores da doutrina, de modo que possam cair no caminho do erro, seja pelas noitadas, pelo uso de álcool e drogas ou promiscuidade e orgias. Aproveitam os momentos em que médiuns e trabalhadores de centros se sentem solitários e incutem em suas mentes ideias e impulsos de noitadas, masturbações, busca de companheiros no mundo da prostituição, boates e bares. Quando não conseguem esse intento, então levam essas pessoas a segui-los em viagem astral, durante o sono físico, a fim de conduzi-las a locais onde haja viciados nessas energias, e ali usam do ectoplasma dos encarnados e fazem verdadeiras ma-

O Vale dos Espíritas

143

gias negras para satisfazer seus desejos rasteiros. Por isso, há situações em que muitas pessoas acordam cansadas e sem energia, mesmo depois de uma noite de sono.

Há nessas falanges do mal, das quais participa Rogério, entidades treinadas para criar desavenças nos centros espíritas, aproveitando a imperfeição das pessoas e mobilizando sentimentos de ciúme, inveja, maledicência, busca pelo poder, estímulo ao orgulho e vaidade. Gostam de jogar energias de intriga em cima dos médiuns e dirigentes que detestam ser contrariados, ou que adoram aplausos ou ser enaltecidos em palestras ou consultas de aconselhamento espiritual: São médiuns e trabalhadores de centros que não gostam de seguir disciplina e ordem, ou que deixam a frieza mental se sobrepor ao sentimento cristão e à verdadeira prática do bem ao próximo. Quando encontram dificuldades para adentrar o campo áurico de médiuns e trabalhadores de centros, normalmente essas entidades astutas usam da tática de criar sentimentos de culpa e desânimo. Feita a conexão, então usam de artimanhas diversas para levar os mais fracos mentalmente aos descaminhos que desejam, não somente nas horas de vigília, mas principalmente durante as horas de sono, quando os desejos subconscientes se soltam e a vontade fica fragilizada. O ato errado no início, que pode parecer insignificante, com o passar do tempo será cada vez maior, assim como uma reta que se afasta do eixo central à proporção que o tempo passa, sob o argumento: "Ah, bobagem, isso não é nada, é uma coisinha de nada! Ah, é só hoje!". Quando a pessoa menos espera, já está sob o domínio das forças inferiores. Só a vontade firme e determinada no caminho do bem, da harmonia e equilíbrio interior poderá vencer essas intervenções negativas durante o sono físico.

Outra estratégia que essas entidades infelizes adotam é a de afastar os membros das casas espíritas do caminho do autoconhecimento e da autorrenovação. Estimulam o pensamento de que ajudando o próximo já terão cumprido seu papel espiritual e então poderão seguir seus caminhos em curso, sem que haja necessidade de imprimir esforços para auto-observação e transformação de sentimentos e pensamentos impuros. É importante estar-se atento a essa postura, pois fugindo do contato consigo mesma a pessoa estará longe de vencer seus vícios e imperfeições. Dessa forma, essas entidades infelizes manterão a sintonia de que precisam durante o sono físico, principalmente para continuar com a vampirização de ectoplasma e processos magnéticos de obsessão e domínio, fazendo conexões exatamente sobre os impulsos vivenciados inconscientemente ou sem o propósito de modificá-los através do trabalho de autotransformação.

É preciso que o ser humano busque ajudar-se, fazendo sua autorreflexão e autoeducação sobre o que pensa, sente e como age. Quando Jesus afirmou que devemos amar a Deus sobre todas as coisas e ao próximo como a nós mesmos, estava convidando o ser humano a dar prioridade à vida espiritual, ao mesmo tempo amando-se (e para isso é indispensável o autoconhecimento e a renovação íntima, sob risco do amar a si próprio tornar-se uma postura íntima de egoísmo e egocentrismo) e amando ao próximo (evidentemente que servindo-o incondicionalmente, ajudando-o material e sobretudo espiritualmente, mas também compreendendo-o, tolerando as imperfeições do próximo e perdoando-o quando se sentir agredido).

A luta do bem contra o mal se expande no atual momento planetário; por isso há de se redobrar no "orai e vigiai". Se por um lado os seguidores do Cristo aumentam em número, ao mesmo tempo as hordas do mal se organizam para ampliar suas ações estratégicas e aumentar seus seguidores. Não podemos desistir, e, por isso mesmo, temos que nos aprimorar a cada dia, buscando ser mais esclarecidos e firmes no propósito do bem, porque estamos sendo exigidos cada vez mais no serviço abnegado de caridade, sem esquecer do não menos importante trabalho de renovação íntima. A evolução não dá saltos e por isso não esperamos seres perfeitos e impecáveis, seja no mundo astral ou no físico, mas pelo menos que se apresentem cidadãos do Universo dispostos a recomeçar sempre, a melhorar continuamente e a se reerguer para o Alto, sem culpas e sem apegos a um passado que dia a dia tenta rendê-los.

O Vale dos Espíritas

Capítulo

7

Desviando o real sentido da caridade: o que de fato Kardec intencionou dizer

Jacinto era um menino pobre, morador de um morro da cidade do Rio de Janeiro. Viveu em condições materiais de muita dificuldade. Filho mais velho; chegou a passar fome; vendeu doces nas ruas para ajudar a mãe, que sozinha sustentava sete filhos, pois havia se separado do marido beberrão, violento e desinteressado por trabalho. Vários dos amigos de infância de Jacinto se tornaram assaltantes, assassinos, contrabandistas ou traficantes de drogas. Era inegável o esforço que fazia para estudar, muitas vezes sentindo fome e desdobrando-se para prestar atenção às aulas. Uma de suas professoras, Marta, que era umbandista, o admirava pela luta que empreendia para vencer os desafios de sua dura vida na favela.

Certo dia, Marta convidou Jacinto, que já era um adolescente de dezesseis anos, para junto com a mãe, fazer uma consulta num dia de trabalho espiritual. Maria e Jacinto gostaram muito dos passes de limpeza e dos conselhos recebidos do preto-velho; tomaram os banhos de ervas que lhes foram prescritos e começaram a fazer preces no lar. Sentiram o quanto melhorou a vida deles. No entanto, certa vez, Jacinto percebeu que no geral a luta diária continuava a mesma e que a principal mudança que lhe acontecia desde que começara a frequentar o centro de umbanda tinha sido na forma como eles passaram a encarar a vida e a observar que oportunidades surgiam em seus caminhos e que nem sempre eles atentavam para isso. Eram visíveis os avanços na descoberta do mundo espiritual, com reflexos bastante positivos nos demais membros da família.

Com os estudos atrasados, mas nem por isso desistindo de melhorar de vida, Jacinto atingia os vinte anos ainda no segundo ano do ensino médio. Trabalhava como office-boy desde os dezesseis anos, num escritório de contabilidade no centro da cidade. Naquele ano, seria promovido a escriturário, graças ao seu esforço individual e senso de responsabilidade. Maria continuava vivendo de bicos. Fazia faxinas, vendia doces e ainda se desdobrava nos afazeres domésticos, sempre contando com a ajuda da segunda filha mais velha, Clara, que cuidava dos meninos mais novos, desde tenra idade. Por isso, com o que ganhava de salário, Jacinto tinha que contribuir para as despesas do lar e ainda bancar as despesas de seus estudos. As idas ao centro de umbanda faziam parte da rotina da família, bem como as missas aos domingos.

Jacinto tinha muita força de vontade e um enorme desejo de melhorar de vida, ter um bom emprego, tirar a família da favela, comprar um carro e constituir família. Desde adolescente paquerava Teresa, uma vizinha com quem construíra uma bela amizade e iniciara namoro aos vinte e um anos.

Passou-se o tempo, ele se formou em técnico de contabilidade e desejava fazer faculdade. Por isso, começou o cursinho pré-vestibular. Fizera amizade com Paulo, um colega de trabalho que frequentava um centro kardecista e que lhe emprestara diversos livros espíritas. Apaixonou-se pela doutrina espírita e começou a frequentar o centro do amigo, mas de vez em quando ia ao centro de umbanda para receber conselhos do preto velho. Aos vinte e três anos, começou o curso superior e mudou de emprego. Por indicação de Paulo, passou a trabalhar numa grande empresa de comunicação. E, graças ao seu impecável desempenho profissional, um pouco antes de completar vinte e nove anos, além de formar-se em contabilidade, recebeu promoção no emprego e deu um salto acentuado na faixa salarial. Um ano depois, dava entrada na compra de uma casa simples, em bairro próximo à favela onde morava, e logo mudaria para lá com toda a família. Foi um verdadeiro pai para os irmãos menores, sempre apoiando a mãe, já com saúde frágil.

Os anos frequentados no centro kardecista e de umbanda despertaram nele fugazes ideais relacionados com a importância de fazer-se caridade. Sua própria vida de luta, e em torno de pessoas muito necessitadas, o fez perceber que precisava ajudar de alguma forma os mais carentes. Aos trinta e cinco anos, já com a vida estabilizada, tendo ajudado e encaminhado os irmãos, todos empregados dignamente, Jacinto, que há anos havia terminado o romance com Teresa, iniciou namoro sério com uma colega de trabalho, sete anos mais nova que ele. Pessoa determinada, inteligente e ambiciosa por ganhar dinheiro, Vânia viria estimular o lado materialista de Jacinto, apesar de ele continuar frequentando o centro espírita, já ministrar passes e apoiar diversas atividades espirituais. Ele fora um dos precursores das atividades de assistência social aos mais carentes do bairro.

O Vale dos Espíritas

149

Aos trinta e nove anos, com pós-graduação em contabilidade, profissional respeitado na empresa, Jacinto era muito bem pago e conseguira comprar um apartamento para morar com Vânia, com quem logo se casaria. Firmes no propósito de crescer materialmente, até por entenderem que para ajudar os mais carentes precisavam ter mais condições financeiras, esse espírito capitalista também seria levado às comunidades carentes com as quais trabalhavam em ações comunitárias. De fato, realizaram um bom trabalho nesse sentido, com colaboração de vários colegas do centro: levaram vários cursos profissionalizantes às localidades mais necessitadas, deram palestras, encaminharam muitas pessoas ao caminho do bem e do trabalho profissional digno. Nesse contexto, entretanto, o casal e os demais colegas do centro se fixaram muito no aspecto material, e vez por outra passavam princípios e conceitos cristãos e da doutrina espírita, o que de certa forma já representava um bom trabalho. Mas a abordagem que levavam às comunidades estimulava demasiadamente o espírito competitivo e não cooperativo entre todos, que aliás era reflexo do que Vânia e Jacinto pensavam e exemplificavam.

O casal teve dois filhos, João e Cristina, na sequência de dois anos. Poderíamos afirmar que, do ponto de vista convencional e até materialista, era um casal feliz e de sucesso, especialmente se fosse analisada a origem humilde de ambos, principalmente de Jacinto, que viera de condições bem mais difíceis que Vânia.

Os anos se passaram e Jacinto já ultrapassava a faixa dos cinquenta. Quando podia encaixar alguma atividade à sua rotina, vendia produtos cosméticos de uma rede estrangeira famosa juntamente com Vânia, como forma de captar mais recursos financeiros para a família. Essa empresa usava a logística de rede em suas vendas e favorecia aquele que vendesse mais e que multiplicasse o número de novos vendedores. Graças à boa capacidade de comunicação e vendas de Jacinto e Vânia, ambos amealharam vultosos volumes de dinheiro. A ocupação maior do tempo com atividades materialistas e certa obsessão por ganhar dinheiro fizeram com que ele não se aprofundasse em suas buscas espirituais e o fizeram acomodar-se às rotinas superficiais do centro. De fato, ele vinha se empenhando em ajudar o próximo, o que era um bom reflexo de tudo o que passara na vida, em termos de dificuldades, mas esqueceu-se de que nem só de pão vive o ser humano. Era necessário que compreendesse profundamente que o caminho espiritual não pode ser trilhado com intentos exclusivos de cunho material. É válido pensar que a humanidade precisa cada vez mais imprimir um sentido espiritual ao mundo material, porém não se pode dar ênfase quase exclusiva ao lado material da vida, nem esquecer que é indispensável alimentar o espírito com o trabalho de autoconhecimento e autorrenovação, além de procurar ensinar ao próximo por meio dos bons exemplos de humildade, boa vontade, paciência, tolerância, simplicidade, perdão, desapego e fé. Jacinto tinha bons sentimentos, de altruísmo e compaixão, no aspecto material; todavia, não trabalhava outros aspectos do sentimento e dos impulsos que eram bastante fortes em seu íntimo. Era muito apegado a coisas materiais e ao dinheiro; havia muita vaidade e orgulho que lhe transbordava da alma; era extremamente impaciente com situações adversas, e intolerante com a lentidão ou forma de ser diferente das pessoas que lhe cruzavam o caminho.

Jacinto precisava não fugir das possibilidades de trabalhar fatores inerentes ao seu mundo interior. Somavam-se a isso os descuidos em relação à sua saúde física. Comia de tudo e de forma compulsiva. Gostava de tomar cerveja em excesso e de comer churrascos gordurosos nos finais de semana. Durante a juventude, dava suas saídas à noite com amigos, e só não foi mais farrista porque não dispunha de recursos financeiros, que naturalmente lhe impuseram limites aos desvios das noitadas cariocas durante a juventude.

Após estabilizar-se financeiramente, aproveitava a nova situação econômica, de mais abundância, para dar umas escapadinhas de vez em quando para beber com os amigos nos botecos da cidade, e aproveitava para curtir o restante da noite com mulheres que vendiam o corpo, sempre falando à esposa que estava atualizando as conversas regadas a cerveja com os amigos e parceiros de negócios na área de vendas. Para compensar as saídas ilícitas com outras mulheres, levava a esposa para noitadas de samba em alguns fins de semana. O casal, especialmente Jacinto, levava uma vida intensa, calcada no mundo material. De vez em quando, retornava ao velho centro de umbanda que frequentara no passado, com o intuito de fazer consultas espirituais sobre suas conquistas profissionais, e não raras vezes recebera conselhos para deixar de lado as escapadas noturnas e dedicar-se mais à esposa e aos filhos, bem como às buscas espirituais, embora fizesse ouvidos moucos quanto a essas questões.

Jacinto achava que já estava cumprindo seu papel no campo espiritual com tudo o que fazia no centro e nas atividades assistenciais. Aliás, reduzira substancialmente os encontros para as ações sociais, ao delegar a outros companheiros a maior parte das tarefas que lhe cabiam no que tangia à coordenação de algumas atividades e à realização de palestras, embora continuasse auxiliando nas doações de dinheiro. A cada dia acentuavam-se os desvios nas noitadas. Por diversas vezes, recebeu livros interessantes de Paulo e de outros conhecidos que cruzavam o seu caminho. Não por acaso, eram obras intuídas por amigos do plano espiritual, que deveriam levá-lo ao estudo de temas que o fizessem deixar de lado os excessos do mundo material e começasse a trilhar sua busca interior. De algumas delas, Jacinto chegou a abrir apenas as primeiras páginas, mas não deu seguimento a leitura.

Apesar da avalanche de livros que a Espiritualidade fazia chegar às suas mãos, ele os colocava numa bela estante para enfeitar a sala e mostrar aos visitantes o quanto apreciava as boas obras, alimentando assim sua vaidade e não absorvendo os ensinamentos que elas continham. A consciência superior que habita a intimidade de toda alma certamente cobrará mais daquele que muito recebeu, em termos de oportunidades de informações e conhecimentos, inclusive por recusar-se a aceitar o que lhe foi oferecido. Não que Jacinto fosse uma má pessoa, longe disso! Era bom cidadão, responsável no campo profissional, ajudava a família e tinha preocupações sociais que o fizeram realizar boas obras. Entretanto, durante toda a sua vida fugiu de si mesmo.

Certo dia, já com cinquenta e seis anos, sofreu um princípio de infarte e foi levado às pressas para o pronto-socorro. Após ser medicado e um mês depois de ter passado por uma cirurgia de ponte de safena, retomou a sua vida normal, tendo de seguir uma dieta rígida, sem carne vermelha, sem bebidas alcoólicas, com descanso, e fazendo suas caminhadas diárias. Por força das circunstâncias impostas pela vida desregrada que levara até então, foi forçado a vivenciar situações que favoreceriam a sua busca interior.

Como profissional responsável que era no trabalho, sua dedicação na empresa continuava firme e determinada; todavia, ultrapassava o estágio de equilíbrio não delegando certas tarefas e centralizando tudo sobre si, mais do que poderia executar, o que lhe causava contínuo e intenso estresse. Além do mais, de vez em quando dava suas escapadinhas às escondidas em busca de mulheres e de umas bebidinhas. Os momentos de reflexão e o início da busca do autoconhecimento e autorrenovação não viriam a ocorrer. Ele continuava fugindo de si mesmo e depositava nas zonas subconscientes sentimentos de culpa pelos desvios da vida e grandes doses de vaidade e orgulho, pois não admitia que qualquer amigo ou parente falasse sobre sua conduta. Continuava sendo mais cômodo para Jacinto jogar seus desvios morais para debaixo do tapete e encobri-los com ações assistenciais e aparentes ou atividades espirituais superficiais no centro espírita. Dois anos depois, ele seria visitado pelo desencarne, após uma parada cardíaca, chegando ao mundo espiritual em condições lamentáveis.

Quando se perde a proteção física dada pelo corpo, no desencarne, ou até mesmo durante o sono físico (quando o perispírito se descola do corpo material), o espírito vaga por regiões astralinas condizentes com o que pensa e sente, num processo natural e espontâneo de atração. Somam-se a isso certos impulsos ou apegos do espírito, que poderão atraí-lo para o convívio de encarnados e desencarnados que adotam pensamentos e sentimentos similares. Mas é ao desencarnar que o espírito sentirá os efeitos desses impulsos e sentimentos aumentados muitas vezes, ou seja, a força que virá de dentro de si, sem o amortecimento ou drenagem que o corpo opera, será tremendamente maior, a ponto de o espírito mentalmente mais frágil ter pouco ou quase nenhum controle sobre si mesmo, ficando alvo fácil para a ação de desencarnados inteligentes, com grande poder mental, e mal-intencionados. No caso daqueles que foram espíritas no mundo físico, poderão ser atraídos para diversas regiões astralinas, superiores, medianas ou até inferiores; e o fato de se juntarem a bons ou maus agrupamentos do Astral vai depender do que há no mundo interior de cada um.

Há várias regiões, especialmente do Astral inferior, a que poderíamos denominar de Vale dos Espíritas, pois são zonas para onde muitos dos praticantes da doutrina espírita são atraídos ao desencarnar ou mesmo quando ainda estão no corpo, nos momentos de sono físico, quando se deslocam em viagem astral. Há, porém, alguns desses vales que são zonas de maior porte, constituindo-se em verdadeiras cidades ou vilas, para onde se desloca um maior número de espíritos por mera atração de afinidades, normalmente apoiados no orgulho, vaidade e sentimento de culpa. São locais para aqueles que reclamam de tudo, xingam, fazem reivindicações descabidas, adotam certas posturas de cobrança a Deus e aos trabalhadores do plano espiritual. Na geografia astralina localizam-se, via de regra, perto de grandes cidades onde há muitos praticantes da doutrina espírita e em zonas de convergência energética do Astral, onde há certos planejamentos de espíritos superiores que escapam ao conhecimento dos que habitam essas zonas. Esses planos estão relacionados com propostas de resgate de entidades que, após passarem por estágios de drenagem psíquica nessas localidades, alcançam um mínimo de condições mentais-emocionais para serem levadas para locais de recuperação.

Próximo a um desses vales, um grupo de entidades inteligentes, mas ainda movidas por grandes impulsos de orgulho e vaidade, construiu uma pequena vila que aos poucos se transformou em cidade astral, a qual denominaram de Cidade dos Nobres, pensando que ali habitariam espíritos inteligentes, oriundos da nobreza da Terra. Por trás dessa denominação, há evidente indício de recalque por parte dessas entidades desejosas de viver eternamente mergulhadas na luxúria, nos prazeres, e alimentando a vaidade e orgulho. No fundo, essa cidade está se tornando um local que atrai desencarnados com certo grau de inteligência, contudo maquiavélicos e extremamente apegados ao poder e à vaidade, orgulhosos em seu desejo de dominar outros espíritos e, em muitos casos, de satisfazer impulsos inferiores do instinto, criando artimanhas, a fim de roubar ectoplasma e realizar atividades diversas para retroalimentar esses desvios morais. O ambiente por lá está ficando pesado, em termos energético-astrais, e a cada ano se rebaixa mais um pouco em direção às zonas inferiores do Astral, estando geograficamente próxima à fronteira das zonas infernais.

Os líderes da Cidade dos Nobres ainda não se deram conta de que o local está inserido num grande plano das Sombras para absorvê-lo. Existem magos extremamente inteligentes que elaboraram planos diabólicos, há milhares de anos, para dominar a Terra. Eles monitoram os passos de grupos e entidades que lhes interessam como futuros comparsas ou "escravos" astrais. Todos eles se apoiam nas energias do egoísmo, vaidade e orgulho. Esse mesmo orgulho que cria artimanhas dentro do mundo interior de cada alma, de modo que essas imperfeições desenvolvam os seus caminhos abismais. Somente os primeiros sinais de humildade sincera serão capazes de salvar esses espíritos da submissão a tais mentes diabólicas. Na verdade, a submissão está intimamente atrelada à submissão de cada ser ao seu próprio orgulho.

Relembrando o velho ditado popular de que "Deus escreve certo por linhas tortas", de fato essas zonas, vales ou colônias astrais do Umbral, são paragens intermediárias e de drenagem psíquica de espíritos que chegam ao mundo astral carregados de vícios ou toxinas e que necessitam ser estimulados, pelo sofrimento ou situações incômodas da vida, a descobrir a humildade dentro de si, a desejar sinceramente encontrar Deus e um mundo melhor, onde haja paz, amor e harmonia. Os dirigentes dessas localidades astralinas geralmente são os mais difíceis de se dobrar no orgulho, e quase sempre acabam se envolvendo com entidades inteligentes e diabólicas que pretendem expandir o domínio no mundo astral e aumentar a influência sobre o mundo material, com projetos que vêm desde os velhos tempos da Atlântida.

Ao chegar ao plano espiritual, Jacinto já era esperado por um grupo de socorristas das regiões superiores que o levariam para uma casa de recuperação próxima ao Vale. Entretanto, eles precisavam de condições básicas para fazer o resgate, ou melhor que ele demonstrasse um mínimo de humildade e necessidade de auxílio do Alto, mesmo estando repleto de sentimentos de culpa. Simultaneamente, havia um grupo da Cidade dos Nobres deslocando-se para o Vale dos Espíritas, a fim de resgatá-lo, pois identificavam nele um espírito com potencial de grande colaborador; aliás, de quem muito haviam "roubado" ectoplasma quando ainda em vida, por meio de alguns "soldados" daquela região astralina.

O desgaste físico durante sua estada na carne, sua luta recente com os problemas renais, hormonais, cardíacos e digestivos, principalmente nos últimos vinte anos, lhe provocara certa debilidade energética. Desse modo, Jacinto chegara apenas semiconsciente ao mundo astral, sujeito a ser manipulado por entidades maléficas que transitam no Umbral e, como urubus a espera de carniça, ficam à espreita daqueles que estão desencarnando para sequestrá-los, roubar-lhes o resto de ectoplasma de que dispõem e depois escravizá-los nas zonas infernais.

Jacinto corria perigo. Apesar de, em muitas situações, ter ajudado pessoas no centro espírita, com segundas intenções, possuía sensibilidade humanista, e as ajudas prestadas às comunidades carentes lhe geraram muitos créditos e pedidos de entidades bondosas do mundo astral. Embora estivesse apenas semiconsciente, tinha no fundo a esperança de ser ajudado por entidades amigas. Mas, por causa do alto grau de sentimento de culpa que trazia dentro de si, preferiu esconder-se de Deus e de sua consciência, mergulhando num estado de fuga à ajuda externa, por achar-se incapaz e não merecedor do auxílio das falanges do bem. Essa postura mental se refletiu no seu perispírito, que assumiu a forma fetal do bebê inseguro, frágil e necessitado de permanecer protegido pela mãe, constituindo-se em alvo muito fácil para os "urubus" do Umbral o sequestrarem. Aquela que fora sua mãe no mundo físico, já desencarnada havia quase dez anos, estava no grupo de entidades benfeitoras que ali se encontravam para ajudá--lo. Ao ver sua situação, teve o velho impulso e emoção de mãe e, aos prantos, desejou intervir no processo de Jacinto, mas foi contida pelo guia do grupo, pois havia necessidade de adotar-se certo procedimento emergencial naquele instante.

Imediatamente Jaime, o líder do grupo socorrista, fez uma prece profundamente sentida e pediu a Jesus que os guiasse e os fortalecesse naquele instante. Uma luz verde--dourada, com riscos brilhantes de cor lilás, desceu sobre o grupo, que fechou uma corrente em torno de Jacinto, criando um campo magnético protetor para seu perispírito, evitando que ele fosse levado pelos malfeitores. Jaime aplicou-lhe jatos de energia tranquilizadora e ele adormeceu. Em seguida, o grupo, com a ajuda de dois caboclos fortes, carregou-o até uma casa de recuperação relativamente próxima do local onde se encontravam. Caminharam por aproximadamente vinte minutos e chegaram até a porta da Casa Luz de Maria, cercada por altos muros e por uma intensa barreira magnética. Dona Celeste já os esperava na entrada, e, após rápidos e cordiais cumprimentos, surgiu um grupo de auxiliares da Casa para levar Jacinto até um lugar de repouso, no qual ele permaneceu em sono profundo por três dias, após receber várias sessões de passes, um banho magnético para dispersar os miasmas, e muitas preces.

Ao acordar, Jacinto encontrava-se com o coração apertado de saudade, porque tinha sonhado com os familiares, especialmente com a mãe, a esposa e os filhos. Aquela que foi sua genitora na Terra estava sempre presente no recinto onde ele se recuperava, em atitude de prece e pedindo a Deus que o ajudasse a se recuperar o mais breve. Os filhos e a esposa, entretanto, não paravam de chorar e chamá-lo mentalmente, num coro de lamentações. É compreensível pensar-se na pessoa que se afastou temporariamente e sentir saudade pelos bons momentos de convívio. Contudo, torna-se patológico manter por muito tempo esse padrão de pensamento e sentimento de apego, a ponto de trazer egoística e mentalmente o recém-desencarnado para perto de si, o que costuma ser prática convencional entre os humanos, principalmente os mais desinformados sobre a vida espiritual. Tal quadro conectava Jacinto aos seus familiares, provocando-lhe jatos imensos de saudade, o que não era salutar.

Nestor, companheiro de dona Celeste nos cuidados da

O Vale dos Espíritas

157

Casa de Recuperação, percebendo a situação, imediatamente fez uma prece e pediu socorro aos planos superiores para que entidades benfeitoras fossem até a residência da família de Jacinto dar assistência àquelas pessoas em estado de profunda angústia e apego. Em menos de uma hora chegava um grupo de cinco entidades missionárias à residência da família de Jacinto. Eram quase onze horas da noite, todos já se preparavam para dormir e, no entanto, não tiravam Jacinto da mente, a cada passo ou movimento que realizavam. O grupo de missionários então aplicou vários passes sobre eles, fazendo movimentos circulares e certas posturas, como se utilizassem uma tesoura astral de cor lilás que cortava os fluidos de conexão que havia entre cada um deles e Jacinto. Era impressionante, pois, cada vez que desconectavam um dos cordões magnéticos, a esposa de Jacinto o recriava mentalmente, refazendo a conexão, e ainda falava para os filhos, em plena adolescência e profundamente sensibilizados com a ausência paterna:

— Queridos, não deixem de mandar boa noite para o pai de vocês que só saiu daqui, mas, como vocês sabem, continua vivendo em espírito. Lembram da mensagem que lemos ontem no livro? Pois é, durante o sono físico a gente se desprega do corpo e faz viagens astrais, e é nessa hora que a gente vai se encontrar com Jacinto. Pensem firmes nisso e peçam a Deus que todos nós juntos possamos ir ao encontro dele.

Jacinto estava precisando de descanso nos dias em que permaneceu em estado letárgico, passando por intenso tratamento espiritual, com a ajuda de enfermeiros da Casa de Recuperação. Já se passavam sete dias do seu desencarne e o processo de desconexão energética ainda não tinha sido concluído. Assim, essas "puxadas" magnéticas da família dele prejudicavam o trabalho, refazendo conexões já desfeitas. O grupo de missionários resolveu deixá-los adormecer e mudaram de estratégia. Esperaram os três na saída de seus corpos astrais, criando uma forte barreira magnética para que fossem impedidos de um desdobramento até o local onde Jacinto se encontrava.

Naquele momento, Francisco Antônio, o guia do grupo, atraiu os três para o centro da corrente daquela pequena falange e lhes falou firmemente, mas cheio de doçura:

— Meus queridos filhos de Deus, é chegada a hora do desligamento total de suas mentes do coração de Jacinto. Ele precisa seguir seu rumo espiritual e vocês necessitam dar continuidade às suas vidas no mundo terreno. Tenham fé, pois Deus jamais abandona Seus filhos. Jacinto está bem, muito bem assistido pelas falanges do Cristo. Não queiram vocês ir cuidar dele; cuidem de si, pois há muito o que fazer no campo material, como por exemplo buscar melhorar a educação de João e Cristina. Isso sim, preocuparia Jacinto! Vocês podem fazer mais por ele, buscando uma escola melhor. E você, Vânia, dando mais atenção e cobrando mais disciplina dos meninos sobre o tema educação. Sabemos que é justo e compreensível sentir saudade dos nossos entes queridos. O fato de vocês precisarem desligar-se de Jacinto não significa que, de vez em quando, não possam pensar carinhosamente nele e até fazer-lhe visitas durante o sono físico. Todavia, desencarnar é uma viagem energética longa e por vezes cansativa, exigindo repouso por algum tempo. Tenham compaixão dele, mostrem o amor de vocês a ele neste momento. Deixem-no recuperar-se, e quando estiver bem comprometo-me a levá-los até ele, com a graça de Deus e permissão dos nossos mentores. Agora vamos levá-los para um campo de preces e ligação com as falanges cristãs que vão lhes dar banhos magnéticos para limpar esses miasmas, fortalecer-lhes o espírito e prepará-los mental e emocionalmente para um novo momento na vida. Que a fé em Deus se fixe no íntimo de cada um e os encha de alegria e paz.

Vânia conhecia bem os princípios e conceitos do espiritismo. Aliás, lia bem mais que Jacinto e costumava ensinar aos filhos sobre esses conhecimentos do mundo espiritual. Gostava de ler romances espíritas e, não raras vezes, lia em voz alta para João e Cristina ouvirem. Esse aprendizado ajudou muito na compreensão e descolamento magnético entre ela e Jacinto, pois as informações estavam armazenadas no seu subconsciente e foram despertas pelas palavras de Francisco Antônio.

Após esse trabalho dos amigos da Espiritualidade, Jacinto se encontrava livre das pressões magnéticas que o atraíam em pensamento, e também do sentimento de saudade dos fa-

O Vale dos Espíritas

miliares mais próximos. Se esse trabalho de desmagnetização não fosse feito logo, o quadro redundaria em deslocamento e encontro astral entre eles, só que em condições não salutares, pois tanto Vânia quanto os meninos seriam naturalmente atraídos a Jacinto, e vice-versa, para um encontro na grota do sofrimento e lamentações no Umbral, nos arredores da Casa de Recuperação, onde está inserido geográfica e energeticamente o maior vale dos espíritas.

Quando pensava-se que tudo estava sob controle e que Jacinto poderia então começar um trabalho mais consciente e profundo de desintoxicação mental-emocional, eis que aconteceu o inesperado para todos na Casa de Recuperação. Habilmente encontrada no plano astral e mobilizada por um grupo de entidades da Cidade dos Nobres, evidentemente por orientação de mentores daquela zona umbralina que viam em Jacinto um grande colaborador, uma bela jovem desencarnada após um acidente de carro, havia pouco mais de um ano, que durante a vida física fora garota de programa e costumava acompanhá-lo em algumas de suas noitadas regadas a bebida, foi levada até à porta da Casa de Recuperação. Lá eles fizeram um trabalho de conexão mental com Jacinto, levando a jovem desencarnada a relembrar os bons momentos do passado, as energias de prazer que se desenrolavam entre eles e, em seguida, enviaram a mensagem telepaticamente, com a ajuda do grupo que usava um aparelho de potencialização magnética dessa mensagem, enriquecida com doses de sensualidade intensa, exatamente para atrair o que eles sabiam que era um dos pontos fracos de Jacinto.

Ele estava sentado, pensativo sobre o que poderia esperar no tratamento que iria começar, e eis que lhe veio à mente, aparentemente do nada, a lembrança de Márcia, com quem costumava sair em noitadas, no auge dos seus trinta e poucos anos. Junto com a lembrança, veio uma profunda saudade daqueles momentos de prazer. A conexão entre eles foi automática, e a garota estava sendo orientada a mentalizar, emanando energias de prazer sexual em direção à cabeça, às zonas inferiores do corpo perispiritual de Jacinto, e aos vórtices de energia onde se localizavam os chacras frontal, umbilical e básico. Jacinto ficou tomado por aquelas energias, mas logo em seguida pensou que deveria esquecer aquele passado, deixar de lado tais pensamentos e voltar a concentrar-se no trabalho de desintoxicação magnética e reeducação que estava prestes a ser iniciado. Ele estava sendo testado para que decidisse realmente o que queria da nova vida astralina.

Em seguida, um dos membros do grupo iniciou novo bombardeio de ideias em direção a Jacinto e enviou novas mensagens telepáticas, igualmente usando o aparelho potencializador magnético. Francelino, um velho primo de Jacinto, que quando em vida física era seu companheiro de noitadas, fazia parte do grupo. Eles se davam muito bem. Havia muito carinho entre ambos, pois no passado já tinham sido irmãos consanguíneos. Francelino então fez ligação afetiva com Jacinto, fazendo-o lembrar-se dos bons momentos de curtição juntos nas noites cariocas. Fez Jacinto lembrar-se de que fora um profissional de sucesso, na área de contabilidade de uma famosa empresa de comunicações; que tinha saído de baixo e vencera na vida; que era inteligente e vencedor; e que não podia ficar naquele lugar enclausurado como um molambo empobrecido, ligado a entidades fracas, sem orgulho próprio e sem ambição, pois havia um vasto mundo astral a ser conquistado.

Mais uma vez, ele sentiu-se tocado por aqueles pensamentos que imaginava serem seus. Em seguida, um novo bombardeio de sensações era emanado por Márcia. Jacinto então ficou indeciso por alguns segundos, entre ficar e construir uma nova vida espiritual ou seguir aquelas entidades apegadas aos vícios e sentimentos mundanos de vaidade, orgulho, paixões inferiores. Vivia um verdadeiro dilema, e ninguém poderia interferir no seu livre-arbítrio. Estava sendo bombardeado por pensamentos e magnetismo inferiores, mas, por outro lado, encontrava-se imerso num ambiente de recuperação espiritual protegido. Ao mesmo tempo, estava em contato consciente com suas imperfeições íntimas e com seu lado consciente superior. Esse conflito deveria ter sido vivenciado na carne, em momentos de meditação. Eram o joio e o trigo dentro de si, expostos: um quadro do qual sempre fugira, quando encarnado. Em algum momento de sua existência era preciso tomar consciência de que havia aspectos inferio-

O Vale dos Espíritas

161

res que precisavam ser trabalhados internamente, bem como deveria retroalimentar com coragem e firmeza de propósito os aspectos superiores que já habitavam sua intimidade. Era preferível ter enfrentado isso nos tempos de encarnado, quando as dores psíquicas seriam menores e a pressão vibratória inferior seria amortecida e drenada pelo corpo físico, pois naquele instante, no mundo astral, essa pressão iria dominar-lhe o ser, ainda sem forças superiores necessárias para combater suas próprias mazelas, retroalimentadas por emanações de irmãos desequilibrados.

Como num processo hipnótico, Jacinto levantou-se e seguiu em direção à porta de saída da Casa de Recuperação para seguir os passos errantes das entidades desequilibradas que o aguardavam do lado de fora, e que não adentraram o local porque havia uma barreira magnética protetora. Deixara-se tomar pelas energias inferiores que lhe vibravam com mais intensidade no íntimo do ser. O desencarne era muito recente, as influências vibratórias dos tempos em que habitava um corpo denso ainda eram muito fortes. O contato com suas imperfeições, por meio da reflexão, da auto-observação e vigilância, durante o período em que estava encarnado, teriam lhe propiciado o desafogamento da pressão psíquica; teriam lhe permitido avaliar com mais tranquilidade aspectos como vaidade e apegos a vícios inferiores, e direcionado a essas imperfeições banhos de consciência superior que já lhe habitavam o ser e que adquirira com as leituras e ensinamentos durante a vida física. Sem a proteção do corpo físico para amortecer as densas vibrações daquelas entidades perdidas, o bombardeio energético foi intenso e Jacinto encontrou eco para essas vibrações em sua intimidade.

É importante salientar, mais uma vez, que o fato de a criatura ter tomado contato com suas mazelas íntimas não significa que já tenha mudado. Longe disso! Contudo, já estará dando os primeiros passos para a autotransformação e iniciando o autoconhecimento. Depois virá o segundo passo, que é o de imprimir força interior para gerar conscientização, banho de luz e sensibilização dos aspectos a serem transformados. Quando esses exercícios são feitos com a pessoa ainda encarnada, é menos doloroso do que quando ela já está no plano espiritual. Isso não quer dizer que será fácil, em qualquer das situações. Toda mudança interior exigirá sempre a aplicação da força de vontade. No Universo, para que ocorra dinamismo, é preciso que haja a força do trabalho. Isso é princípio científico; é lei da física. Não há dinamismo, vida e pulsar evolutivo sem movimento, o qual não existe sem a aceleração inicial que exige esforço para passar do estado de inércia ao estado de movimento.

Apesar da ajuda recebida durante o seu desencarne, e dos inúmeros pedidos de auxílio advindos de almas encarnados e de desencarnados, que aconteceram certo momento, não foi possível avançar mais em direção ao resgate de Jacinto, pois o plano espiritual superior respeita o livre-arbítrio, a vontade e opção de cada um. No momento, ele se encontra engajado nas falanges apegadas aos impulsos inferiores que servem à Cidade dos Nobres. Jacinto e outras entidades muito inteligentes ligadas àquela cidade umbralina estão construindo um complexo duto, atrelado a vários aparelhos que sugam ectoplasma de seres encarnados (plasmaduto).[1]

A cada dia torna-se mais intensa a tentativa das entidades negativas e inteligentes de arquitetar mecanismos e técnicas para dominar o mundo astral e o físico. Com isso, aprimoram constantemente formas de captar bioplasma, ectoplasma, e de criar processos de conexão mental e de escravização de encarnados e desencarnados. Tem sido muito comum a instalação de *chips* em certos chacras (não apenas nos principais, pois existem bem mais que os sete mais importan-

---

1 O plasmaduto é uma obra de engenharia astral que está sendo desenvolvida por entidades ligadas à Cidade dos Nobres, em parceria com entidades inteligentíssimas das zonas umbralinas inferiores e conexão com os chamados seres diabólicos, que atuam desde os tempos da Atlântida na Terra, com o intuito de dominar o planeta com as forças inferiores. Os dirigentes dessas colônia não têm noção da grande encrenca em que estão se metendo com esses seres diabólicos (que os manipulam inteligentemente), dotados de alta tecnologia, mas ainda pobres em evolução espiritual. O plano espiritual superior os monitora e sabe que o objetivo dessa grande obra de engenharia é criar tentáculos em forma de pequenos dutos ligados a outros maiores, seguindo em direção a vários depósitos de ectoplasma. Pretende-se que esse material seja conservado e utilizado para fins diversos, sempre retroalimentando os vícios de entidades comandantes dessas zonas astrais. A Espiritualidade Maior sabe que antes de eles terminarem essa obra o planeta estará iniciando seu saneamento espiritual mais intenso, e tudo isso será banido do mundo astral. Enquanto isso, essas entidades inferiores continuam seu trabalho convencional de vampirismo ectoplasmático dos encarnados invigilantes do pensamento, das emoções e dos impulsos inferiores.

O Vale dos Espíritos

tes), para interceptar a conexão entre os corpos mais sutis e os mais densos, ocasionando aos encarnados muitas doenças ou desequilíbrios orgânicos e mentais-emocionais. Com essa conexão, criam influências mentais a distância, transformando as pessoas em verdadeiros aparelhos de controle remoto. Alguns desses *chips* têm a capacidade de sintonizar a pessoa com os aparelhos que sugam ectoplasma. A inserção desses pequenos dispositivos pode ser feita nos vários chacras. Por exemplo: a entidade mal-intencionada se aproveita de certas tendências da pessoa e a leva a pensar em orgias sexuais, mobilizando o chacra frontal; em seguida, aciona os chacras umbilical e básico, a partir de frequências magnéticas, para que eles fiquem excitados e fechem o circuito de conexão entre os vórtices de energia relacionados com as energias sexuais. Desse modo, a pessoa estará a serviço de seus próprios vícios, fortalecidos e acentuados por essas entidades.

Jacinto passou os últimos anos de sua existência carnal submetido a esse processo de chipagem e influência sobre seus chacras frontal, umbilical e básico, com o intuito de atender a vampirismos e até a processos simbióticos de energia sexual, sob controle de uma entidade muito inteligente e viciada em orgias. É evidente que, se ele tivesse iniciado um processo de esforço interior para mudar de atitude mental e de comportamento, certamente teria recebido ajuda superior e tido condições de começar a trabalhar essas tendências de forma mais equilibrada, recebendo a devida proteção. Aliás, teria permitido o exercício da proteção espiritual proposta por seu verdadeiro guia, que estava sempre ao seu lado para levar ajuda e proteção, mas respeitando o seu livre-arbítrio. Mas Jacinto sempre optava por seguir o falso guia, que alimentava suas tendências desequilibradas e antigas. Esse falso guia já o conhecia de longa data e ambos haviam sido parceiros de muitas noitadas em bordéis, em vida passada recente.

Ainda vai demorar algum tempo para que ele se conscientize de seu verdadeiro estado espiritual e aceite com humildade que é um ser necessitado de ajuda superior e do quanto é preciso mudar de caminho. O sofrimento, a solidão, a frustração, a depressão e a tristeza ainda proliferarão em eu íntimo e então inevitavelmente terá que enfrentar sua consciência, talvez num momento prestes a reencarnar. Terá, dessa forma, perdido muitos anos de sua evolução com desvios que poderiam ser tratados. Mas a bondade e misericórdia de Deus estão sempre presentes e o Bom Pastor jamais abandona Suas ovelhas, mesmo as mais desgarradas e afastadas do verdadeiro caminho.

Jacinto adotou, durante a maior parte de sua vida carnal, o lema: "Sem caridade não há salvação". Mas equivocou-se ao aplicá-lo ao pé da letra. Em alguns poucos momentos ajudou o próximo apenas por vontade de servir, especialmente na época em que ainda não tinha muitos recursos financeiros, e mais tarde, quando ganhou dinheiro, empurrou para o fundo de sua alma os bons sinais de espírito cristão. E assim, ajudou a muitos necessitados, mas sem sentimento de serviço desinteressado, e sim com intenção de troca, de comércio com a Espiritualidade. Achava que ajudando os necessitados na Terra estaria "comprando" seu pedaço de "propriedade astral". Achava que todos os esforços de doação em direção às famílias carentes poderiam dar-lhe lastro suficiente para não precisar fazer o trabalho de reforma íntima. Todavia, no fundo de sua consciência, algo o tocava dizendo que estava equivocado, e o seu lado cognitivo inferior procurava sempre encobrir esses "toques" que vinham da consciência mais profunda e das sugestões de seu verdadeiro guia espiritual. Assim, alimentava as formas-pensamento com suas atitudes inferiores, e elas se tornavam cada vez mais robustas.

Em muitas situações, recebia sugestões do seu verdadeiro guia espiritual para retomar outro caminho na vida e iniciar sua busca interior, mas as rechaçava de forma contumaz, usando de artifícios mentais como pensamentos do tipo: "A vida tem que ser vivida com prazer e em toda a sua plenitude. Amanhã será outro dia e aí a gente pensa no que fazer". Esse pensamento equivocado, que era reforçado por entidades pervertidas, absorvia alguns conceitos corretos e os distorcia, pois de fato o ser humano, enquanto está encarnado, deve buscar sua felicidade e mesmo depois, desencarnado; porém, o conceito de prazer e felicidade é amplo e pode facilmente ultrapassar a fronteira do que poderia ser relativamente aceito como equilibrado para determinadas almas, e adentrar o

O Vale dos Espíritas

campo do desequilíbrio.

Quando Kardec trouxe o lema: "Sem caridade não há salvação", referia-se à caridade no sentido do amor ao próximo como a si mesmo. Caridade consigo mesmo, pelo autoconhecimento e autorrenovação, e caridade ao próximo, servindo-o amorável e incondicionalmente, cada qual de acordo com seu estágio evolutivo, porém no caminho do esforço individual de autoeducação. Infelizmente muitos espíritas, espiritualistas, umbandistas e seguidores de várias religiões, ainda fogem de si mesmos. Evidentemente que os mais ingênuos ou os que detêm menos conhecimentos e experiências reencarnatórias serão menos cobrados pela própria consciência, e, portanto, sujeitos a um tipo de amparo que lhes exija proporcional esforço no estágio em que se encontram.

No caso dos mais calejados pelas experiências de muitas histórias encarnatórias e pelas oportunidades que tiveram de obter mais conhecimentos, o próprio processo natural de autocobrança será maior e, em muitas ocasiões, por alimentarem a preguiça mental-espiritual, tenderão a fugir de si mesmos e do caminho do bem por orgulho, às vezes disfarçado de vergonha ou indisposição em imprimir esforços íntimos de autotransformação, o que chamaríamos de atavismo espiritual (medo de abandonar os velhos vícios ou costumes).[2]

2 Segundo conceitos do Yoga, há três formas de manifestação da personalidade ou gunas: *tamas, rajas* e *satwa*. *Tamas* representa a tendência à manutenção das tradições e vícios, também refletida na preguiça, inércia, fragilidade de vontade, pessimismo, escravidão aos impulsos inferiores, negatividade e tristeza. Rajas representa a natureza agitada, irascível, ambiciosa, impaciente, fixada em seus propósitos egoísticos. *Satwa* denota o equilíbrio, harmonia, solidariedade, busca de propósitos espirituais superiores, o amor incondicional. Há almas que possuem predominantemente um ou outro aspecto ou que às vezes podem ter um pouco de cada. A energia essencial que alimenta qualquer uma das duas primeiras (*tamas e rajas*) é única, e é refletida naquela para onde ambas devem caminhar: para a terceira, ou seja, *satwa*. Isto é, o ser *tamásico* deverá aproveitar sua tendência para desenvolver dentro de si a natureza pacífica, serena, humilde. O ser *rajásico* deverá canalizar sua força interior para o caminho da boa ação, iniciativa construtiva e serviço incondicional. Assim, a alma que deseja crescer espiritualmente buscará o caminho do equilíbrio entre essas duas naturezas, transformando a tendência negativa em positiva, esforçando-se para crescer em humildade, silêncio interior, pacificação dos sentimentos e pensamentos, serenidade, sabedoria, proatividade para a boa ação, sem segundas intenções, e sim por amor incondicional. E esse processo de transformação íntima poderá exigir várias vidas. Nesse caso, o mais importante é sentir-se no caminho, sem culpa por erros passados ou tropeços presentes, levantando-se diante dessas quedas e, com persistência, prosseguindo a caminhada, recorrendo a Deus para alimentar-se de forças interiores, cultivando a fé, gratidão e a alegria. Cada vez

Ao chegarem no mundo astral, se juntarão a outras entidades igualmente iludidas pelas coisas passageiras e efêmeras do mundo material, ou a este ainda presas. Mais cedo ou mais tarde, o encontro consigo próprio será inevitável. Poderíamos resumir a morte física como o encontro do ser consigo mesmo. Todavia, grande parte dos que partem do mundo físico continua fugindo desse encontro, e aí acaba por ficar vagando pelas zonas inferiores e umbralinas até o dia em que decidir por esse autoencontro, o que significará igualmente o encontro com Deus, exigindo para tanto que deixem brotar sinais de humildade íntima. Sem frestas de humildade no íntimo do coração, não será possível reconhecer-se um ser imperfeito e necessitado de ajuda superior.

Desse modo, recomendamos que os irmãos encarnados possam aproveitar o tempo na Terra para despertar para esse processo, por meio da meditação e auto-observação, pela vigilância e prece, pela reeducação dos vícios morais que ainda habitam sua intimidade, mas sem autopunição, sem culpas, sem pesadelos, e sim com trabalho contínuo dentro de si, dialogando consigo mesmo, com persistência, fé, amor, gratidão e alegria. A transformação será lenta e exigirá firmeza de propósito e muita força interior para autoperdoar-se pelo passado de equívocos e pelas quedas que advirão. Deus, ao perdoar sempre, ensina-nos que devemos igualmente perdoar sempre, a começar por nós mesmos. Perdoar, entretanto, não significa conivência com o erro. Por isso, é importante estar-se atento a certos mecanismos "inteligentes" da alma (e às vezes reforçado por inteligências astrais distorcidas) que podem sancionar certos comportamentos irresponsáveis de reincidência, sob o argumento de que o Universo sempre perdoará, o que lhe garantirá novos erros ou ações equivocadas despreocupadamente. A consciência mais profunda, a centelha divina que habita a essência do ser, estará a postos para guiar a criatura pelo verdadeiro caminho do bem e da harmonia. Cada reincidência no erro ou em equívocos, demandará tomada de consciência, meditação ou reflexão envolvendo a consciência ativa ou cognitiva com sentimentos superiores, lucidez men-

---

que se medita sobre erros cometidos e se banha os mesmos de consciência superior, eles se enfraquecem gradativamente.

O Vale dos Espíritas

tal e discernimento. Assim, vai-se amadurecendo aos poucos e sempre em direção à luz do equilíbrio, que será proporcional ao estágio em que cada um se encontra na escalada evolutiva.

A centelha divina habitante em cada ser e a consciência de Deus, que habita e permeia todo o Universo, têm plena consciência do que podemos alcançar em cada vida e em cada estada no mundo astral. Mas caberá a cada um descobrir, por esforço próprio, o ponto em que se encontra e o quanto deverá despender de esforço para melhorar ou para se equilibrar. Em meio a essa caminhada de luta, porém, se houver "gotas" de humildade na intimidade do ser, certamente receberá a ajuda superior de que necessita, esteja a pessoa encarnada ou desencarnada, pois o amor incondicional "cobre a multidão das imperfeições humanas", seja impulsionando-a para o Alto, seja deixando que a Lei Universal exerça sua ação benfeitora e corretiva.

Capítulo
8
Uma falsa e fugaz luz
guiada pela vaidade

Adriano era um rapaz inteligente, enérgico e hábil lutador pelos direitos humanos. Estudioso da filosofia marxista, era ideologicamente de esquerda e acreditava que o mundo capitalista, especialmente o Brasil, só mudaria para melhor quando instituísse o comunismo pela força. Como muitos que seguem esse raciocínio, achava que um mundo melhor só viria pela revolução e não pela evolução, pois as elites e os detentores do poder não desejam mudanças; lutam apenas para manter seu *status quo*. Desde o início dos estudos universitários, em história e depois em direito (este último curso não chegou a terminar), esteve profundamente ligado aos movimentos sociais, aos movimentos grevistas de estudantes, professores ou dos sindicatos de diversas categorias, filiando-se ao sindicato dos professores após tornar-se professor universitário.

Durante o curso de mestrado, em São Paulo, aprofundou-se nos estudos sobre movimentos sindicais. Nesse período, acompanhou várias paralisações na região do ABC paulista, onde aperfeiçoou suas percepções acerca de organização e prática grevista. Depois retornou ao Rio Grande do Sul, onde já exercia o cargo de professor em uma universidade importante do interior. Aguerrido em sua forma de se expressar e conduzir os colegas professores nas reivindicações, não era afeito a temas espirituais, apesar de criado pelos pais na Igreja Católica. Como era simpatizante dos conceitos da Teologia da Libertação, começou a interessar-se em voltar a frequentar a Igreja Católica, não as missas ou os estudos religiosos, mas exclusivamente os diálogos e reuniões com padres envolvidos com esse movimento social.

Passaram-se os anos e Adriano resolveu fazer o curso de doutorado em Porto Alegre. As eleições para Presidente da República, que se aproximavam e sinalizavam para uma possível vitória da esquerda, faziam com que muitos ligados a esses movimentos dessem uma amortecida em seus impulsos revolucionários, apesar de continuar em pauta o projeto de ampliação do movimento rural dos Sem-Terra, pelo qual Adriano havia se interessado e estava envolvido, além dos projetos ligados à ascensão ao poder nas três esferas de governo (prefeituras, governos estadual e federal), evidentemente pelos caminhos políticos.

Durante a fase do doutorado, Adriano conheceu Isabel, colega da universidade, que fazia curso de mestrado em psicologia. Após alguns meses de amizade, começaram a namorar. Isabel representava uma experiência diferente para Adriano, pois, além de muito bonita, era de uma sensibilidade ímpar, ética, com interesses focados em questões humanistas, mas com abordagens construtivas e evolucionárias, contrária à violência e aos métodos às vezes rudes que Adriano aceitava como meios para levar a esquerda política ao poder. Ela era espírita, e aos poucos foi convencendo Adriano a frequentar o seu grupo. Com seus argumentos inteligentes, ia mostrando a ele percepções e raciocínios acerca da vida, do carma, da caridade e da renovação íntima, assuntos que Adriano jamais cogitara compreender outrora, a ponto de começar a ler os livros da doutrina. A busca de conhecimentos nessas dimensões, após custosas discussões, aos poucos foi amolecendo a mente obcecada pelas teorias marxistas e de busca pelo poder, e o coração endurecido ao amor. Isabel tinha alcançado o fundo do coração de Adriano, e seus nobres atributos internos, bem como sua beleza externa, o haviam sensibilizado para a abertura de novos caminhos de vida.

Certa vez, Adriano sofreu um grave acidente de carro quando retornava de uma reunião do partido político ao qual se filiara. Seu colega, proprietário e condutor do veículo, tentou fazer uma ultrapassagem arriscada e bateu de frente com um ônibus que vinha em alta velocidade, no sentido contrário. Não houve tempo suficiente para desviar. O colega faleceu na hora e Adriano ficou muito machucado e quase um mês hospitalizado: quebrou várias costelas, ficou com várias partes do corpo traumatizadas, muito roxas e doloridas, o baço foi retirado e chegou a pensar que ia morrer na hora do desastre e antes de ser resgatado das ferragens pelos enfermeiros da ambulância. Nesse período em que estava hospitalizado, Isabel aproveitou para lhe dar muita atenção, carinho, e ler livros espíritas. Foi um tempo de recolhimento e reflexão sobre a vida. O fato de quase ter desencarnado levou Adriano a ter medo da morte e a dar mais atenção aos estudos espíritas. Quando saiu do hospital e pôde andar normalmente, passou

O Vale dos Espíritas

171

a frequentar o centro espírita com mais assiduidade, acompanhando Isabel.

Adriano possuía um traço muito intenso em sua personalidade: a vaidade exacerbada. Nas aulas, nos palanques durante greves e reuniões do sindicato dos professores, nas oportunidades que tinha de se manifestar em reuniões do seu partido político, enfim, sempre que tinha chance de mostrar sua brilhante inteligência em meio a outras pessoas, o fazia com soberba e sutil impulso de humilhação intelectual sobre os outros, sem perceber tais sentimentos. Achava que suas opiniões eram as mais inteligentes e se irritava profundamente quando não eram consideradas, e principalmente quando contestadas.

O que fazia Adriano não chegar a se irritar profundamente nas discussões com Isabel era o fato de estar apaixonado por ela e porque ela era a única pessoa que lhe tocara o coração, algo raro para uma alma tão ligada ao aspecto intelectual. A experiência afetiva com Isabel era inédita, e o fato de ela ter lhe tocado o sentimento o deixava um tanto "hipnotizado".

Quando Adriano terminou o curso de doutorado teve que retornar à sua cidade e às atividades de professor. Alguns dos seus ditos amigos e colegas de partido e movimentos sociais assumiriam cargos no governo de esquerda. Prometeram a ele uma colocação no governo federal, o que nunca foi feito. Depois ofereceram um cargo que, para Adriano, estava muito aquém de sua capacidade intelectual. Então ele se afastou dos movimentos partidários, por decepções com esses parceiros políticos, como traições e atitudes falsas, mas permaneceu ligado aos movimentos sindicais, ainda que não de forma tão intensa como no passado. Por causa dessas frustrações, ele começava a frear seu ímpeto revolucionário e a sentir a necessidade de constituir família, até para não se sentir tão solitário.

Adriano continuou seus estudos espíritas, apesar de não frequentar nenhum grupo, e decidiu se casar com Isabel, que já o esperava havia mais de ano. Alguns líderes intelectuais, como Leonardo Boff, que o mobilizaram internamente desde o início de seu envolvimento com os movimentos sociais, o faziam repensar sobre a vida e amadurecer intelectualmente, já com uma percepção mais ampliada pelo lado ecológico e espiritual, principalmente depois que ele leu as obras de Boff. Mobilizados por Isabel, começaram a fazer o evangelho no lar semanalmente. Apesar dos novos estudos e das experiências passadas, Adriano não se dera ao trabalho de mergulhar em sua própria intimidade. Transitava muito bem pelo campo do intelecto e continuava com a vaidade forte e bem "alimentada" em seu mundo interno.

No período da Revolução Francesa, Adriano estava encarnado como o general francês Charles François, descontente com a monarquia, e por isso tinha ligações com o movimento que surgia nos subterrâneos da sociedade, insatisfeita com o quadro social da época. Havia insatisfação nos meios intelectualizados quanto à luxúria do rei e dos mais próximos ao poder. E assim, Charles fornecia informações privilegiadas aos membros intelectuais ligados ao movimento revolucionário, pois detinha uma posição que o colocava próximo às pessoas atreladas ao poder e ao rei. Sentia-se injustiçado, porque, apesar da posição de general, não era considerado uma sumidade intelectual pelo rei nem conseguia galgar um cargo público mais relevante no governo monárquico, o que o fez sorrateiramente mudar para o lado dos intelectuais e mais tarde ser sentenciado como traidor, morrendo na guilhotina.

No século quinze, encarnara como um italiano de família pobre que mais tarde se tornaria padre, mas seria perseguido e levado à fogueira por defender ideias revolucionárias para a época que questionavam a forma centralizada de organização da Igreja Católica, com seu papado em Roma, a estrutura de bispados e o afunilamento de todas as rendas e riquezas adquiridas pela Igreja direcionadas a esses líderes, em detrimento de muitos padres em condições econômicas difíceis. Tivera algumas encarnações intermediárias, mas uma vida como filho de um duque inglês, na Idade Média, esteve atrelada a atos de tirania e violência contra o povo de seu feudo e contra inimigos, especialmente depois que assumiu o lugar do pai e se ligou mais intimamente ao poder central da coroa inglesa. Com boa orientação intelectual para a época, sua indomável vaidade e busca pelo poder o fizeram praticar atos de sabotagem, traições, truculências e assassinatos. Foi morto pela espada de um inimigo, com o qual se manteve em lutas

O Vale dos Espíritas

173

astrais e depois no plano físico, por muito tempo, reencontrando-o no período em que esteve envolvido com política, na encarnação mais recente.

Isabel, que há muito tempo atrás fora sua amante, e depois sua irmã, tinha sido também sua esposa na época da Revolução Francesa. Contudo, não recebeu a atenção e o amor que esperava, pois ele se envolveu de tal modo com outros afazeres, e principalmente com as questões profissionais e revolucionárias, que não sobrava tempo para cuidar do relacionamento, ficando à deriva a partir de certo momento. Por todo o sentimento que teve e ainda tem por Adriano, Isabel retornou com a missão de resgatá-lo da vida mundana e dos movimentos estritamente ligados ao intelecto e ao materialismo, sensibilizando-lhe o coração e trazendo-o para o caminho espiritual.

Desde que reencarnou como Adriano, seu espírito trouxe sentimentos de culpa pelas mortes que causara no passado, traumas ligados ao medo de traições, muitas frustrações e recalques por não ter alcançado postos de poder que idealizou em várias vidas, basicamente para satisfazer sua vaidade e atender aos seus impulsos dos prazeres carnais, aliados à luxúria, normalmente saciados pela vasta riqueza material. Teve várias oportunidades reencarnatórias de viver em ambientes simples, mas abundantes em amor paternal e fraternal, para despertar o seu lado espiritual. Isabel sempre o reencontrou em vidas passadas. Na última encarnação, procurou dar-lhe muito amor, não percebido na sua íntegra por Adriano, que estava envolto num manto denso de vaidade, sentimento que costuma "cegar" espiritualmente as pessoas. Evidentemente ele evoluiu, como todos aqueles que trilham os caminhos do aperfeiçoamento, na longa jornada em direção ao Pai Maior. Todavia, a vaidade têm sido persistente e relutado em se transformar, fato que somente ocorrerá quando Adriano deixar brotar sinais mais verdadeiros de humildade interior.

Certo dia, já com quarenta e três anos de idade, voltando sozinho do trabalho dirigindo seu carro em alta velocidade, após desviar abruptamente de uma área em obras, na via pública, acabou batendo contra um caminhão que trafegava no sentido contrário. Seu carro ficou esmagado e a violência do impacto causou-lhe traumatismo craniano. Foi levado imediatamente para o hospital, onde permaneceu em coma por seis dias, vindo a falecer no sétimo dia. No período do coma, seus parentes e colegas costumavam ir ao hospital, rezavam por ele, o que sem dúvida o ajudava espiritualmente, mas as preces e o amor que Isabel lhe direcionava era o que garantia, em muitos momentos, seu isolamento de inimigos espirituais do passado, que estavam à espreita, próximos à Unidade de Tratamento Intensivo e às vezes junto à cama de Adriano. Eram desafetos de outras vidas, dois dos quais sedentos por vingança pelos maus tratos e torturas promovidos por Adriano.

Graças às preces de Isabel e à proteção espiritual proporcionada por ela, o período de coma foi importante para a proteção de Adriano contra investidas do tipo "sequestro de alma", se desencarnasse imediatamente ao acidente, pois teria grandes chances de chegar ao mundo astral em estado de quase inconsciência, e esses criaturas vingativas, especialmente os "urubus"[1] do Umbral, sempre prontos para sequestrar recém-chegados do mundo físico, estariam a postos para levar Adriano para ser escravizado por algum líder das Sombras. O estado de coma o ajudou a drenar a contextura perispiritual bastante intoxicada por miasmas e sentimentos de vaidade.

Adriano não era uma criatura má, até porque trazia grande preocupação social que o fazia lutar por igualdade entre as pessoas; respeitava e ajudava os pobres e simples. Mas equivocava-se quanto aos métodos que achava ideais para construir-se um mundo novo, ou seja, baseados em movimentos revolucionários. Apesar de seus impulsos de violência, guardados nos esconderijos do seu ser, jamais demonstrou atos de violência física contra Isabel ou seus pais, apesar de ocorrerem momentos de fartas discussões ideológicas, mas sem consequências maiores.

Procurava ser ético em suas atitudes no dia a dia, apesar

---

1 *Urubus do Umbral* é um apelido que faz parte do jargão adotado no Umbral da região geográfica do Brasil. São espíritos negativos que ficam esperando pessoas que desencarnam perdidas, tontas, sem consciência ou sem proteção, com o intuito de sequestrá-las e levá-las como "escravos" ou ovoides astrais, além de sugar-lhe as últimas "gotas" de ectoplasma. Esses "urubus do Umbral" normalmente são servidores de grupos comandados por líderes das Sombras.

O Vale dos Espíritas

de, nos tempos em que se envolveu com política partidária, ter acompanhado e participado da elaboração de alguns planos, estratégias e iniciativas que contemplavam o uso indevido de recursos públicos para fins de manutenção e expansão do poder. O governador da época era ligado ao seu partido político e pretendia que seu grupo partidário mantivesse a gestão governamental do seu estado, assumindo vários cargos federais, haja vista a grande chance de o presidente a ser eleito ser também de seu partido. Se Adriano tivesse um grau mínimo de humildade que lhe permitisse perceber os sinais e sugestões vindas de seu guia espiritual, e mesmo de sua esposa Isabel, certamente seu caminho espiritual teria tomado outro rumo. Há certos limites quanto à intervenção do plano espiritual superior sobre a vida dos encarnados, pois respeitar o livre-arbítrio faz parte do conjunto de leis espirituais.

Quando acordou do coma, Adriano levantou-se e tomou um tremendo susto, pois viu seu corpo na cama da do pronto socorro. Sentiu um arrepio e um medo profundo, pois deu-se conta de que não possuía mais vida física. Não viu nem percebeu a presença de seu guia espiritual ao seu lado; viu Isabel olhando para seu corpo e chorando; observou o médico plantonista e as enfermeiras, e perguntou-se: "Onde está a proteção espiritual de que Isabel tanto falava e que eu acabava acreditando, quando lia os livros espíritas?".

Subiu-lhe uma raiva interior. Olhava para ela, pela primeira vez, e sentia dor no coração por encontrar-se fora do alcance físico dela. Veio-lhe uma forte amargura e aperto no coração, decorrentes de uma saudade incontrolável, sentimentos que se confundiam com os provenientes de Isabel em sua direção. E então resmungou: "Puxa vida, tá certo que eu aprontei muitas vezes, mas já estava num patamar de equilíbrio. Li muitos livros de história, outros de cunho filosófico e social, mas nos últimos anos comecei a ler as obras da doutrina espírita e tinha certeza que meus conhecimentos serviriam para me proteger no dia em que passasse para o outro lado da vida. O medo da morte que senti com o acidente de carro, há vários anos atrás, me balançou por dentro. Sempre busquei ajudar o próximo, enfim, fiz tudo certo. A conclusão a que chego agora é que nem os guias espirituais me protegeram do acidente, nem me recepcionaram no plano astral. No fundo, eu merecia um pouco mais de consideração...".

De fato, Adriano estudara bastante e acreditava que o conhecimento era tudo. Acreditou ilusoriamente que havia realizado o trabalho de renovação íntima, apenas porque lera muitos livros, mas esquecera-se de trabalhar esses sentimentos e de deixar brotar a humildade de dentro de si, que é o primeiro passo para a subida espiritual.

Ao sair pela porta externa do hospital, encontrou um grupo de entidades que o esperavam do lado de fora. Eram seus cobradores do passado. Então, começaram a xingá-lo, a usar de palavras pesadas, a chamá-lo de assassino, a afirmar que ele pagaria por cada ato cometido. Adriano sentia-se ainda fraco, mas estava em plena consciência, apesar de tomado pela vaidade, orgulho e rancor. Possuía muita força mental e isso fez com que os vândalos espirituais apenas o atormentassem, sem que tivessem a possibilidade de raptá-lo. Saiu, então, meio sem rumo e, repentinamente, adentrou um caminho paralelo do mundo astral, deixando o meio físico de sua cidade no ponto em que se encontrava, à frente do hospital. Viu um lugar sombreado, meio escuro. Via e ouvia entidades gritando, arrastando-se pelo chão, um lugar levemente frio e árido. Sentiu mais medo ainda. E os seus desafetos continuavam atrás dele, enviando palavras densas para desequilibrá-lo ainda mais. Começou então um processo de esforço interior de autocontrole para não perder a cabeça.

Logo chegou um grupo de cinco entidades da Cidade dos Nobres, que o abordaram:

— Meu caro Adriano, não tema! Fique tranquilo, porque somos do bem. Fomos enviados para buscá-lo. Acompanhamos boa parte de sua vida ainda na carne e vimos que você era um bom frequentador de trabalhos espíritas, esposo da Isabel, também grande trabalhadora da doutrina. Temos um lugar ideal para você, que se sente injustiçado por ter tido de deixar a vida física tão novo e com tantos belos trabalhos em prol do social. Professor de sucesso, que ensinou e ajudou a abrir a cabeça de muitos jovens para a importância da luta por melhores dias, num país cheio de desníveis sociais e de falta de oportunidades para participar dos destinos democráticos de sua cidade, do seu estado. Olha meu amigo, nós o convidamos a nos acompanhar até nossa cidade, um lugar de pessoas nobres como você, sem violência, e onde será ajudado a recuperar-se dessa viagem cansativa.

Lá conhecerá o nosso dirigente e verá as muitas oportunidades de contribuição que poderá dar, além de ter a chance de voltar ao convívio de sua esposa e de outras pessoas, mesmo estando aqui deste lado da vida, mas com boas chances de satisfazer muitos dos seus desejos. Garanto que não haverá arrependimento. Lembre-se, havia entidades querendo atacá-lo e raptá-lo, e as que ainda estão atrás da gente lhe xingando. Não deixe que esse tormento atinja a sua mente, enfraquecendo-o, pois é isso que elas querem. Faço só uma pergunta a você: onde estão os famosos guias espirituais de que você ouvia falar nas palestras e nos livros espíritas? Por que não estavam aqui para recebê-lo? Deixe essa raiva surgir no seu coração, isso é normal! Teremos um bom caminho para canalizar essa forte energia. Sou gaúcho como você, e frequentei um grupo lá de Porto Alegre e também me decepcionei quando cheguei deste lado: ninguém do bem veio me recepcionar.

O comandante do grupo então emitiu um jato de energias mentais cheias de vaidade, mentalizando simultaneamente uma luz vermelha, com rastros de tonalidades amareladas, de intensidade opaca, sem brilho, que envolveu Adriano e finalizou:

— Meu irmão, você é um cara inteligente, de boas intenções, que merecia ter tido uma oportunidade melhor na Terra. Você não tem ideia, mas nós temos condições de arquitetar reencarnações e os nossos pupilos reencarnados serão conduzidos para o sucesso que desejarmos e acordarmos, com aval dos dirigentes da nossa cidade astral. Tem noção do que isso representa? Não são todos os líderes aqui no Umbral que têm essas condições, não. Claro, antes disso, terá de mostrar suas habilidades! E eu sei que as possui e terá um tremendo sucesso.

Assim, as entidades daquela colônia habilmente tocaram na vaidade de Adriano, que se misturava com revolta interior. Ele pensou rapidamente e percebeu que estava sem opção. Então, acompanhou as cinco criaturas. Chegando lá, após alguns dias de recuperação do cansaço e debilidade em que se encontrava, foi apresentado ao dirigente e, depois da etapa de treinamento, logo foi engajado em atividades de obsessão de encarnados e integrantes de determinado grupo espírita, dirigindo um grupo de oito colaboradores-obsessores. Usava de astúcia e inteligência para contra-argumentar nos trabalhos de desobsessão do referido centro, mas plenamente ciente de que aquilo tudo não o tocaria em nada, já que estava consciente de sua atividade de desestabilizar os trabalhos e os médiuns, além de mentalmente induzi-los a mudar de caminho. Criava assim condições mentais e vibratórias para que as pessoas do centro pudessem entrar em sintonia e cedessem ectoplasma para sua equipe, num claro e sorrateiro processo de vampirismo.

Já por dois anos ligado à Cidade dos Nobres, Adriano está passando por um processo de mudança interior. A revolta está crescendo dentro dele, porque se deu conta de que tem sido usado ao longo de todo esse tempo, em que pese ter tido a oportunidade de satisfazer muitos desejos carnais. Por várias vezes tentou mudar o sistema de eleição da colônia, de modo que fosse mais transparente, menos agressivo e menos repleto de jogadas sujas Deu-se conta de que ali se repetia a mesma sujeira política que no mundo físico, nas cidades brasileiras. Em muitas ocasiões foi vencido em seus posicionamentos. Estava revoltado com os dirigentes e com muitos dos habitantes. Só não saiu antes daquele lugar, porque ainda se sentia um pouco protegido e sabia que fora dos muros é cada um por si. Sempre que saía para incursões no Umbral e nas zonas físicas das cidades passava por aquelas entidades que o perseguiam. Elas estavam sempre espreitando-o; ele percebia que tão cedo não haveria possibilidade de desistência dessa perseguição. Às vezes, tinha curiosidade para saber o que havia por trás dessa situação, já que não lembrava de nada que o fizesse sentir-se culpado ou que justificasse a perseguição daqueles espíritos revoltados.

Adriano arquitetou uma revolta na Cidade dos Nobres e mobilizou várias entidades para fazerem um levante e tomarem o poder local. Os dirigentes ficaram cientes disso e houve um clima de tensão e revolta muito grande, o que provocou desestabilização das amarras energéticas que protegiam as entradas e os muros da cidade, favorecendo a invasão de enti-

O Vale dos Espíritas

179

dades estranhas. O grupo dirigente conseguiu tomar o controle local e refazer a segurança, depois de muito tumulto. Adriano foi isolado e colocado numa prisão astral.

Ele já está por vários meses isolado, num intenso processo de revolta. Espera-se que, após esses momentos de catarse e profundo sofrimento, possa se dobrar humildemente diante de Deus e pedir ajuda ao Alto. Há momentos em que ele chega à beira desse processo, de deixar brotar rastros de humildade interior. E espera-se que muito em breve esteja criando condições vibratórias para ser resgatado e levado para uma colônia espiritual ligada a grupos cristãos.

Capítulo

9

Fugindo de si própria

Luiza é um senhora recém-desencarnada. Deixou o marido, três filhos e quatro irmãos, sendo um mais velho que ela e outros três mais novos. Está sendo analisada há alguns dias por representantes da Cidade dos Nobres, e em breve receberá o laudo que devulgará se a desejam ou não naquela cidade umbralina.[1] Sabem que ela é bastante inteligente, mas se encontra em um estado de desequilíbrio muito grande. Precisam então captar mais informações sobre suas reais potencialidades e tendências. Ela está em pleno Vale dos Espíritas, na zona descampada, vagando desorientada, mergulhada em profundo estado de medo e elevado grau de revolta, por sentir seu orgulho machucado. Com os olhos fixos, arregalados, evita tomar contato consigo mesma e encobre pensamentos e sentimentos que brotam de seu íntimo à medida que caminha, e fica observando o que vê ao seu redor, como gritos de sofrimentos, revolta e amargura, entidades profundamente tristes e inertes por estado de depressão.

Os chamados "urubus" do Umbral já a rodearam para verificar se ela estaria suficientemente fraca, e em estado de

---

1 O dirigente principal e alguns dos outros membros da administração da Cidade dos Nobres são egressos da nobreza medieval de alguns países europeus, alguns dos quais passaram por templos religiosos como arquitetos e comandantes da Inquisição, e mais tarde pela antiga Alemanha nazista. A maioria deles traz histórias pesadas também dos tempos da Antiguidade e do período atlante. Ainda que suas mentes não possuam clara consciência daqueles velhos tempos, fazem regressões de memória com psicólogos experientes e acabam acessando muitas informações passadas. Possuem estados patológicos de orgulho e vaidade, e apego ao poder e à luxúria, impulsos de arrogância, de discriminação dos mais simples e de racismo. Desejam que aquela colônia seja habitada somente por entidades inteligentes e com mentes cheias de orgulho e vaidade e, assim, dispostas a despender esforços mentais para alcançar metas egocêntricas em prol dos "baixos" interesses daquele lugar. Adoram posturas aristocráticas e costumam não gostar de quem tem a vontade fraca, e não desejam, dentre o maior número de parceiros, seres com costumes rudimentares ou grosseiros. Apesar disso, arrebanham seres menos inteligentes ou de mente mais fraca, ou ainda entidades mais rudes, para trabalhos mais grosseiros, que são cooptados e utilizados para fazer uma espécie de escravização "branca", comercializando com eles em forma de troca de satisfação de impulsos inferiores e utilizando-os para serviços mais simples (que eles jamais fariam, por orgulho e vaidade). Criaram uma hierarquia conhecida somente por eles, dirigentes, que é a de colocar os mais astutos ou de inteligência mórbida e subjugadora perto deles. Sentem-se mais à vontade nas zonas inferiores e por isso costumam fazer estágios com magos negros nessas zonas. A Cidade dos Nobres só permanece ainda no Umbral porque está habitada por muitas entidades de boa índole, ainda presas ao orgulho e vaidade, endurecidas ou mergulhadas em profundo estado de culpa. Esses dirigentes então se aproveitam desses padrões psicológicos para dominá-las.

torpor acentuado, para que fosse raptada, mas não conseguiram realizar tal intento. Eles costumam fazer suas incursões no Umbral junto com entidades muito bem preparadas em técnicas de hipnose, que ficam emitindo sons ou sussurrando ao ouvido dos recém-chegados do plano físico, conforme cada caso, falando, por exemplo, palavras monocórdias e de volume linear que as tornem mais fracas mentalmente e suscetíveis ao sequestro, tipo: "Você é fraca. Você não tem ninguém que a proteja. Você é culpada por sua própria morte e por tudo o que fez de errado na vida. Você será nossa! Entregue-se a nós e terá uma chance de ter alguma recompensa. Você está morta e vai dormir agora. Relaxe, relaxe, relaxe! Durma e só encontrará a segurança conosco", e assim por diante. Todos esses seres são comandados por entidades inteligentes e diabólicas das zonas inferiores do Astral.

É importante salientar que essas entidades hipnotizadoras são utilizadas muitas vezes para obsidiar encarnados. Há muitos obsessores que participam de treinamentos no Astral inferior sobre técnicas de obsessão que envolvem não somente essas práticas de hipnose como outras técnicas sofisticadas de psicologia, voltadas para o domínio de mentes e para ampliar processos de vampirismo, conexão simbiótica de estado vibratório e de possessão (dependendo da falange negativa a que estejam vinculadas, essas entidades costumam adotar altas tecnologias de eletrônica astral desenvolvidas por cientistas das zonas inferiores, como a adoção de *chips* e artefatos para agregar nos corpos sutis do obsidiado e assim aprimorar o processo de vampirismo e simbiose energética).

Luiza foi, em vida física, assídua frequentadora de determinado centro espírita, em cidade nordestina do Brasil. De família tradicional de usineiros de açúcar, nasceu e viveu em ambiente farto, do ponto de vista material, e de boas oportunidades de educação. Mulher refinada, costumava fazer trabalhos de caridade, conforme as tradições católicas de seus pais e avós que sempre buscaram doar roupas, utensílios e até dinheiro para famílias necessitadas, especialmente aquelas que trabalhavam na usina de açúcar da família ou que possuíam parentes que, mesmo não trabalhando diretamente na usina, tinham alguma ligação com a cidadezinha ao redor da plantação de cana-de-açúcar, e que viviam em condições materiais difíceis; na maioria das vezes, muitos trabalhavam temporariamente como cortadores de cana, na época da colheita. De fato, a família da Luiza tinha bons costumes cristãos; no entanto, ainda estavam ligados ao aspecto puramente externo da atitude cristã. Por causa de ligações com a política, desejavam costumeiramente mostrar aos outros que eram bondosos e, assim, buscavam ser benquistos na redondeza da cidade onde residiam e nas proximidades da região onde plantavam e processavam cana.

Com o chegar da idade adulta, e após estudar no Rio de Janeiro e passar um ano fora do Brasil, Luiza se engajou nas atividades da empresa da família, gerenciando a área comercial e realizando bom trabalho no campo da exportação de açúcar. Na capital, onde morava, começou a frequentar um centro espírita por indicação de uma amiga. Passou a ler os livros da doutrina e durante certo tempo continuava frequentando a Igreja Católica. Casou-se com Juliano, advogado renomado na cidade, com quem teve três filhos: Fernando, Gabriel e Alessandra. Na verdade, encantou-se com o espiritismo porque seus conceitos lhe eram mais sensatos e respondiam a perguntas que sua religião original não conseguira explicar-lhe.

Com o passar dos anos, a atividade açucareira começou a exigir novas tecnologias de plantio e processamento para competir com empresas de São Paulo. Era necessário uma nova postura gerencial dos negócios, pois as empresas familiares que não estavam se modernizando começaram a entrar em decadência financeira, como a de sua família. Houve demissões, redução da área plantada e do volume de processamento de açúcar, que passou a atender mais a mercados locais. E em consequência disso, os lucros da família despencaram. As despesas com luxo e excessos foram cortadas. Tal situação, entretanto, não conseguia mudar os hábitos aristocráticos de alguns membros da família, levando dois dos seus irmãos a mergulhar em dívidas enormes. Os pais de Luiza haviam desencarnado naquele período, já com idade avançada e sérios problemas de saúde, e os irmãos tocavam os negócios. Luiza passou a ser sustentada exclusivamente pelo marido e tiveram que apertar as despesas dos filhos.

Essa situação levou Luiza a viver certa revolta e a entrar em conflitos, pois esperava mais proteção de Deus nos negócios. Lembrava-se de que no passado, por várias vezes, seu pai levara um padre amigo a rezar missas dentro da empresa e que isso protegera os negócios por muitos e muitos anos. Lembrava-se de que por várias ocasiões colocara o nome da empresa e de seus irmãos no caderno de preces do centro espírita que frequentava. Lembrava-se das ajudas oferecidas a famílias necessitadas, principalmente as ligadas ao pessoal que trabalhava na usina.

Certa vez, Luiza passou por uma crise intensa de vesícula; foi submetida a cirurgia para retirá-la, e quase desencarnara em decorrência de um choque anafilático, no momento da anestesia. O médico teve que suspender o procedimento, deixá-la recuperar-se e fazer testes com outros anestésicos para verificar a qual deles ela não teria reação alérgica. Ao viver essa situação, Luiza teve forte medo da morte. Ficou traumatizada e passou a cair de cabeça na doutrina espírita, convencendo seus filhos e o esposo a frequentar o centro onde costumava ir, havia algum tempo (antes, normalmente, ia apenas para assistir palestras e tomar passes). Já com mais de dez anos ligada à casa espírita, passou a se integrar às atividades de assistência social e aos trabalhos mediúnicos. Tinha no fundo da alma um medo que a mobilizava a frequentar os trabalhos espirituais. Já com bastante cabedal intelectual sobre a doutrina e outras obras adjacentes, Luiza estava excessivamente presa aos aspectos intelectuais, e raramente conseguia por em prática o aprendizado em forma de ações, principalmente no trato com seus sentimentos necessitados de transformação.

Afeita aos bons pratos, aos doces e à pesada culinária nordestina, recusava-se a fazer exercícios físicos, sob o argumento da falta de tempo. Com o passar dos anos, já com sessenta e nove anos de idade, sofria de problemas crônicos de diabetes e colesterol, além de reumatismo. Seus desequilíbrios de saúde a levaram ao desencarne.

Luiza sempre ouvia falar no centro sobre renovação íntima e acreditava que seu trabalho espiritual estava cumprido, haja vista tudo o que fazia nas atividades espirituais e

O Vale dos Espíritas

185

tudo o que fizera para sua família, especialmente cumprindo os deveres de esposa e mãe. Desencarnou cheia de medo, sentimentos de culpa, revolta, e fugindo do contato com seu mundo interior. Já no Astral, no Vale dos Espíritas,[2] deparava-se com conhecidos que haviam frequentado o mesmo centro espírita que ela e, sem tentar conversar ou questionar nada a quem quer que fosse, seguia sem rumo, desorientada, até sentar-se numa pedra. Ao desencarnar, é normal que o espírito se defronte consigo mesmo; no entanto, Luiza se acostumara a fugir de sua consciência. Assim, certamente tenderia a manter-se nesse processo de fuga também no mundo astral. A diferença é que as sensações e sentimentos viriam com muito mais força, já que no plano astral as energias fluem mais soltas, sem os controles impostos pelas pressões sociais.

No fundo, Luiza não queria mudar certos hábitos. Reclamava muito de tudo e de todos. Tudo estava errado e merecia ser corrigido, na percepção dela. Olhava sempre o defeito dos outros. A irritação sobrevinha-lhe à tona quando seus desejos ou intentos não eram satisfeitos. Fora mimada na infância, criada com tudo o que queria, e, dessa forma, desenvolveu uma personalidade egocêntrica, orgulhosa e vaidosa, fortalecendo uma natureza que já trazia de outras vidas. Achava-se mais inteligente que os outros e tinha dificuldade de ouvir opiniões que a contrariassem ou que lhe tocassem o orgulho. Quando sofreu perdas financeiras com a crise da empresa familiar, os impulsos de ira, inconformação e elevado estresse vibraram-lhe intensamente na alma. Com noites de insônia e cada vez mais ansiosa, passou a consumir mais doces, prejudicando sobremaneira sua diabetes.

A frequência ao centro espírita a ajudava; depois que passou a ter problemas constantes de saúde, com fortes dores nas pernas e indisposição, deixou de frequentar os trabalhos mediúnicos. Assim, adorava tomar passes porque sentia-se

---

2 Como dito anteriormente, existem outros vales umbralinos com as mesmas características de atração de criaturas oriundas de centros espíritas, mas o Vale dos Espíritas a que nos referimos costumeiramente nesta obra é o maior deles e o que está no entorno da Cidade dos Nobres. Alguns dos outros vales, e mesmo esse que é o mais populoso, também atraem ex-frequentadores de outras agremiações religiosas ou filosóficas e que se identificavam ou frequentavam centros espíritas e umbandistas. Desencarnaram mergulhados em culpa ou imersos em padrões mentais equivocados e abarrotados de sentimentos de orgulho e vaidade.

melhor, mais tranquila e em condições de fazer suas orações de modo mais sereno. Sabia que precisava exercitar a humildade e mobilizar a força de vontade em direção à autorrenovação, que se encontrava adormecida em seu interior. Sabia que precisava exercitar a empatia, e, assim, procurar sentir mais a dor do próximo como se fosse dela, ao invés de olhar o sofrimento alheio de longe e apenas com a mente, sem qualquer sinal de compaixão ou impulso de ajuda firme, determinada, e cheia de boa vontade em ajudar principalmente os mais simples, do ponto de vista econômico e social. A atitude soberba era muito forte nela. Ainda que em termos de comportamento respeitasse as pessoas, trazia fortes ranços de preconceito racial, especialmente para com as de pele negra.

Em sua encarnação anterior tinha sido mendiga. Passara frio e fome, vivia pedindo dinheiro, roupas e alimentos pelas ruas de Nova Iorque. O pai abandonara a família e a mãe era doente e pedia aos filhos que fossem para as ruas buscar recursos para a sobrevivência. Desencarnou ainda adolescente. Naquela existência, Luiza viveu traumas intensos para pagar seus débitos anteriores, e isso lhe provocava impulsos mentais de fuga que tentavam apagar sensações espontâneas de tudo o que vivera naquele período. Ao invés de aceitar humildemente a situação, e em consequência amadurecer, optou pela revolta. No século quinze, e depois novamente no século dezoito, viveu num mundo de riqueza, luxúria e abusos. Possuía escravos e era servida em tudo. Mal amada pelo grosseiro marido, membro da corte inglesa (no final do século dezoito), bela mulher infiel e cortejada pelos senhores da realeza e esposa de um velho conde francês (no século quinze), abusava da sua boa vontade. Luiza precisava passar pela vivência como mendiga para aprender a valorizar os bens materiais e a oportunidade de vida oferecida por Deus.

Como nada no Universo fica impune e imune aos erros e equívocos do passado, a Lei do Carma é um inteligente mecanismo da Justiça Divina para proporcionar a cura dos sentimentos humanos ainda primitivos e necessitados de transformação. Graças a Deus que esses mecanismos se apresentam como infinitas oportunidades dadas pelo Pai para que as criaturas se renovem a cada instante de cada vida no eterno trilhar evolutivo. Chega um tempo em que o espírito necessita dobrar-se humildemente diante da Lei, diante do Amor Supremo, para começar a aceitar sem revolta o que ele oferece para a própria redenção e para o encontro com a felicidade verdadeira.

Após seu recente desencarne, Luiza não poderia ser ajudada se não deixasse brotar os primeiros sinais de humildade no coração. O plano espiritual superior não pode ajudar quem não quer ser ajudado. É preciso respeitar o livre-arbítrio.

Ela se fechava em si mesma para o contato com o Superior e, ao mesmo tempo, fugia do contato com seu mundo interior no sentido da autoanálise, do encontro com a verdade, do encontro com seu orgulho, vaidade e egoísmo. Não se pode tratar as imperfeições íntimas sem contatá-las, sem aceitá-las como parte de si próprio, para em seguida começar o tratamento de renovação dessas energias necessitadas de compreensão e amor. E o primeiro passo de tudo é a humildade, sem o que nenhuma das fases seguintes se abrirá rumo ao equilíbrio espiritual.

Tudo no Cosmo é energia, que se manifesta de forma primitiva ou superior, e nesse entremeio ocorre o processo de transformação de uma polaridade para outra. É onde se encontra a maior parte da humanidade, ou seja, no meio do caminho. Uns mais à frente, outros mais atrás. Para que o trigo prolifere, é necessário deixar aparecer o joio, a fim de que possa ser percebido, descoberto e retirado do sistema produtivo sadio, não com ato de violência, mas de amor, com firme propósito de prosseguir a escalada da expansão consciencial, da caridade para consigo e para com o próximo, incondicionalmente.

Luiza ficou presa ao Vale dos Espíritas por três meses, quando então foi resgatada por membros da Cidade dos Nobres, após os dirigentes concluírem que ela era uma pessoa inteligente, preparada em conhecimentos adquiridos na Terra, especialmente em negociação comercial, o que poderia ajudar nas missões mal-intencionadas ali esposadas. Sabiam que ela se encontrava em estado de psicopatologia acentuada e com choque emocional pelo desencarne e, portanto, bastante desequilibrada. Ao chegar àquela cidade, recebeu tratamento de um psicólogo local, que se utilizou de uma espécie de lavagem cerebral; alguns condicionamentos por meio de expressões verbais hipnóticas, como por exemplo: "Você está livre dos seus pensamentos de culpa. Reaja e sinta-se forte! Pense que você poderá reverter o quadro de insatisfação com a doutrina espírita, que não lhe deu a cobertura espiritual esperada ao chegar aqui. Sinta-se forte para se vingar de todos aqueles da Terra, que a iludiram. Reaja, seu orgulho deve ser respeitado". Essas sessões com o psicólogo foram complementadas com outros clichês que eram repetidos por várias vezes, por vários dias. Há males que vêm para o bem. De certo modo, Luiza reagiu bem às suas culpas, deixando-as de lado, mas por outro embarcou num caminho equivocado. Em estado de medo, passou a colaborar com a Cidade dos Nobres em negociatas com membros de falanges negras do Astral inferior.

Seis meses depois de atuar sob influência das lideranças daquela colônia, Luiza, que era bastante inteligente e perspicaz, começou a sentir-se usada e a ficar insatisfeita com a vida que levava. Evitava pensar muito em seu mundo interior para conhecê-lo melhor e poder tratar-se. No entanto, não possuía má índole, apesar do forte orgulho, e isso foi decisivo para tomar consciência de que sofrera lavagem cerebral e que se encontrava como uma verdadeira escrava daqueles seres mal-intencionados. A Cidade dos Nobres, assim como os que se encontram no Umbral e nas zonas inferiores do plano astral, está repleta de entidades vaidosas e egoístas. Entretanto, todos os seres humanos que estão em processo de evolução, aliás a grande maioria terrena, encontra-se ainda imersa num mundo interior repleto dessas imperfeições. Uns estão mais atrás, outros mais à frente no tratamento dessas patologias humanas. Para ser resgatado ou sair dessas zonas infelizes do mundo extrafísico, há de ter-se um mínimo de abertura no íntimo capaz de deixar sair um pouco de humildade, capaz de deixar de lado certo grau de dureza do orgulho, a fim de que a pessoa caia em si, sem precisar mergulhar no universo da culpa. Alguns sinais de remorso são inevitáveis; contudo, que sejam acompanhados pela tomada de consciência de que é um espírito imperfeito, que erra e que errou, mas que está disposto a subir, a melhorar de vida espiritual, a reposicionar

O Vale dos Espíritas

sua mente e sua vontade.

Certo dia, Luiza resolveu sair da Cidade dos Nobres. Vagou por caminhos umbralinos e decidiu não mais voltar para aquele lugar. Estava muito incomodada com o seu estado de espírito usado por mentes maquiavélicas. O seu orgulho ferido cobrava-lhe altivez. Saiu pelos portões da cidade e viu-se rodeada por entidades gritando, desesperadas, com aparência de desequilibrados mentais, seres amargurados, solitários, tristes, alguns raivosos e nervosos; outros, com aspecto dantesco, encontravam-se esfarrapados ou como deficientes físicos, faltando-lhes membros como pernas ou braços, resultante de acidentes recentes no plano físico. Enfim, era um ambiente de franco sofrimento que incomodava e dava certo medo em Luiza. Continuou caminhando e se afastando da Cidade dos Nobres. Repentinamente lembrou-se de seus filhos e do marido, a quem respeitava e considerava muito. Então bateu-lhe uma saudade atroz, que lhe doía no fundo do ser. Essa conexão de pensamento e sentimento com a família fez com que ela fosse atraída para o seu antigo mundo físico. Na medida em que sentia a dor da saudade tomando conta de seu ser, entrava por caminhos e atalhos geográficos das zonas umbralinas, como que guiada intuitiva e energeticamente para o local onde se encontravam seus entes queridos no mundo físico.

A saudade era seu combustível, e Luiza havia perdido a noção de tempo, apesar de sentir certa exaustão pelas muitas horas de caminhada. Quando se deu conta, estava em frente à sua antiga casa, na cidade do Recife. Aos poucos, foi entrando na residência que lhe trazia antigas e saudosas lembranças. Faltavam dez minutos para as vinte e uma horas. Era aniversário de setenta anos de Juliano, que fora seu marido na carne. Seus filhos, com os respectivos cônjuges e netos, se encontravam presentes, além de mais dois casais amigos. Todos tinham acabado de jantar e estavam na sala de estar, sentados, contando velhas histórias que faziam lembrar os bons tempos em que Luiza vivia entre eles. O filho Fernando, que desde o passado remoto possuía forte ligação afetiva com ela, sentiu a presença da mãe no ambiente. Ele, que seguira os caminhos de Luiza nas frequências ao centro espírita, então profundo leitor da doutrina e participante de trabalhos mediúnicos, além da alma sensível que possuía, pôde falar a todos naquele instante:

— Pessoal, sinto uma enorme saudade de mamãe; é como se ela estivesse presente aqui conosco. Sinto uma dor descomunal no coração, um aperto dolorido de saudade; sinto que ela não está bem, apesar desses quase três anos desde que partiu deste mundo. Acho que poderíamos fazer uma prece para ela, agora.

Juliano então endossou:

— Vá em frente, meu filho, faça a prece e vamos todos nós aqui nos sintonizar com Deus, pedindo a Ele que ajude nossa querida Luiza.

Inspirado por seu guia espiritual, Fernando então começou a prece:

> Deus, nosso Pai Amado, perdoa-nos por nossos erros, nós que somos imperfeitos e tão presos às coisas mundanas, ao nosso orgulho, egoísmo e apego a tantas mesquinharias. Queremos vencer nossas fraquezas e por isso Te pedimos força interior, clareza de consciência e bondade no coração. Abre, Senhor, nossa mente para que vejamos com clareza nosso mundo íntimo, todo o lixo que precisa ser reciclado. Sei que não conseguiremos fazer essa reciclagem completa de uma só vez, mas precisamos começar esse trabalho de renovação interior, sem nos preocupar em quando terminaremos esse processo, tendo plena consciência que o importante é estar a caminho da luz. Dá-nos humildade para nos aceitarmos como somos e para podermos receber Tua ajuda, Tua luz infinita em nós. Envolve com essa Tua luz de amor infinito nossa querida mãe Luiza, que se encontra no mundo dos espíritos e que sentimos que necessita dessa Tua luz mobilizadora do progresso espiritual. Recebe o carinho de todos nós aqui presentes, mãe querida! Realmente queríamos que estivesses conosco, mas Deus te levou antes de nós e por isso temos que respeitar a Sua vontade, pois estamos certos que nosso Pai Celestial sabe o que é melhor para cada um de nós. Então não devemos alimentar a revolta e sim a re-

signação, a aceitação dos fatos e das situações que são postas em nossas vidas, como dádivas para que sejamos cada vez melhores como pessoas, e mais maduros como espíritos. Agradecemos a ti, ó mãe querida, pela vida que nos deste e pelo amor sem medida que nos ofereceste. Esse amor que tu nos deste é como o amor de Deus para com Seus filhos. Assim, aceita esse amor infinito de Deus, por meio dos servidores de Jesus que trabalham aí no mundo astral. Que seja feita a Tua vontade, ó Pai; guarda a nossa mãe querida. Que assim seja!

Nessa hora, mobilizados pela vibração gerada pela oração e pela percepção da presença de Luiza, o que trazia saudade aos familiares, vários dos presentes estavam com os olhos marejados de lágrimas, após a prece de Fernando. Luiza também ficara muito emocionada, e então finalmente se dobrava diante de Deus. Deixava de lado o orgulho e abria o coração para receber ajuda espiritual de três entidades das falanges do Cristo que se encontravam presentes e que foram deslocadas para buscá-la.

Luiza começava a perceber a presença dos amigos espirituais e, com a abertura no seu coração, criou condições para receber a ajuda superior. Jeová, coordenador daquela missão de resgate, e Francisca, que fora irmã carnal de Luiza em tempo antigo e usava suas vestes de antiga freira carmelita, aproximaram-se e a abraçaram, para em seguida levá-la à Colônia Espiritual Luz de Amor, no limiar superior do Umbral, onde todos vivem protegidos por forte barreira magnética e a serviço do Cristo.

Após seis meses de tratamento e recuperação no Centro de Recuperação e Readaptação Espiritual, ela começou um longo processo de psicoterapia. Paralelamente, engajou-se em um grupo de resgate de entidades umbralinas, além de participar dos trabalhos de organização e gestão daquele centro, face a sua grande experiência em gerenciamento quando vivia na carne. Foi-lhe dada permissão para, de vez em quando, visitar os parentes no mundo físico e prestar-lhes ajuda, na medida do possível e do permitido pela Espiritualidade Superior.

O processo psicoterapêutico a que Luiza se submeteu, e que ainda hoje está em curso, está fundamentado na reforma íntima, com o intuito de trabalhar o orgulho, a vaidade e suas diversas formas de manifestação. É um trabalho lento e muito profundo. Ela, que sempre fugiu de si mesma quando estava encarnada, permanecendo com essa atitude interior também depois do desencarne, continuou nessa fuga que a deixou num processo patológico de desligamento da realidade.

A realidade de uma pessoa está intimamente atrelada à sua realidade interior. O mundo à sua volta pode sofrer alterações ou permanecer imutável, mas o que muda de fato são os componentes da vida no universo íntimo. A vida no ambiente, sem dúvida, afeta as pessoas; no entanto, ela (a vida no ambiente) de fato existe para interagir com o universo interior de cada ser e permitir que os pensamentos e sentimentos individuais, e por conseguinte coletivos, se tornem cada vez mais cristãos e as atitudes condizentes com esses avanços evolutivos. Há dias na vida em que a pessoa pode acordar alegre, disposta e cheia de boa vontade; há outros em que, sem que haja mudanças no mundo exterior, a mesma pessoa acorda acabrunhada, triste, indisposta e com má vontade, mostrando que o que tem de mudar são as atitudes internas. Se a criatura passou séculos e séculos, encarnações e encarnações, adquirindo vícios, alimentando pensamentos, sentimentos e atitudes, repetidas vezes, em desacordo com a Lei Universal, certamente criará muitos reflexos condicionados nessa direção. Por conseguinte, um dia terá que acordar para a verdadeira caminhada espiritual rumo à sua evolução consciente, imprimindo esforço para a educação desses vícios, a fim de reposicionar-se diante do Universo. Ocorre que isso demandará muitos dias, meses, anos e séculos, e muitas outras encarnações. Mas uma coisa é estar mergulhado num padrão consciencial de "cegueira ou miopia espiritual" inundado de orgulho, vaidade e egoísmo tal que o impeça de crescer em espírito, e outra é reconhecer que é imperfeito e necessitado de educação espiritual e então iniciar a longa caminhada de expansão consciencial, transformação de sentimentos pesados e realização de atos condizentes com esse novo patamar, mesmo com quedas ao longo do caminho, porém com disposição de se levantar, espanar a poeira e prosseguir.

Apesar das várias oportunidades que Luiza recebeu para

O Vale dos Espíritas

abrir os horizontes espirituais dentro de si mesma, repetidas vezes não conseguia encarar essa situação. Não poderia aumentar o *quantum* de humildade interior, se não entrasse em contato com o orgulho que habitava-lhe a alma para que ele fosse aceito serenamente e transformado em humildade, a partir de vivências com doses de amor, vigilância do pensamento e do sentimento, paralelamente à impressão de vontade direcionada pela mente superior. Estava cômodo para ela alimentar a preguiça espiritual, deixando a inércia tomar conta de sua vida e o orgulho, a vaidade e o egoísmo se fortalecerem a cada dia, ao longo de sua última encarnação. A Bondade Divina, através da manifestação da Lei Universal, então, colocou-lhe em contato com suas próprias imperfeições por meio das doenças, dos desafetos, das dívidas financeiras e dificuldades na vida, como fruto de um processo cármico (a Lei é perfeita e reflexo de puro amor transformador). E ofereceu-lhe a oportunidade de conhecimento da doutrina espírita. A partir dela, conheceu livros que lhe abriram a mente, bem como pessoas que se tornaram amigos e muitos que se posicionaram como inimigos no trabalho profissional. Contudo, todas eram dádivas para que tomasse consciência de seu estado interior endurecido e doentio.

Orgulho machucado dói, e faltava-lhe coragem para enfrentar essa dor. Então, o orgulho se movimentava do seu campo emocional (corpo astral) para os outros corpos, ou seja, para o duplo-etérico, contaminando energeticamente os chacras, e para o corpo físico, materializando-se em desequilíbrios e estados doentios do fígado, pâncreas, estômago e articulações. A vaidade se transformava em cegueira espiritual, e, por conseguinte, em cegueira física, com a miopia que já lhe proporcionava o uso de óculos com sete graus. O egoísmo lhe oferecia um crescente processo de acúmulo de gordura no corpo, aliado ao colesterol e triglicérides, entupindo-lhe as veias do sistema circulatório. E assim, a vida de Luiza passava sem que ela percebesse os sinais que seu corpo lhe dava, muito menos o que as pessoas do seu convívio lhe informavam. Sua dificuldade de ouvir os outros e os sinais da Espiritualidade, dado o seu orgulho endurecido, começava a lhe gerar problemas no ouvido, com constante inflamação, que depois avançou para uma labirintite e perda parcial da audição. Para amenizar seu estresse e ansiedade, ela costumava fumar cigarros que propiciavam a aproximação de entidades viciadas no fumo para sugar-lhe as energias ectoplásmicas, deixando-a mais debilitada ainda em suas energias vitais, além de comprometer seu sistema pulmonar e cardiovascular.

O seu corpo físico carregado de toxinas, decorrente do peso que elas causavam em seus corpos sutis e que precisavam ser drenadas para a matéria mais densa, fez com que Luiza tomasse vários remédios alopáticos para aliviar dores, processos inflamatórios e desequilíbrios fisiológicos. A debilidade orgânica geral a levou a um estado de falência e de mais uma possibilidade de encontro consigo mesma: o desencarne. Porém, nessa hora, ela começou um novo processo de fuga de si mesma, já no Umbral, e não aceitou enxergar o seu mundo interior. Então o orgulho misturou-se a medos diversos: de entidades perturbadoras, de si mesma, de contatar as suas imperfeições íntimas, principalmente o orgulho. Este, mais uma vez, passou a dominá-la e ela deixou-se levar pelas entidades que a colocaram a serviço do fortalecimento de suas falhas morais.

Após o desencarne, o enfrentamento com o mundo interior de cada um é avassalador e a fuga desse processo propicia estados psicopatológicos ainda mais acentuados no mundo astral. Os "monstros", ou formas-pensamento negativas que viviam na intimidade do ser, tornam-se mais fortes; continuam a persegui-lo e se juntam a entidades perseguidoras do Astral sintonizadas com aqueles tipos de mazelas, em especial os desafetos do passado.

O sofrimento, o orgulho machucado e a sensação de sentir-se usada pelas mentes torpes da Cidade dos Nobres abriu-lhe as feridas internas e permitiram que esse sofrimento a levasse a tal estado de dor, a ponto de não suportar e ajoelhar-se diante de Deus e então pedir-Lhe ajuda. Esse ato de humildade foi providencial para seu resgate. Evidentemente que o plano espiritual criou condições para esse momento e a induziu a caminhar até sua antiga residência, aproximando-se de seus entes queridos para vivenciar uma situação especial, a fim de que sua consciência despertasse verdadeiramente e seus sentimentos fossem tocados para os caminhos da humildade.

O Vale dos Espíritas

Capítulo

10

Idas e vindas: repetindo as mesmas lições

Fabrícia era uma senhora de setenta e oito anos. Agonizava no leito de um hospital na cidade de São Paulo, em seus últimos instantes na carne. As complicações circulatórias, as instabilidades causadas pelo diabetes, além da infecção hospitalar ocorrida após a cirurgia para retirada de parte do pâncreas, debilitavam seu já fragilizado corpo. Pode-se dizer que, pelos padrões atuais, ela estava desencarnando cedo, pois, se tivesse cuidado melhor de sua alimentação, do seu elevado estado de estresse e de posturas mentais-emocionais autodestrutivas, agressivas e insatisfeitas perante a vida, certamente seu estado fisiológico estaria mais equilibrado e poderia ter levado uma vida mais saudável até os noventa e seis anos, período em que fora programado o seu desencarne. Entretanto, apesar dessas condições predeterminadas, o plano espiritual já pressentia a sua partida antecipada. Aliás, dispunha de cálculos estatísticos de probabilidades com base em sua natureza interior e em suas estadas anteriores na carne.

Fabrícia nasceu no Ceará e ainda muito jovem migrou para São Paulo junto com a família, que tinha posses num município sertanejo daquele estado nordestino, mas decidira buscar outros caminhos e desafios econômicos. Nunca chegou a constituir família; vivia sozinha com inúmeros gatos e, de vez em quando, a sobrinha Alice a visitava. Os parentes a evitavam. Percebia-se um certo grau de abandono por parte dos familiares, que a consideravam amarga para com a vida, pois ela reclamava de tudo e de todos, além de mostrar-se um tanto agressiva, apesar de ter sido muito bem educada. Com seu português impecável, costumava criticar os que não se expressavam de maneira correta, e emanava certo desprezo por aqueles que desconheciam arte e cultura, política, enfim conhecimentos gerais. Realmente, era uma senhora bastante culta, mas cheia de orgulho e vaidade. Para amigos e amigas que a visitavam, costumava oferecer farta comida de boa culinária, bons doces, bom vinho e bons filmes no videocassete; mais tarde no *dvd-player*.

Era profunda leitora do espiritismo e de obras esotéricas diversas, passando da teosofia ao rosacrucianismo, estudiosa da Bíblia e de vasta literatura cristã e espiritualista oriental.

Por influência da mãe, frequentara a Igreja Católica quando criança e adolescente, mas logo que chegou à idade adulta passou a buscar outras fontes de conhecimento espiritual, sendo influenciada por uma colega de faculdade, então espírita, e por outra amiga que frequentava a Sociedade Teosófica, até que descobriu a literatura espiritualista. Fez curso de graduação e mestrado em Letras, e costumava viajar a passeio para a Europa. Foi professora universitária, mas também fazia "bicos" como revisora gramatical, inclusive assessorando uma grande editora de livros.

No centro espírita que frequentou por longos anos, costumava realizar palestras, e nos trabalhos mediúnicos dava apoio à segurança da corrente. Apesar de saber que todo ser humano tem algum grau de mediunidade, rechaçava a possibilidade desse tipo de contato consciente com a Espiritualidade, sob a alegação de que não possuía mediunidade de incorporação, vidência ou clariaudiência. Na verdade, Fabrícia fugia de sua sensibilidade, pois qualquer ser humano pode sentir as vibrações do ambiente ou de quem quer que seja, bastando dispor-se a isso, acalmando a mente agitada e deixando aflorar a sensibilidade. Portanto, ela bloqueava o intercâmbio consciente e intuitivo, apesar de estar sempre ligada inconscientemente a entidades inimigas ou obsessores do passado. Sua conduta irredutível quando se posicionava em discussões, a vaidade demonstrada ao ser elogiada após colocações verbais ou quando era ovacionada em palestras, a deixava cheia de si, fortalecendo suas convicções de que era uma pessoa inteligente, culta e preparada para desempenhar papéis que exigiam alta *performance* em comunicação. Ao longo de sua vida, teve sempre a reclamação na ponta da língua, o amargor no coração, a sensação de que tudo estava errado no mundo, a postura egocêntrica de achar-se subconscientemente o centro do mundo.

Com o passar dos anos e a chegada da terceira idade, essas imperfeições ficaram mais acentuadas, porque ela não buscou o tratamento desses desajustes no campo do sentimento. Nunca é tarde para iniciar o processo do autoconhecimento. Apesar de não ter trabalhado sua natureza interior na juventude e na fase adulta, poderia ter priorizado menos

O Vale dos Espíritas

o contato com o mundo externo e ter mergulhado um pouco mais no seu mundo interior, defrontando-se com seu estado de alma necessitada de aprimoramento, inclusive demonstrando um mínimo de humildade para pedir ajuda. "Um pouco de fermento leveda a massa toda". Essa máxima é aplicável tanto para quem alimenta os bons propósitos íntimos, como os maus. Assim, da mesma forma que um pouco de maldade pode multiplicar-se dentro de alguém e contaminar o ambiente, o mesmo ocorre quando se coloca um pouco de bondade nos atos e pensamentos, com efeitos benéficos multiplicadores dentro de si e para o ambiente. Ou seja, se Fabrícia se dispusesse a fazer uma verdadeira mudança interior, os efeitos alquímicos no íntimo da alma seriam multiplicados e atuariam como reforço motivacional para que persistisse no caminho. Com toda certeza, estaria iniciando a caminhada evolutiva de forma consciente, pois, apesar de dispor de um amplo espectro de conhecimentos gerais e das coisas espirituais, não os colocou em prática dentro de si mesma. E não se deu conta de seu endurecido orgulho e elevada vaidade, ou de seu egoísmo acentuado, a ponto de refutar as possibilidades de uma vida a dois e de gerar filhos, sempre identificando problemas nos outros e nunca nela mesma.

Ainda no período da vida adulta, não tardaria para que começasse a somatizar no corpo as doenças do espírito e iniciasse uma longa jornada de idas frequentes a médicos, bem como a fazer tratamentos paliativos. Sua revolta contra as dietas só contribuía para as mesas fartas em gorduras, massas, carnes assadas, regadas com temperos e molhos sofisticados, ou sobremesas cremosas ricas em açúcares e gorduras. A revolta, na verdade, decorria do orgulho de não aceitar a opinião dos amigos ou a orientação dos médicos, evidentemente tendo como substrato dessa atitude o desejo de não mudar de hábitos e de manter-se arraigada a posturas antigas, sentindo-se autossuficiente, autoritária (apesar de negar isso e de não se perceber como tal), e de manter apego aos instintos vorazes, sem direcionar sua vontade para a reeducação (regra geral, seus instintos não eram trabalhados e ela os canalizava para a farta ingestão de comidas e outros desejos mais rasteiros, como por exemplo os relacionados ao sadismo sexual;

mantinha-os latentes em pensamento e durante as noites de sono, com as viagens astrais para regiões inferiores). Contudo, toda essa natureza estava coberta por um manto de vastos conhecimentos adquiridos na presente vida e nas anteriores.

Numa vida passada Fabrícia fora Heidi, uma linda mulher holandesa, filha de Jan Van der Laan, comerciante com muitas posses. Sua mãe, Maria, era filha de aristocrata e também possuía bens e boa educação. Heidi tinha mais três irmãos, e recebera um bom padrão de educação formal dentro de casa. Graças à proximidade com os líderes da monarquia holandesa, seu pai havia adquirido muitos acres de terras na Guiana Holandesa (conhecida então como parte das antigas Índias Ocidentais, por ter sido em tempos anteriores administrada pela Companhia das Índias, uma empresa privada composta por mercadores que mais tarde perderiam a gestão dessas terras para o governo holandês), sob a promessa de plantar cana-de-açúcar e café. Com o passar dos anos, e vendo as dificuldades de se produzir naquelas longínquas paragens, de clima muito quente e úmido, solos pobres e falta de mão-de--obra, passou a se integrar num negócio altamente lucrativo para a época: o comércio de escravos.

Antes de optar por esse caminho, ele se encontrava desesperado, porque investira muitos recursos na Guiana e não obteve o retorno esperado. Realmente, estava à beira da falência quando desesperadamente optou pelo comércio escravagista. Trazia dívidas pesadas do passado encarnatório, relacionadas com a usurpação de bens alheios, e por isso passava por aquela situação. Tinha recebido uma oportunidade para voltar à Holanda e trabalhar dentro do governo, evidentemente com ganhos financeiros limitados, o que implicaria em baixar o nível de vida, mas a cobiça e o forte egoísmo falaram mais alto, face à possibilidade de ganhar muito dinheiro com o comércio de escravos.

Heidi começou a ajudar o pai na contabilidade dos negócios e, por duas vezes, chegou a visitar a Guiana Holandesa (atual Suriname). Numa delas aportou em terras brasileiras (no Maranhão) para acompanhar um negócio que envolvia a venda de escravos. Pôde olhar com os próprios olhos as condições sub-humanas em que eram alojados e tratados os escravos e a forma com que eram comercializados, como se fossem coisas.

Certo dia, uma mãe escrava, originária da região do Congo, na África, grávida de seis meses, aos gritos, choros e desespero, com os dois filhos de três e quatro anos agarrados ao seu colo, e um terceiro de sete anos ao seu lado, aproximou-se de Heidi e pediu-lhe ajuda, para que não os separassem dela, em uma negociação. Heidi chegou a sentir um baque no coração, mas logo em seguida se recompôs, em sua postura objetiva, fria e calculista, focando a mente no que realmente lhe interessava naqueles momentos: os negócios da família e a necessidade de dar uma resposta eficiente ao pai, em forma de competência administrativa. Na verdade, Heidi não era a negociante direta, pois havia um dos auxiliares de Van der Laan que comandava as negociações. Ela apenas supervisionava a operação com os poderes delegados pelo pai, que ficara na Holanda e não pudera viajar naquela oportunidade. Assim, teria condições de evitar aquele procedimento comercial. A escrava, em desespero, apelou para ela na esperança de que, sendo mulher, compreendesse o que significava aquilo para uma mãe. Após concluída a negociação das crianças, a mãe escrava virou-se para Heidi e gritou que não a perdoaria nunca e que a perseguiria até o inferno.

Heidi passaria ainda por outras oportunidades em que poderia ter perdoado ou amenizado dívidas de parceiros comerciais de seu pai. Alguns clientes de Van der Laan, que em muitas ocasiões possuíam débitos impagáveis, foram até a presença da tesoureira dos negócios para pedir que amenizasse a dívida ou perdoasse parte dela, e, sob os olhares do pai irredutível, Heidi não flexibilizava as negociações, nem tentava falar com ele, a fim de que lhe desse aval nessas renegociações. No fundo, Heidi sabia que o pai gostava muito dela e que, se tentasse expor argumentos, certamente ele a ouviria. Poderia não aceitar todas as tentativas de redução de dívidas ou de novos adiamentos, mas algumas delas certamente seriam aceitas.

Com o passar dos anos, veio a abolição da escravatura na Holanda. Jan Van der Laan desencarnou e os negócios da família faliram. Já com idade avançada, Heidi passou a viver da renda resultante do aluguel de imóveis, vindo a desencarnar cheia de remorsos pelo passado de coração endurecido. Chegou a casar-se e teve um filho, para o qual não dava a atenção e o amor devidos, em razão do tempo dedicado excessivamente aos negócios da família. Pagava empregados para cuidar dele e uma governanta para orientar sua educação. O dedicado marido, advogado reconhecido na cidade de Roterdã, foi para o filho a maior referência no lar. O casal teve uma relação meramente burocrática, pois Heidi não lhe dava o carinho esperado de uma esposa.

Dessa forma, Fabrícia contabilizou muitos inimigos e desafetos do passado, alguns dos quais viriam a obsediá-la em sua estada na carne e esperá-la no Além-túmulo. Enquanto se encontrava em estado terminal, no leito do hospital, sentia medos atrozes, sem saber conscientemente de onde provinham. Contudo, seu subconsciente lhe enviava sinais da origem de tais sentimentos e então ela tinha sensações e impressões a respeito desse estado, como, por exemplo, medo do desconhecido, apesar de ter lido bastante sobre o outro lado da vida; medo de seres que a perseguiam, os quais pressentia que eram espíritos que havia prejudicado no passado; medo de enfrentar a própria consciência, repleta de orgulho e egoísmo nunca tratados. Raras vezes sentia a presença de seu guia espiritual, que sempre esteve ao seu lado, especialmente enviando-lhe sugestões de posturas mais sensatas e humildes em situações importantes da vida, inclusive envolvendo-lhe em vibrações de amor.

No momento da partida para o mundo espiritual, ela começava a perceber que estava sozinha. Advinha insegurança de enfrentar o plano astral. Mas, ainda assim, tentava buscar no fundo da alma apoio sobre seu próprio ponto de vista espiritual, como última tentativa de garantia de segurança. Até aquele instante, entretanto, ela não se rendia à humildade.

Junto ao leito do hospital, no plano invisível, encontravam-se sua bisavó materna, seu avô paterno, duas amigas de longas caminhadas reencarnatórias, uma das quais fora sua mãe e a outra irmã carnal, e seu guia espiritual. Todos tinham solicitado ajuda a entidades superiores para recebê-la, mas não podiam ir além de suas possibilidades, ainda mais sem a vontade dela e um mínimo de humildade. Por outro lado,

O Vale dos Espíritas

três entidades carregadas de ódio e sentimento de vingança também esperavam por Fabrícia: uma trazia dois capatazes, que pretendiam arrastá-la para zonas inferiores, onde ficaria aprisionada.

Uma das entidades revoltadas estava ligada à Fabrícia nesta atual encarnação, pois fora processada pela justiça terrena por indicação dela, além de ter sido despejada e ficado o resto da vida dividindo uma quitinete com uma tia, em local insalubre, o que lhe prejudicara ainda mais a saúde frágil. Dona Edna tinha alugado, por vários anos, o imóvel que Fabrícia herdara da família, e por haver perdido o emprego deixara de pagar o aluguel por seis meses, sob a promessa de recuperar esses débitos ao longo do tempo. Vários eram os seus problemas de saúde, além de outras mazelas, mas, mesmo sem o devido esclarecimento espiritual, esforçava-se para ser uma pessoa melhor, até o dia em que foi despejada por Fabrícia, momento em que passou a retroalimentar raiva, insatisfação com a vida e vingança, sentimentos que tinha vivenciado no passado e estavam adormecidos.

Evidentemente Fabrícia apenas exigia seus justos direitos legais; todavia, em nenhum momento sentiu compaixão pela dor e dificuldade da outra, nem tentou dar uma chance ou buscar uma solução plausível para o caso, como forma de ajuda àquela alma sofredora. Tivera várias vezes chance de convidá-la a frequentar o seu centro espírita, onde encontraria uma oportunidade de emprego na livraria de um membro da diretoria. Esse quadro mostra a importância de o ser humano estar atento aos sinais da vida, que a todo instante indica soluções e caminhos mais adequados para serem trilhados; decisões ou sugestões mais cristãs que podem promover a desamarra de nós cármicos do passado entre criaturas em processo de reajustamento.

Outra entidade que se encontrava com ódio de Fabrícia era um velho comerciante dos tempos do cenário da Holanda, que ficara endividado com os negócios da família de Heidi e que não fora perdoado em parte da dívida indevidamente cobrada por ela. Esse senhor fora preso pela não quitação dessa pendência, tendo em vista o bom relacionamento que Van der Laan tinha com pessoas do governo e da polícia local. Ele acabou morrendo na cadeia, onde ficou aprisionado astralmente pelo seu ódio, por mais de cinquenta anos, quando então foi retirado por entidades amigas e bondosas. Contudo, após ser levado para um centro de recuperação no plano astral, o ódio se reinstalou nele e, por atração magnética, chegou até aquela que o prejudicara: Heidi, então desencarnada do corpo de Fabrícia.

A terceira entidade era a escrava negra da antiga Guiana Holandesa, que teve seus filhos vendidos e separados dela, mesmo após suas súplicas a Heidi, que optou pelos lucros advindos da comercialização injusta, dolorosa e desumana. Abeba estava acompanhada de dois espíritos que tinham sido seus irmãos carnais naquela época. Eles estavam ligados a uma espécie de quilombo astral, onde escondiam sentimentos de ódio e vingança contra aqueles que os tinham prejudicado. Lá, uniam suas forças mentais negativas e disparavam jatos de vingança, de cobrança astral. Pretendiam levar Fabrícia para as proximidades do quilombo astral (dentro de uma caverna próxima às zonas inferiores), a fim de prendê-la e torturá-la mentalmente.

Repentinamente chegaram três membros da Cidade dos Nobres para resgatar Fabrícia, os quais encontraram dificuldades para quebrar os laços magnéticos que a ligavam àquelas entidades vingativas, e vice-versa. O processo de desencarne dela e as lutas astrais entre os envolvidos naquela trama ainda perdurariam por aproximadamente duas semanas, gerando intenso sofrimento e estresse, atrelada que estava às entidades por fortes imantações de orgulho, ódio, egoísmo e sentimento de vingança

Dado o seu estado de medo extremo, face ao pressentimento do que iria encontrar no mundo astral, Fabrícia sentiu vontade de dormir eternamente, como forma de evitar defrontar-se consigo mesma e com as entidades que a esperavam. Como no plano astral não existe corpo físico para proteger o desencarnado, então, sem o envoltório carnal e diante de uma nova realidade, o que se pensa e se sente realmente acontece. A vontade, principalmente quando firme e dirigida, tem uma força estupenda no mundo físico; no mundo astral, ela atua sobre o corpo astral de modo altamente motriz, levando-o ina-

O Vale dos Espíritas

205

pelavelmente para locais condizentes com seu estado vibratório. Assim, em coma profundo e segundos antes do colapso final, a vontade de Fabrícia de dormir se fez realidade no instante em que seu coração parou de bater. Imediatamente, seu duplo-etérico e o perispírito sofreram um leve descolamento do corpo físico, como se estivessem flutuando sobre este. Mas por causa da barreira vibratória pesada, criada pela própria Fabrícia, imantada de denso orgulho, vaidade, egoísmo, culpas e medos, o corpo astral não possuía leveza suficiente para adentrar os planos mais sutis do Astral, nem abria canal de comunicação direta com as entidades amigas que se encontravam ali.

Sua bisavó, sabendo do risco que ela corria, sussurrou-lhe ao ouvido, como se tentasse falar ao fundo de sua consciência, que acordasse e levantasse. Graças ao ato de profundo amor emanado naquele momento, várias camadas densas de energia foram rompidas e o clamor chegou ao coração de Fabrícia, que tomou um susto e se levantou. Se permanecesse em estado de sono profundo, seria uma isca fácil para as entidades vingativas, prontas para raptá-la e transformá-la em ovoide, criando-lhe um estado de completa escravização. Contudo, sua bisavó e os demais amigos espirituais não podiam fazer muito mais por Fabrícia. Era fundamental que ela acordasse também de seu estado interior ilusório; era essencial que suscitasse nela um estado mínimo de humildade que a fizesse compreender o quanto necessitava de ajuda, em razão de sua imperfeição, e que se mostrasse decidida e disposta a melhorar, a mudar, a crescer como espírito.

Ao se levantar em corpo perispiritual, percebeu o duplo-etérico a descolar-se, momento em que tomou um susto. Sua avó fez uma prece ardente e todos os amigos espirituais ali presentes emanaram muita luz em direção a Fabrícia, que não captava nada, apesar de que as vibrações positivas funcionavam como escudo protetor, que, de certo modo, não duraria muito. Havia necessidade de mais ectoplasma ou de vibrações com magnetismo elevado para permitir maior durabilidade daquele escudo energético. Repentinamente, começaram a chegar magnetismos sutis provenientes de preces que amigos e parentes encarnados produziam, no momento em que o corpo físico de Fabrícia estava sendo velado numa capela.

Ao tomar um pouco de consciência de sua situação de desencarnada, ela levantou os olhos e deparou-se com Abeba. Ambas já haviam se encontrado em seis encarnações anteriores e, desde a primeira vez que conviveram no mundo físico, desenvolveram um ódio mútuo por competirem pelo mesmo homem rico da corte, no século doze, na Inglaterra. Ali iniciava-se um longo ciclo de vinganças, traições, assassinatos e ódio dos dois lados, nas idas e vindas encarnatórias. Num desses reencontros, no século dezessete, Fabrícia foi mãe de Abeba e esta a assassinou para ficar com a herança do pai, numa região da velha Rússia. Mais tarde, na Turquia, Abeba reencarnou como marido de Fabrícia e a tratava como verdadeira escrava, exigindo-lhe submissão e sendo ela a preterida, dentre as outras três esposas. Os reencontros entre espíritos que se entrelaçam por carmas e ódio só podem ser desamarrados pelo perdão, pela compreensão, pela tolerância, pelo verdadeiro amor fraterno. Enquanto um dos dois lados não toma a iniciativa, a guerra entre eles continua acorrentando-os um ao outro por séculos e séculos, como mecanismo automático das leis da física de causa e efeito e das leis espirituais que se apoiam no amor.

Ao mirar nos olhos de Fabrícia, Abeba avançou em sua direção, repleta de ódio e vingança, segurou-lhe o pescoço e esbofeteou-lhe a face por muitas vezes. Emitiu gritos estridentes, chamando-a de assassina, carrasca, e que ela pagaria por toda a eternidade pelo que tinha feito a ela e a seus filhos, pois poderia tê-la livrado daquela situação, já que se encontrava grávida, ou pelo menos ter ordenado ao negociador de escravos (que era seu empregado) que não a separasse de seus filhos. Mais de um século depois, o ódio dela não tinha sido eliminado; ao contrário, havia ampliado. Como se pode perceber, ele não o abandonou, e sua vingança ocorreu ao longo de todo esse tempo, em várias derrotas que promoveu na vida de Fabrícia.

Ela então estava em estado de choque, de olhos arregalados, recordando e vendo todas aquelas cenas passadas que vinham à sua tela mental. Foi quando se deu conta de sua encarnação como Heidi. A memória finalmente começava a se clarear (nesse momento, um dos amigos espirituais que se encontrava ali, em um plano mais sutil, tocava a memória espiritual de Fabrícia para que ela visualizasse aquelas cenas passadas, num rápido processo de regressão). Na verdade, o quadro induzido por uma entidade desequilibrada fora permitido e aproveitado pela Espiritualidade Superior, a fim de que Fabrícia mais uma vez tivesse a chance de abrir alguma brecha no orgulho e deixasse fluir a humildade e, em seguida, processasse a situação para pedir perdão a quem prejudicara no passado. Contudo, ela se rendeu à sua dureza interior.

Como numa ardilosa tentativa de confundir Abeba, Fabrícia virou-se para ela e disse que aquilo tudo não passava de uma farsa por parte dela, que não se lembrava de nada que ocorrera no passado; que não tinha consciência de atos errados que a fizessem pagar qualquer dívida; e mesmo que tivesse feito algo errado, a situação decorria de um passado longínquo, sujeito a regras e leis da época, e, considerando que leis devem ser cumpridas, não cabia a ela a culpa, mas sim a todo um conjunto de instituições passadas.

Abeba, entretanto, estava mergulhada num ódio atroz que a tornava cega; então, aquelas palavras não a tocaram nem a fizeram refletir. Pediu aos seus acompanhantes (que tinham sido irmãos carnais dela naquela época antiga) que apanhassem Fabrícia na marra e que a levassem para as zonas inferiores, pois lá ela viraria uma prisioneira e pagaria por tudo o que tinha feito de mal a ela e a seus filhos.

Nessa hora, o velho comerciante holandês interveio e disse que Fabrícia era dele, e que deixaria os cobradores negros a maltratarem por mais alguns minutos. Depois, ele mesmo a levaria embora para que ela fosse sua prisioneira. Disse mais: que aquela era uma dívida cobrada pelos tempos em que Fabrícia encarnara como Heidi. Mesmo depois de ter reencarnado em outro corpo, a memória dele estava presa àquela época. De forma automática, ele mentalmente voltava àquelas lembranças, após sua desencarnação, sendo magneticamente atraído à presença de Heidi, então reencarnada como Fabrícia. Gritava com ela, lembrando-lhe que a prisão esfacelara a sua saúde, levando-o lentamente à morte, fazendo-o sofrer até aqueles dias, já no início do século vinte e um, mesmo depois de cem anos e com o corpo astral ainda coberto de chagas, cheio de dores articulares. A energia do ódio e desejo de vingança fizeram o velho comerciante manter-se mentalmente aprisionado como tal.

O mais incrível é que durante a Segunda Guerra Mundial ele teria vivido como o judeu Aaron, desencarnando aos doze anos, num campo de concentração. Vivera o ódio do racismo alemão em seu íntimo. Também devolvera o ódio contra os alemães, que era potencializado pelas orientações e sentimentos de vingança emanados por seu pai, à época. Ao desencarnar, descobriria que um oficial alemão teria sido o mesmo espírito de Van der Laan, dos velhos tempos da Holanda, e que aquele oficial tivera a chance de deixá-lo escapar do campo de concentração, mas o impediu, juntamente com seus pais e um amigo adolescente que tinham sido seus filhos na encarnação passada na Holanda. O oficial Hans, de fato, poderia ter permitido a fuga e recebido o futuro perdão espiritual do comerciante; no entanto, seu ato viria a reforçar o ódio e vingança do passado. Já no mundo astral, Van der Laan iria se encontrar com o velho comerciante e viveram momentos de luta astral e mútua perseguição. Até os dias atuais, ambos se vigiam e emanam ódio um contra o outro, fruto de idas e vindas reencarnatórias repletas de vinganças e traições. O comerciante, então, tinha no seu íntimo que Van der Laan já havia pago alguma parte de sua dívida, em função de sofrimentos atrozes que provocara nele, no mundo astral, após seu desencarne (depois que vivera como Hans), e que Heidi ainda devia muito; por isso desejava complementar o processo de perseguição e cobrança mental-e-mocional frente a frente com Fabrícia, pois durante as últimas seis décadas o fizera obsediando-a, mas entendendo que isso não teria sido o suficiente.

Nesse momento, as três entidades da Cidade dos Nobres se aproximaram e disseram em tom de comando:

— Fabrícia é nossa!

Um deles tomou a dianteira, em meio àquelas discussões, blefando com Abeba e com o comerciante holandês que tinha autorização do mais alto comando do mundo astral para levá-la. Houve luta de força mental entre eles e finalmente o comerciante abriu mão de Fabrícia. Esta, por sua vez, já se encontrava muito debilitada, face ao natural desgaste do desencarne, ao seu estado físico-emocional desde o momento da partida do corpo, e ainda ao processo de intensa luta mental vivida naqueles instantes, com tantas entidades cobradoras.

Todos se encontravam em pleno Vale dos Espíritas. José Luiz, um dos membros da falange da Cidade dos Nobres, se aproximou dela e disse:

— Fique tranquila, você está protegida! Irá conosco e não lhe faremos mal. Iremos para uma cidade astral de resgate de recém-chegados. Lá você será tratada e bem recebida.

E assim, chegando à Cidade dos Nobres, Fabrícia foi atendida e posta em um quarto para recuperação. Por muito pouco fora salva das garras selvagens de seus malignos cobradores. Após sua recuperação, seria preparada como uma das líderes nos trabalhos daquela colônia astral.

As lideranças da Cidade dos Nobres sabiam da grande inteligência, aliada ao poder de energia de raiva e orgulho exacerbados de Fabrícia. E que, portanto, estavam trazendo para suas hordas uma pessoa ardilosa, que seria bastante útil a seus intentos. Dito e feito! Após recuperar-se, e em gratidão ao resgate recebido, Fabrícia viria tornar-se uma *expert* em identificar recém-desencarnados com potencial para serem levados e se integrarem à Cidade dos Nobres, estruturando um organizado trabalho de lavagem cerebral e doutrinação. Trabalharia, também, nas campanhas políticas para manter os atuais líderes no poder local.

Mas em breve, graças ao seu orgulho próprio, ela começará a perceber que está sendo manipulada e que existem entidades muito poderosas das Trevas manipulando sorrateiramente as lideranças locais, com o intuito de domínio maior nas zonas umbralinas. Provavelmente, se sentirá ultrajada e entrará em rotas extremamente perigosas. Espera-se que, ao defrontar-se com o medo e o elevado grau de frustração, depressão e dores, ela possa se redimir. Está sendo preparado um reencontro com espíritos de seus antepassado que a amam muito e que tentarão resgatá-la dali, após a abertura de alguns canais de humildade no seu coração.

Esses irmãos de falanges cristãs estão organizando uma projeção de imagens em múltiplas dimensões, com som, expressão de odores, pensamentos ocultos e sensações emocionais, reproduzindo cenas de várias encarnações de Fabrícia, com o intuito de mostrar-lhe a quantidade de idas e vindas na carne e o quanto ela repete as mesmas lições apoiadas no orgulho, vaidade e egocentrismo, expressos de variadas formas. Serão exibidos encarnações passadas como freira, frade, monge budista, ajudante de uma alma elevada espiritualmente, que fora sua mãe, em longínqua encarnação. Será mostrada uma vida em que foi estudiosa de química e manipuladora de elementos da natureza, além daquelas em que viveu como pessoa ligada ao mundo puramente materialista. Todas essas encarnações sempre alicerçadas pelo orgulho, usando sua inteligência para interesses egoísticos. Espera-se que, após essa catarse mental-emocional, Fabrícia seja tocada em sua intimidade e tome consciência, optando por um novo caminho espiritual.

O Vale dos Espíritas

Capítulo

11

Conclusões finais: por que devemos buscar o autoconhecimento e a reforma íntima

A mônada, *atma*, ou centelha divina que dá origem ao espírito, é criada pura, adormecida, necessitando expandir-se em consciência. As incursões dessa centelha aos reinos mineral, vegetal, animal e hominal, respectivamente, fazem-se necessárias para que ela ganhe experiências e expansão de consciência. Quando adentra o reino animal, a alma começa suas primeiras experiências de dinamismo e movimento de um lugar para outro, por impulso instintivo, realizando atos que podem causar morte ou ferimento de outros animais, ainda impulsivos, visando a sua sobrevivência ou delimitação de território, mas já com os primeiros traços de inteligência se manifestando, além do seu plano emocional mais acentuado e sujeito ao aprendizado incipiente que advém das ações e suas consequências. Entretanto, é no reino hominal que de fato sua escalada tem início, cada vez mais consciente da expansão do raciocínio, da ampliação da percepção sobre si, sobre outros seres e coisas, e por conseguinte com a Lei do Carma estabelecendo-se inapelavelmente sobre suas ações, esteja o ser humano encarnado ou desencarnado.

Normalmente, nas primeiras encarnações no reino humano, o espírito adentra o mundo físico em ambientes próximos da natureza e junto a pessoas que possuem bons princípios, de modo a dar uma boa alavancada para o caminho do bem. Todavia, quanto mais avança, quanto mais encarna e quanto mais aprende, torna-se primordial deixá-lo exercer sua caminhada com seus próprios pés. A Providência Divina sempre criará oportunidades para que o espírito conheça, desde o início encarnatório como humano, o que é certo e errado, bem como os princípios básicos da vida e da Lei Cósmica. Saberá, por exemplo, que matar e roubar não será um ato lícito.

Com o passar das idas e vindas encarnatórias, acabará por fazer boas e más ações, ajudando ou prejudicando a si e aos outros. Esses erros e acertos fazem parte do aprendizado e da conquista da maturidade do ser. Por sua natureza primária, ainda que pura, nas primeiras encarnações tenderá a se movimentar impulsionado pelos instintos, como fazia nos tempos em que encarnava como animal, pois no DNA perispiritual, que se projetará no duplo-etérico e por conseguinte no corpo físico, estarão impressas informações típicas da natureza animal, onde passarão a se instalar, também, dados impregnados na alma que contenham reflexos condicionados de característica mental-emocional, decorrentes da quantidade de atos praticados nas várias encarnações.

Assim, confundirá o impulso de matar para comer ou de se defender para sobreviver (como fazia nos tempos em que encarnava como um felino selvagem, por exemplo), com o impulso de matar ou ferir quando sentir seu ego ou orgulho agredidos. Como reflexos dos tempos em que era animal selvagem, poderá sentir, também, intenso ciúme ou impulso de posse, já como sintoma de egoísmo, fato que ocorria outrora, nos tempos animalescos, quando sentia seus filhotes como se fossem partes suas (e eram de certo modo, pois tinham vindo de suas células reprodutoras) ou se apossava de suas presas para alimentar a família, a fim de perpetuar a espécie. E então a Lei do Carma estará cada vez mais atuante como reflexo de atos passados, e os instintos e os sentimentos mais primários estarão incisivamente presentes nessa alma nova no reino humano. Com o passar do tempo, a consolidação da individuação passará certamente pelo recrudescimento do egoísmo e do orgulho, que tiveram seus primeiros sinais ainda no reino animal e se ampliarão nas primeiras encarnações humanas, podendo se estender por longos milênios nas idas e vindas desse espírito ao mundo físico, aprisionando-o nos charcos da ganância, maledicência, preguiça, avareza, luxúria, apego doentio, inveja, ciúme, traição, vingança e violência, com suas diversas formas de manifestação.

Com o passar dos milênios, será preciso mergulhar em ambientes pantanosos da vida, para lá deixar as toxinas mentais-emocionais e densos miasmas causados por atos negativos, a fim de tornar-se cada vez mais leve para ascender a planos mais sutis e encontrar o verdadeiro amor incondicional e uma consciência em estágio mais avançado. Quando desencarnar, certamente irá para o Umbral ou mesmo para as zonas infernais, purgando sua psique repleta de toxinas energéticas. Entretanto, não raras vezes, o espírito terá dificuldades de se desvencilhar de impulsos condicionados de ordem animalesca, em suas diversas formas de expressão, desde os relacionados com a alimentação impulsiva e atos sexuais instintivos,

O Vale dos Espíritas

até a defesa de território, de seus bens e dos seus familiares, igualmente de modo impulsivo e às vezes violento, como manifestações diversas do orgulho, da vaidade, do egoísmo e de vícios ou condicionamentos negativos.

Existe na escalada evolutiva o que se costuma chamar de encarnações-chave, que são aquelas em que o espírito terá de despertar para um novo caminho ou patamar evolutivo, e então iniciará uma nova jornada no caminho espiralar da subida espiritual, com reencarnações repassando a lição em estágios crescentemente mais avançados; todavia revisitando, em suas diversas formas de manifestação, o orgulho, a vaidade, o egoísmo e os apegos a impulsos animalescos. Evidentemente, à medida que o ser evolui, essas revisitações vão se tornando cada vez mais sutis.

As encarnações-chave normalmente ocorrem quando há tomada de consciência de algo e de algum contexto que abrirá sua mente para novas perspectivas de vida, olhando o mundo, as coisas e as pessoas de forma cada vez mais diferente, ou simplesmente percebendo que já errou muito e que precisará dominar e educar de forma mais incisiva seus impulsos inferiores e dar uma alavancada em sua trajetória de tantos equívocos, vícios e carmas. Ou seja, é como se o espírito estivesse ficando cansado de tanto errar. Faz parte do aprendizado errar; contudo, a Contabilidade Cósmica impõe limites temporais ao ser, afim de que avance para novos degraus evolutivos, sob risco de tornar-se um retardatário e chegar a estados patológicos complexos e aprisionantes, sendo cada vez mais difícil livrar-se dessas mazelas. Entretanto, vale ressaltar que ele estará cada vez mais sujeito às pressões naturais do carma, e um dia certamente esses estados patológicos e de dor o levará a mudar, evitando que fique estacionado e impulsionando-o a buscar o crescimento espiritual.

Há civilizações planetárias neste imenso Cosmo que avançaram muito no campo mental-intelectual, mas que estão atrasadas no caminho da evolução espiritual. Essas civilizações desenvolveram estudos e técnicas na área da engenharia genética, e através dela têm tentado contornar as respostas da Lei de Causa e Efeito sobre os corpos físicos encarnados, até com intervenções no duplo-etérico, sem contudo conseguirem alterar as gravações impregnadas no perispírito. A Lei Cósmica é implacável; possui mecanismos naturais a que não se pode fugir ou evitar, e sempre buscará novos caminhos que façam chegar ao duplo-etérico e ao corpo físico dados que contenham a realidade essencial do ser, para fazer efetivar-se a Justiça Divina que dá equilíbrio e sustentação ao Universo.

A ciência médica e biomédica terrena ultimamente vêm gerando biotecnologias a partir dos estudos da genômica e da proteômica, e estão levando a humanidade a trilhas semelhantes às dessas civilizações tecnologicamente avançadas. Aliás, muitos dos cientistas terrenos que atuam no campo da engenharia genética são oriundos dessas civilizações extraterrenas. Pessoas muito inteligentes, mas, regra geral, frágeis no campo da espiritualidade ou da sensibilidade humana, apesar de, em alguns casos, terem certos padrões éticos bem estruturados, em se tratando da lei dos homens, porque são relativamente disciplinadas.

A transição por que passa a Terra coloca a sua civilização num novo patamar, prestes a grandes mudanças espirituais. Tais mudanças serão providenciais para que a humanidade não siga por caminhos tortuosos, adotando práticas científicas encegueiradas pelo materialismo. É evidente que novos e extraordinários avanços da ciência do porvir (e que de certo modo já mostram seus sinais) serão importantes na nova fase de evolução planetária, quando as entidades maldosas já estiverem em outro planeta e a Terra estiver saneada e apta a utilizar esses conhecimentos para fins sensatamente nobres.

Observem um alerta: as informações expostas nos próximos parágrafos contém dados gerais, e não podem ser levadas ao pé da letra, mas sim como referência geral, já que no Universo existem muitas exceções e medidas adaptadoras, a cargo de seres superiores e angelicais que administram os orbes e a ação da Lei do Carma sobre cada ser existente no Cosmo. Assim, essa classificação entre estágios primário, intermediário e superior de evolução humana no planeta Terra, e também em outros planetas tidos como mundos expiatórios, denotam uma segmentação geral, pois há subníveis diversos nessa escala.

A Terra tem aproximadamente um terço de sua população (entre encarnados e desencarnados) vivendo a fase evolutiva primária, sendo algumas almas oriundas de outros orbes e muitas delas autóctones ou originárias da própria Terra, ou seja, alcançaram a fase hominal neste planeta. São seres imersos mentalmente no mundo das formas, aprisionados ao mundo físico e ao próprio orgulho e egoísmo. Nesse patamar, existem também almas que intelectualmente não são mais primárias, porque já viveram muito, mas se encontram igualmente aprisionadas ao forte orgulho, vaidade e egoísmo que cultivam e, quase sempre, a vícios primários, e usam sua inteligência em favor desses vícios. Vivem, por opção própria e com firmeza de propósito, esse mundo das imperfeições, em estados psicopatológicos acentuados, pois em termos de tempo são espíritos muito antigos (mentes diabólicas, líderes inteligentes e dominadores das zonas inferiores do Astral) ou espíritos velhos (que, igual aos outros, resistem ao fluxo transformador e evolutivo do Universo e transitam entre as zonas infernais e umbralinas; podem assumir papéis de liderança no Umbral e têm momentos de dúvidas ou oscilam entre posturas maldosas e boas ações eventuais).

Uma encarnação-chave ou um momento-chave de evolução de espíritos que vivem nesse nível primário significa aquele exato instante em que o ser cansa de sofrer ou viver exclusivamente escravizado por seus vícios e maldades, ou de estar impulsivamente imerso no mundo dos instintos e do apego incondicional ao orgulho e egoísmo, e então abre uma pequena brecha de humildade em seu coração e deixa penetrar na mente algumas gotas de luzes esclarecedoras, abrindo-se para uma nova caminhada em direção ao bem.

Para o espírito que saiu das fases primárias e adentrou a fase intermediária e, portanto, está espiritualmente em estágio mais avançado na evolução, encontrar-se em encarnação-chave significará sentir, em vários momentos de sua vida, aquele *insight* de que um novo patamar de consciência lhe surge à visão, exigindo-lhe novas posturas de pensamento e ação, demandando-lhe mais esforço íntimo ao tratar os sentimentos, necessitando tornar-se mais sensível e amorável.

Esses espíritos viverão ainda por certo tempo, e perpassando várias vidas físicas, conflitos inerentes a quem está no meio do caminho evolutivo, entre as fases primárias e as superiores do reino humano: terão dúvidas e inseguranças, e praticarão o bem e o mal, fora e dentro de si; tenderão a alimentar sentimentos de culpa, medos, frustrações, depressões psicológicas e estados de revolta interior, por não se acharem em condições de vencer suas mazelas, em muitas circunstâncias da vida encarnada ou desencarnada. O orgulho, a vaidade e o egoísmo ainda estarão presentes, e fortes, mas já sujeitos a ser trabalhados e transformados paulatinamente em humildade, simplicidade e ação benfeitora incondicional. Muitas dessas almas podem ter visitado estados conscienciais mais ampliados e, quando desencarnadas, podem ter ido a colônias espirituais do bem, mas podem igualmente sofrer quedas e voltar para locais nas sombras do Umbral ou zonas inferiores, evidentemente condizentes com a sombra do seu mundo íntimo. Normalmente fogem de si mesmas e descobrem que podem ganhar mérito espiritual praticando o bem. Contudo, ainda estão presas a uma visão de troca com o mundo espiritual. Quase sempre se perdem ou se apegam ao Umbral quando desencarnam, ou pelo menos fazem um estágio por lá, antes de serem levadas para planos mais equilibrados.

Como a evolução não dá saltos, o ser terá momentos de maldade e de bondade dentro de si, e em seus atos. À medida que evolui, que amadurece e se torna mais firme no propósito de optar por viver o bem dentro de si e no ambiente em que atua, ganhará força interior para prosseguir a caminhada em novo padrão evolutivo, mas sujeita a quedas de percurso, e nem por isso fora do caminho de educação e transformação íntima. Será preciso que deixe surgir mais efetivamente a humildade dentro si, bem como a necessidade de orientar sua vontade para o caminho do bem com mais determinação, iniciando o trabalho do autoconhecimento e autotransformação, como parte de um processo crucial, esteja encarnado ou desencarnado. Se estiver encarnado, essa opção de vida terá muito mais força e profundo impacto sobre a solidificação dos padrões ético-espirituais e de equilíbrio na caminhada evolutiva, sem riscos de se enclausurar em culpas, medos e inseguranças (ausência de autoconfiança e fé no Pai Celestial).

É claro que essa decisão por si só não será determinante

para a alma mudar do dia para a noite. Acreditar nisso seria ilusório e de cunho puramente mental. Pessoas comportadas ou de boas atitudes não significam, necessariamente, pessoas de sentimentos transformados. Mas, se a boa ação é para o bem-estar geral e de si próprio, isso já será um grande passo; porém apenas o primeiro. Será preciso mudar padrões de pensamento e orientar sentimentos inferiores para que se transformem aos poucos, com consistência, em direção a processos mais equilibrados. A mudança nos sentimentos será longa e demandará da alma que ela cultive a persistência, o autoperdão contínuo, a fé nos desígnios superiores e no auxílio dos amigos espirituais, além de confiança em si mesma, paciência, serenidade, tolerância para com suas imperfeições e as do próximo, sentimento de gratidão ao Pai, disposição em recomeçar sempre, servir ao seu semelhante sem nada esperar dele, respeitar seu próprio ritmo e o de quem quer que seja, exercitar a alegria, simplesmente por sua existência, suas oportunidades de amadurecimento e por estar no caminho.

Para os que estão evolutivamente mais à frente, já entrando na etapa superior da evolução, encarnação-chave será aquele momento cósmico para utilizar-se da autoanálise e buscar ampla tomada de consciência de que precisa vivenciar situações no mundo físico que lhe proporcionem o exercício do amor incondicional, como teste para sua consciência relativamente amadurecida no bem, mas ainda necessitada de expansão, através de atos amoráveis no mundo das formas, onde o ambiente físico e seus componentes (coisas, animais e principalmente a maioria dos humanos) são mais densos e têm frequências vibratórias mais lentas, e, portanto, necessitados de irmãos dispostos a ajudá-los a evoluir.

Os espíritos que adentraram o estágio superior da evolução serão cada vez mais testados na vivência do amor fraterno incondicional, e mobilizados a mergulhos cada vez mais profundos no universo interior, para avanços no autoconhecimento e na renovação íntima. É evidente que também estarão sujeitos a quedas, mas certamente com riscos menores. Os chamados "anjos caídos" são espíritos antigos, muito inteligentes, e que certamente não chegaram a esse nível superior de evolução, e sim estiveram presos ao nível intermediário, ou seja, que ainda não consolidaram em patamar básico o tratamento de sentimentos de orgulho, vaidade e egoísmo.

Como vimos, não se pode avançar evolutivamente sem que haja tomada de consciência, e esse processo só ocorre mediante o mergulho no mundo interior, desde os níveis mais superficiais aos mais profundos; desde aquele alerta proveniente de um amigo, até a descoberta da própria pessoa por meio da autoanálise, muitas vezes inspirada por amigos espirituais. Mesmo aquela observação maldosa, feita por terceiros, necessitará que o agente receptor faça uma autoanálise, avaliando a situação, vivenciando indispensáveis sinais de humildade, que é o primeiro degrau da evolução. Sem humildade não se avança; sem humildade a criatura não se permite errar; não se permite ser uma alma imperfeita e necessitada de ajuda de quem está ao lado e das forças superiores. Nos diversos estágios espirituais a que o espírito está sujeito, em qualquer lugar no Universo, terá que rever a lição de humildade em doses cada vez mais avançadas de teste, a cada subida que der na espiral da evolução.

Em qualquer parte do Universo, estando encarnado ou desencarnado, o ser precisa encontrar o equilíbrio entre viver o mundo interno e externo. Ou seja, é preciso que haja mergulhos na própria intimidade para que haja evolução, e, ao mesmo tempo, terá que vivenciar o mundo externo a fim de que aprenda a trocar com os outros, a exercer o verdadeiro sentimento fraterno, de amor incondicional, com alegria e gratidão. Encontrar esse equilíbrio entre o universo exterior e o interior sempre exigirá do ser humano trabalho persistente na escalada evolutiva e expansão consciencial contínua, com discernimento cada vez mais ampliado.

Na maioria das vezes, quando o ser humano se encontra nas fases primárias de evolução, vivenciará a encarnação no mundo físico como uma criança que chega a um parque de diversões moderno, onde nunca esteve antes, e se empolga, fica deslumbrada e curiosamente ávida por conhecer o novo, chegando a tropeçar ou se machucar por sua impulsividade infantil. Quando o espírito vai envelhecendo e conhecendo a vida física e astral, nas suas ida e vindas, nessas viagens interplanos, tem que começar a amadurecer, sob o risco de ter

O Vale dos Espíritas

221

que enfrentar processos cármicos acumulados e estados patológicos no mundo interior, além de longas estadas nas zonas inferiores ou umbralinas, toda vez que desencarna.

Para muitos deles, as "visitas" encarnatórias ao "parque de diversões" chamado Terra não podem mais ser encaradas como tal, pois o ser humano não deve querer perpetuar sua vida infantil: ele crescerá, querendo ou não, pela própria natureza das coisas. Chegará um tempo em que será adolescente, depois adulto e mais tarde velho, não podendo mais se comportar como uma criança, senão ficará como muitos: mentalmente retardados e/ou com as emoções imaturas e aprisionadas à infância, criando estados patológicos e desconexões entre um mundo real e um mundo de fantasias. Para sair desse aprisionamento, é preciso mergulhar em si mesma para desbloquear esses nós patológicos e, por meio de esforço próprio, vencer seus apegos às coisas externas, às emoções primárias e aos padrões mentais infantis.

Para sair do aprisionamento cármico, de sofrimento e de reencarnações traumáticas, será indispensável vivenciar suas encarnações-chave com vontade de crescer espiritualmente. Será necessário o espírito sair do "parque de diversões" e aceitar de coração a Terra-Escola, encarar a vida com maturidade, deixar de lado o deslumbramento com as paixões por coisas e pessoas, por vícios e padrões doentios de orgulho, vaidade e egoísmo. Vale salientar, porém, que será fundamental exercitar o discernimento, pois a evolução não dá saltos e não poderá haver violência consigo mesmo, a fim de que o sentimento de culpa não aniquile o seu processo de vivências íntimas. O fato de não mais encarar a Terra como um parque de diversões, e sim como um cenário de vivências transformadoras, não significa que a alma deva ser sisuda; ao contrário, a caminhada será tanto mais leve quanto mais alegria sincera e bom humor estiverem sendo cultivados internamente.

Será preciso vivenciar estados crescentes de humildade e coragem para que se encontre consigo mesma e tenha noção do estágio evolutivo em que se encontra e saiba aceitar suas imperfeições. A caminhada será longa, mas deverá ser ascendente, com persistência, alegria e boa vontade. Quando ocorrerem erros ou equívocos, deverá encará-los com naturalidade. Poderá e deverá pedir forças ao Alto para erguer-se e prosseguir, sem culpas, meditando sobre seus atos, sentimentos e pensamentos, a fim de reposicionar-se novamente na caminhada. Quando menos se der conta, os tropeços serão cada vez menores.

Perdoar seus erros não deverá significar conivência com eles, nem regatear esforço em direção a transformações íntimas. A caminhada exigirá trabalho contínuo, mas será tanto mais leve quanto maior for a busca de compreensão, tolerância, paciência, boa vontade, disposição em prosseguir, alegria e gratidão interior. E assim, muitas outras idas e vindas encarnatórias terão retornos cada vez mais gratificantes, fortalecidos pela própria motivação da alma e pelo incentivo dos amigos espirituais que estão mais à frente na evolução e no amor. Para empreender essa nova caminhada, será preciso parar um pouco no seu contato com o mundo externo e reservar algum tempo para meditar, conversando consigo mesmo. Mais importante que a quantidade de tempo será a qualidade do tempo, a profundidade sincera de cada mergulho interior.

Por ter vivido em muitas encarnações voltadas para o mundo externo, fora de si, a alma normalmente demorará para entender que precisa dedicar um tempo mais equilibrado ao mundo exterior e interior. Durante o sono físico, terá grande oportunidade de lidar com o mundo interno; todavia, necessitará dar combustível para esses momentos, o que pressupõe espaços para meditação, autoanálise e autoavaliação nos momentos de vigília. Não se evolui sem autoavaliação, sem autodescoberta, sem contato com as imperfeições íntimas necessitadas de aceitação, amor e educação.

Em algum momento da escalada evolutiva, mais cedo ou mais tarde, o espírito terá de enfrentar a si próprio, e ao seu mundo interior. Adiamentos significam mais sofrimento, mais tempo vivenciando estados patológicos. Quanto mais demorar a fazer esse trabalho de reforma íntima, que implicará numa longa caminhada, mais tempo demorará para conhecer a verdadeira felicidade. Sem contar o fato de que, ao invés de ser um dínamo construtor de sua própria evolução e da evolução do conjunto, será mais um peso na Contabilidade Divina.

Esta obra procurou trazer à tona apenas uma amostra das

O Vale dos Espíritas

223

experiências de almas sofredoras, identificando alguns perfis psicológicos muito comuns no dia a dia. Espíritos que estiveram essencialmente amarrados ao próprio orgulho, quando sabemos que sem humildade não há evolução. A vaidade, que é filha do orgulho, será mais dominante na alma quanto mais ela se afastar da humildade. E a vaidade provoca cegueira, impedindo-a de olhar ao seu redor e identificar o sofrimento alheio, a ponto de dispor-se a estender as mãos. O orgulho e a vaidade exacerbados predispõem o ser a amplificar o egoísmo, e mesmo que ele resolva ajudar o próximo é muito provável que o faça para ser aceito ou reconhecido no meio social em que circula, e não por espontaneidade. Há situações em que a expectativa de aceitação ou reconhecimento está muito bem escondida no fundo da alma, a ponto de enganar a própria pessoa que prática o bem. É óbvio que é melhor fazer o bem, mesmo com interesses outros, do que fazer o mal; mas é preciso observar-se e ver as sutilezas ou nuances do seu mundo íntimo que precisam ser trabalhadas, sob pena de criar armadilhas mentais para si mesmo, na vida encarnada ou no momento do desencarne.

À medida que a alma deixa brotar os sinais interiores de humildade, sentirá necessidade de expandir o amor-doação, ou seja, deixar de lado o egoísmo e começar a servir. E se não servir, sofrerá de males relacionados à obesidade, ao colesterol, triglicérides, diabetes, problemas cardíacos, entre outras enfermidades. Se absorve energias somente pelo alimento descontrolado e não gasta, certamente o acúmulo gerará desequilíbrios na intimidade da alma, e por conseguinte no corpo físico. É evidente que exercícios físicos ajudarão muito, pois haverá desgaste de energia acumulada; entretanto, é crucial que distribua essa energia aos outros, como forma de retroalimentação energética. Assim, Deus nos propicia a existência corporal pela oportunidade da encarnação; por isso o corpo deverá ser encarado como dádiva a serviço de Deus, ou seja, servir ao próximo com o mesmo padrão de amor que deverá ser vivenciado em relação a si mesmo, de modo incondicional. E ninguém ama o que não conhece. Por isso, conhecer-se a si próprio, pela auto-observação e autoanálise, é passo indissociável para a autotransformação, na longa caminhada em direção à Luz Maior, onde se imanta a plena e verdadeira felicidade cósmica.

Se uma criatura viveu no mundo físico de certa maneira e com determinados padrões de pensamento e sentimento, ao desencarnar continuará como tal, pois mudar de plano não implicará em mudar a essência do ser. Isto é, se a pessoa era muito orgulhosa e egoísta na vida física, continuará sendo no mundo extrafísico. Muito provavelmente não será um espírito trabalhador do bem, e sentirá o peso da irresponsabilidade no seu íntimo. Esse peso o carregará para zonas inferiores ou umbralinas do Astral, certamente a serviço das forças inferiores, além de sofrer dores atrozes que serão tanto maiores, quanto maiores forem os sentimentos desequilibrados, como revolta, ódio, vingança, apatia, tristeza, depressão, medo, culpa e desespero.

A vida presente é resultante da síntese das vidas passadas e dos padrões de pensar, sentir e agir, somados aos débitos cármicos. Um novo patamar na evolução do ser surge quando ele passa a mesclar a sua resultante (o que trouxe ou acumulou do passado, mais seu estado mental-emocional e cármico presente) com disposição e vontade de observar e educar sentimentos, pensamentos e atitudes inferiores ainda nele presentes. E ao falar de vida, nos referimos não somente à vida dos encarnados, mas também à vida no mundo dos desencarnados.

Assim, o espírito desencarnado que ainda carrega muito peso de toxinas mentais-emocionais e de carmas não possui leveza suficiente para habitar planos superiores e, por isso, precisa encarnar novamente, até libertar-se desse volume e peso energéticos. Então, as reencarnações são uma dádiva extraordinária concedida por Deus, a fim de torná-lo mais leve e purgar na carne as toxinas energéticas. Por esse motivo, as encarnações merecem ser valorizadas e agradecidas todos os dias. A melhor forma de agradecer é realizar a reforma íntima e o serviço incondicional em prol dos que vivem ao seu redor, e passam no seu caminho.

As toxinas energéticas podem ser assim identificadas: o peso cármico que o ser traz consigo e que consta do seu registro akáshico; os desequilíbrios ou vícios relacionados à

O Vale dos Espíritas

comida, sexo, bebidas alcoólicas, drogas, e outras coisas mundanas; e ainda os apegos a paixões e pessoas encarnadas, os apegos a sentimentos de vingança e ódio em relação a outros por sentir-se atacado ou agredido e afetado negativamente, julgando-se orgulhosamente com o passado intocável e não merecedor do mal que lhe fizeram, pois não enxerga ou não quer enxergar o mal que também praticou; as insatisfações diversas; a impaciência e ansiedade por achar que tudo tem que acontecer no seu tempo e não no tempo de Deus ou no fluir natural das coisas; a intolerância para com próximo, por ser diferente de si ou por ter tomado rumos diferentes na vida, avesso à sua intolerante vontade; a tristeza por não ter pessoas e coisas ao seu lado, como se fosse proprietário delas, sem considerar que tudo pertence a Deus e que tudo é transitório; os estados depressivos por sentir-se "orgulhosamente" derrotado e por ter incutido na mente que deveria ser sempre vencedor; as frivolidades por indisciplina, desrespeito ao próximo e busca de prazeres indevidos, dentre outras características nesse mesmo tônus vibratório inferior.

No mundo extrafísico, essas toxinas astrais deixam muitas entidades enlouquecidas e com um sofrimento atroz, sem ter para onde correr, e por isso costumam assediar, obsidiar e vampirizar encarnados para sugar-lhes bioplasma e ectoplasma e assim satisfazer seus desejos e paixões, ou para exercerem suas vinganças por meio de perseguições. A Bondade Divina então providencia a encarnação desses espíritos para minorar seu sofrimento e dar a eles oportunidades de drenar na carne o psiquismo intoxicado que lhes causa dores agudas, bem como para ter oportunidades de descobrir novos caminhos de vida, em direção ao bem de si próprios e do próximo. E quando o espírito encarna traz consigo todas essas toxinas que se materializam em forma de estados doentios no corpo, ou mesmo de defeitos genéticos.

Esses desequilíbrios estão impregnados na mente e no coração do ser. Por isso há uma tendência a repetição de atos, em função de reflexos passados, gravados no perispírito. Então, a alma precisa ser trabalhada, por meio de estudo, orientação, vontade própria dirigida para o bem, educação interior através do autocontrole, diálogo com as próprias mazelas, num firme propósito de autoconhecimento e de renovação íntima de cada uma dessas imperfeições morais. O crescimento espiritual será enorme quando esse trabalho for realizado durante a encarnação, de modo que, ao perder o corpo com a morte física, o espírito possa estar um pouco mais leve para ascender a ambientes mais sutis no mundo astral, onde haja clima propício para maior expansão da consciência e do amor, onde haja mais felicidade e ele possa ir se libertando do sofrimento milenar, das toxinas mentais-emocionais e cármicas.

Não se avança na evolução e na libertação do sofrimento sem trabalho na intimidade do ser, voltado para o autoconhecimento e a autorrenovação. Do contrário, o espírito poderá defrontar-se com situações similares aos casos relatados nesta obra, em que as pessoas acreditam que o conhecimento adquirido é tudo o que necessitam para posicioná-las em novos degraus evolutivos Crescer intelectualmente, mesmo no campo do conhecimento espiritual, não significa evoluir, se não houver transformação dos sentimentos rumo à humildade, perdão, esperança, fé, paciência, tolerância, persistência, gratidão, alegria serena, boa vontade e disposição em servir incondicionalmente. Observem que o primeiro passo será sempre a vivência da humildade, e que o orgulho recrudescido no ser representará a porta fechada para o encontro com a ajuda espiritual e os primeiros sinais da verdadeira felicidade.

Muitos confundem humildade com estado de humilhação, ou seja, estado de inércia improdutiva a ponto de a "ovelha" entregar-se gratuita e irresistivelmente para que o "lobo" selvagem a devore. É preciso trabalhar contra o mal interior, e atenção redobrada deve existir para com as artimanhas do "lobo" do orgulho que habita o ser humano e se manifesta de diversas formas, algumas vezes muito sutis. Humildade pressupõe, antes de tudo, aceitar o que Deus coloca no caminho de cada um, mesmo que "aparentemente" isso seja negativo, pois certamente será positivo para o espírito, ainda que essa percepção só ocorra a médio ou longo prazo. Humildade significa conexão da pessoa com um estado elevado de consciência, buscando a compreensão para os fatos da vida, a tolerância para com a imperfeição alheia, assim como para com a imperfeição de si próprio. Não se conquista a humildade do

O Vale dos Espíritas

227

dia para a noite, e num único salto consciencial. É um processo que pode levar anos, décadas, séculos e até muitas encarnações. O importante é encontrar-se no caminho da expansão da humildade interior e a cada dia trilhar um pouco mais em direção à humildade crística, que é a luz central que ilumina todos os seres humanos da Terra. Exercitar a humildade significa, em muitos casos, exercer o autocontrole para não deixar que o "lobo" selvagem do orgulho reaja violentamente contra o próximo e contra si mesmo, seja por força física ou força mental negativa. Torna-se imprescindível realizar-se a autoanálise diária para conversar com este "lobo" e, à medida que isso se torna constante, ele naturalmente vai deixando de ser tão selvagem e aos poucos tornando-se dócil e amorável, enfim mais humilde.

O que tem levado muitos irmãos espíritas às zonas umbralinas ou infernais, após a morte física, e também irmãos de outras crenças religiosas que se julgam autossuficiente, é primeiramente o orgulho, depois a vaidade, e logo na sequência o egoísmo e as culpas. Essas mazelas se manifestam de muitas formas no dia a dia dos seres humanos e, aos poucos, vão se cristalizando e dando origem às egrégoras que, ao serem criadas pela própria mente e sentimentos humanos, tentam se fortalecer e manter-se plenamente vivas, por meio da reincidência desses atos. Isso exigirá um mergulho no mundo íntimo da pessoa, para descobrir onde essas mazelas se alojam, o que poderá demandar atenção redobrada, pois muitas delas se refugiam em verdadeiros esconderijos da alma. São como pessoas que estão sendo procuradas pela Justiça: umas poderão se entregar facilmente e se dispor a cumprir a lei, outras tentarão fugir ou esconder-se para não serem pegas. No entanto, algum dia serão defrontadas pela Justiça e não terão para onde fugir ou se esconder, chegando a hora da verdade e da vivência da humildade.

A seguir, abordaremos alguns aspectos muito comuns na vida, citando as diversas formas de expressão do orgulho, vaidade, egoísmo e apego aos vícios, que exigem atenção, cuidado, autoconhecimento, diálogo amorável, aceitação da presença dessas mazelas na intimidade do ser, e então trabalho firme e sincero de autoeducação (processo de autorrenovação).

Tropeços e reincidências em erros ou submissão temporária a essas imperfeições certamente ocorrerão, pois reflexos condicionados e apegos não são simples de serem transformados e exigem concentração de esforços contínuos. É preciso alimentar a fé, a autoconfiança, a determinação e a persistência para prosseguir, sem culpas, pedindo a Deus em suas preces forças e expansão quântica de atributos na alma. Certamente lhe serão estendidas as mãos para reergê-lo, com banhos energéticos de incentivo ao prosseguimento da caminhada, que será longa. Essa ajuda lhe será dada proporcionalmente ao nível de sinceridade e vontade de autotransformação. Torna-se essencial cultivar-se sentimentos de esperança, gratidão e alegria por estar no caminho, pois estes serão bálsamos indispensáveis.

Se alguém agredi-lo com palavras ou algum ato indesejável, é preciso atenção e controle do "lobo" selvagem do orgulho que tentará reagir, regido pela raiva e desejo de vingança, como mecanismo impulsivo e natural de autoproteção. Essa reação precisa ser educada na intimidade do sentimento e não apenas no ato de reagir. O indivíduo não precisa abaixar a cabeça e humilhar-se, e sim manter-se firme na atitude receptiva do outro, ouvindo-o e observando-o com o coração aberto, com boa vontade, e analisar a situação com neutralidade, sem paixões. Só então poderá verificar se a pessoa de fato tem razão ou se está equivocada.

Se tiver razão, é hora de aceitar e, dependendo do clima no momento (porque pode-se deixar para falar depois, quando os ânimos estiveram menos exaltados), dizer que aceita aquela posição, pedindo perdão e procurando senti-lo no fundo do coração. Afirmar que gostaria que, nas próximas vezes, houvesse um diálogo maduro, direto, sincero, com educação e respeito. Esse processo deve ser vivenciado olhando sempre o agressor nos olhos, não com olhar agressivo, mas levemente firme e serenamente fixos. Se o agressor estiver errado, a atitude será a mesma; só que o agredido poderá expor ao outro que, nas próximas vezes, gostaria que situações como essas ocorram de forma diferente. Assim, o agredido poderá explicitar-se com calma, firmeza, envolvendo o outro com compaixão, mentalizando uma luz verde brilhante a cobrir-lhe o corpo

O Vale dos Espíritas

e a alma, mentalizando uma luz rosa-clara brilhante focada na direção do seu coração, a fim de amolecer o orgulho. Essa disposição amorável de ajudar o próximo terá efeitos benéficos, e tanto mais duradouros quanto maior for a disposição do outro em vivenciar a humildade dentro de si. Podemos apoiar e ajudar o próximo, mas cada um é responsável por sua própria evolução.

Há muitos casos de conflitos surgidos por problemas de comunicação, de entendimento de pontos de vista diferentes. Aí exige-se daquele que tem uma percepção mais ampliada do fato que intermedie o conflito, sempre deixando claro que o problema talvez seja os "olhares" diferentes para o caso. Um bom argumento é a pessoa que se sente incompreendida afirmar que talvez não esteja se fazendo entender e que a situação exige paciência e tolerância, que as percepções ou entendimentos diferentes exigem um nivelamento de compreensão. Assim, havendo boa vontade, tudo tenderá a ser resolvido.

Outro caso muito comum na vida cotidiana diz respeito à alimentação, ato que, em média, se realiza no mínimo três vezes ao dia, caracterizando-a como uma prática tão importante quanto a respiração, pois representa a terceira fonte de energia vital para a sobrevivência na carne, depois da respiração e do ato de beber água. O ser humano chegou a um estágio de evolução em que não lhe cabe mais alimentar-se da carne dos animais, nossos irmãos menores que merecem evoluir como os humanos, e que para tanto precisam viver. Somam-se a isso os males ou a infestação de toxinas residuais que essa alimentação causa ao corpo físico e ao corpo astral, e que se amplifica quando se adiciona à dieta alimentos artificiais, ricos em produtos químicos ou gorduras saturadas. O ser humano tende a se acostumar e a apegar-se a certos alimentos, e esse apego pode lhe gerar dependência após a morte física, favorecendo a ocorrência de obsessão para captar esses fluidos deletérios.

Um teste interessante é deixar de comer certos alimentos e verificar se se consegue sobreviver sem eles, dominando ou não os instintos que os desejam. O vício existirá quando a pessoa passa a ficar desesperada e tenta obter tais alimentos a todo custo. Nesse caso, os alimentos, ou mais precisamente os instintos viciados, estão dominando a pessoa. Aquele que sente revolta ao adotar uma nova dieta alimentar está sendo dominado pelo próprio orgulho, ou seja, não está deixando que a humildade comece a habitar-lhe a alma, aceitando que aquela nova prática alimentar o torne mais saudável. O vício da alimentação antiga está alimentando o orgulho para que ele reaja à mudança. Não estamos pregando aqui a ruptura alimentar, que pode causar desnutrição ou abatimentos físico-mentais, mas a busca de uma dieta mais saudável e de acordo com a realidade espiritual e corpórea, compreendendo que o Universo está em evolução e, portanto, o consumo de alimentos também deve evoluir, tornando-se mais funcional, mais equilibrado, o que exigirá mudanças.

Se formos transportar essa dependência por alimentos para outros produtos que não são alimentos, mas que criam vícios, como drogas e álcool, certamente o encarnado deverá estar ainda mais atento. Deverá tentar ao máximo desprender-se desses vícios ainda na carne, pois o desencarne de um espírito viciosamente apegado a certos consumos certamente lhe causará estragos no perispírito e o tornará alvo fácil para os "urubus" do Umbral e do Astral inferior, podendo tornar-se escravo de entidades maléficas ou obsessor de pessoas encarnadas viciadas ou tendentes ao vício de álcool e drogas em geral (maconha, cocaína, êxtase, crack e outras), para sugar-lhes as energias ectoplásmicas intoxicadas por esses produtos.

Toda vez que se pensa, se sente e se pratica algo neste Universo, são criadas formas-pensamento e energias no Astral que têm cores, aromas e sons, estando o ser encarnado ou desencarnado; embora no plano físico a produção dessas energias seja muito mais intensa em razão do bioplasma e ectoplasma inerentes ao corpo físico. Essas egrégoras ou vícios formatados acabam criando vida própria e se agregam à aura da pessoa, tendendo a mantê-la viciada. Por isso é muito comum reagirem à mudança de hábitos, exigindo da pessoa força de vontade e boa vontade para se adaptar a novas posturas de vida e de consumo.

Se o encarnado não consegue vencer o apego ou vício a algum alimento, droga ou álcool, certamente sentirá esse impulso vicioso mais aguçado ao desencarnar e adentrar o outro

O Vale dos Espíritas

231

lado da vida, tendo grandes chances de tornar-se um obsessor ou escravo viciado nas emanações provenientes desses produtos no mundo físico, estimulando o consumo deles por parte de encarnados obsidiados. Se, por um lado, o vício pode decorrer da ausência de percepção da pessoa que se encontra viciada, a fraca vontade para deixar o vício será um sintoma visível. Por outro prisma, a aceitação ou não de sua realidade de alma viciada pode estar acobertada por um orgulho que não aceita mudar e se deixa dominar pelo vício. Assim, deixar brotar a humildade no íntimo do coração é passo vital para o encarnado libertar-se de vícios, ou seja, querer mudar de vida pelo redirecionamento da vontade.

Outro aspecto muito comum e que tende a levar a pessoa encarnada a continuar suas perseguições no mundo astral diz respeito às cobranças. A máxima de Jesus: "Dai a César o que é de César" nos explicita muito bem a necessidade de cumprir a lei dos homens e correr atrás dos justos direitos. Assim, é importante estar atento para perceber se existe revolta no coração ou apenas desejo de buscar seus direitos de modo sereno, não obsessivo. Portanto, quem deve algo a alguém deve pagar sua dívida, mas se a morte lhe "atropelar" o tempo e a dívida não tiver sido quitada pelo desencarnante, então o encarnado deve buscar seus direitos na Justiça. Mas, se ainda assim não conseguir liquidar tal débito, deverá entregar a Deus e tentar compreender que aquele bem ou dinheiro não lhe pertencia. Não poderá ficar alimentando o ódio ou o desejo de vingança daquele que partiu para o outro mundo, sob risco de sair à desforra quando chegar no Além.

O mesmo caso deve exigir atenção daquele que desencarnou antes, levando consigo a insatisfação de alguém por não lhe ter pago alguma dívida. Esta deve estar perdoada no íntimo do coração, antes da passagem para o mundo astral. Casos de dívidas podem envolver cobranças indevidas ou traições, sejam de casais, de sócios, de amigos, parentes ou conhecidos. Esses estados interiores de cobranças merecem atenção e busca de perdão sincero, a partir de processos de compreensão e de entrega a Deus do problema. Estado de resignação não significa inércia, mas sim compreensão interior e ausência de revolta no sentimento.

Muitos que desencarnam cheios de revolta e sentimento de vingança recebem uma carga gigantesca desse sentimento no mundo astral, onde tudo é mais tênue e não há a barreira do corpo e das coisas físicas. Portanto, tudo o que se sente é muitas vezes multiplicado, em relação à época em que vivia na carne. Se a pessoa não for um mínimo controlada, quando encarnada, certamente perderá o controle total no mundo astral e tenderá a obsidiar ou tornar-se escrava de entidades inteligentes que utilizarão sorrateiramente seu orgulho e seus vícios em prol de interesses menos dignos.

Casos de vaidade pelo cargo ou posição social que alguém ocupou em vida devem ser observados e tratados. O mesmo se dá quanto à vaidade pela inteligência de que a pessoa dispõe ou pelo conhecimento que adquiriu, graças ao justo esforço durante estudos e pesquisas. Mas esse crescimento deve ser entendido e sentido como etapas vencidas em direção ao serviço incondicional e amorável na seara do Pai. A vaidade costuma cegar a pessoa e torná-la insensível ao sofrimento e à dor alheios. Raramente o vaidoso exercita a empatia, ou seja, raramente sente-se sinceramente no lugar do outro que está padecendo de alguma provação ou dor material ou emocional. A vaidade é uma forma de expressão comportamental e de atitude interior de superioridade que traz em sua base o orgulho. São formas nefastas de empurrar o espírito para o desfiladeiro do Umbral e de zonas infernais, quando desencarna. Se a identificação delas dentro da alma e o início do seu tratamento começar antes do desencarne, certamente a pessoa terá muito mais chance de ser socorrida ou ajudada no desencarne. Para que isso ocorra, é indispensável deixar brotar na alma os sinais de humildade, com aceitação sincera de suas imperfeições, buscando compreender que o ser humano é dádiva de Deus e que tudo o que possui não lhe pertence, mas a Deus, inclusive o que conquistou de conhecimentos ou posições socioeconômicas.

Tudo no Universo é passageiro e o ser humano é um inquilino na Terra, que pode usufruir de tudo com responsabilidade, mas isso tudo será deixado aqui, para os que ficarem encarnados. Aquilo que levar consigo para o mundo dos desencarnados, como inteligência e conhecimentos adquiridos, deverá entender que serão muito bem aplicados nos serviços cristãos a que for chamado a servir com boa vontade e incondicionalmente, exercitando a humildade de sentir-se instrumento ou medianeiro do Pai Maior.

Outro exercício interior fundamental para libertar-se do orgulho é o encarnado ou o desencarnado concluir mentalmente e sentir no fundo do coração que estará sendo eterno aprendiz, recordando a máxima de Sócrates que diz: "Quanto mais sei, mais descubro que nada sei". Há um Universo com portas infinitas de conhecimentos pela frente, para serem desbravados, e, uma vez adquiridos, não mais pertencerão a si; deverão estar a serviço de Deus onde quer que esse espírito esteja aprendendo, trabalhando ou servindo. Ninguém é proprietário de nada ou de quem quer que seja, pois tudo pertence a Deus. Nesses aspectos, percebe-se o quanto o egoísmo está apegado ao orgulho, já que ninguém tem o direito de reter conhecimentos, coisas ou pessoas como se fossem suas. O Universo, com sua inteligência magnânima e sua bondade infinita, é a própria essência de Deus manifesta, incluindo nessa manifestação a vida humana e todos os seus atributos. Portanto, o sentido de pertencimento só a Deus é concedido, e Ele é pura liberdade e não aprisiona nada nem ninguém e se expande infinitamente pelo Cosmo. Assim, é preciso que a alma esteja atenta para não se apegar a nada nem a ninguém. Sentir amor é sentir a liberdade do outro e das coisas. Apegos e aprisionamentos estão ligados a paixões inferiores, que precisam ser descobertas dentro de cada ser, a fim de serem trabalhadas e transformadas em sentimentos de verdadeiro amor.

Muitos desencarnam sem ter feito essa descoberta e acabam tornando-se prisioneiros de seus apegos, de seu egoísmo e orgulho, permanecendo aprisionados ao Umbral, às zonas inferiores e a outras entidades que se encontram no mesmo diapasão vibratório. Esses quadros umbralinos ou infernais formatam substâncias lamacentas e pegajosas no mundo astral, gerando dores emocionais e mentais atrozes, materializando-se no perispírito em forma de dores brutais na cabeça, mal-estar e insatisfação enormes, impaciência enlouquecedora, descontrole emocional atordoante, sensação de aperto gigantesco no coração, como se estivesse sendo sufocado pela tristeza, depressão e abandono. E o espírito não terá para onde ir, pois estará se defrontando consigo mesmo. O Umbral ou a zona infernal em que se encontrar será, antes de tudo, proporcional ao local onde seus sentimentos e pensamentos se encontraram dentro de si.

Atenção, porque há uma tendência em muitos de jogar a culpa nos outros e nas situações, ou seja, empurrá-la para fora de si, ao passo que a pessoa afetada em seu orgulho é que tem de ser trabalhada internamente. Na vida, ela estará sempre assim: cercada de pessoas mais compreensivas e humildes, e de pessoas intolerantes, impacientes e repletas de orgulho. O aprendizado é para todos: para quem sofre algum tipo de agressão, bem como para quem emite a agressão. Ambos os lados necessitam de aprendizado, de beber nas fontes de humildade.

Os atritos por orgulho ainda serão muito intensos na Terra, nestes tempos de transição e encerramento de uma era, em que a provação é dominante. À medida que o planeta caminhar na nova rota evolucionária, isto é, quando subir definitivamente para o degrau de planeta em regeneração, os atritos entre os orgulhosos continuarão, mas dentro de uma nova abordagem consciencial, de tolerância, paciência, diálogo sincero e educado, permeado por luzes de amor entre as partes, rumo a novos padrões de crescimento interior pelo contato entre as imperfeições que perpassarem as relações humanas, podendo haver pequenos ou pontuais atritos retificadores das almas, porém prontas a vivenciar o perdão e a disposição em harmonizar-se.

Atentem, portanto, para o fato de que o orgulho pode travestir-se de diversas formas e enganar a mente com subterfúgios ou artimanhas capazes de mantê-lo como egrégora viva dentro da alma, na tentativa "natural" de sobreviver e prosseguir com sua imantação viciosa o máximo de tempo possível. Para que haja mudança, há de despender-se esforço sereno. As forças contrárias reagirão e exigirão persistência e mais esforço à medida que o espírito avança, não devendo ele esquecer-se de que o plano espiritual superior estará sempre a postos para ajudar a todos que iniciarem essa viagem do autoconhecimento e da autorrenovação. O importante é dar o primeiro passo e prosseguir persistentemente, com tropeços, mas levantando-se, perdoando-se e bebendo do néctar da fé em Deus, da esperança em dias melhores, da alegria e da gratidão.

O encarnado precisa estar focado em iniciar e prosseguir com sua auto-observação, autoanálise e autorrenovação, antes de partir para o outro lado da vida. Senão estará sujeito a viver sofrimentos atrozes, perseguições efetivadas por si mesmo e por seres desajustados; e assim estará fugindo dos outros e de si mesmo. É bom não adiar seu processo de reforma íntima, entendendo que o mais importante é sentir que está no caminho da autorrenovação. Esse caminhar exigirá humildade para perceber que é um ser imperfeito e cheio de defeitos que precisam de tempo para serem transformados. Esse caminhar exigirá paciência para com o próprio processo de mudança e para com as situações da vida, e também tolerância para com as imperfeições do próximo e às suas próprias. Tudo isso é prática de humildade.

Para finalizar, é importante deixar bem claro que não são todos os egressos de grupos espíritas, umbandistas ou espiritualistas que, ao desencarnar, irão para o Vale dos Espíritas ou para a Cidade dos Nobres. Há irmãos oriundos de várias doutrinas e agrupamentos de trabalhos espirituais que têm ido para planos superiores, outros para zonas intermediárias do Astral, em termos de saúde espiritual. Muitos têm sido assistidos em hospitais e casas de recuperação localizadas no Umbral ou no limiar deste com o Astral intermediário; tantos outros têm sido atraídos para o Vale dos Espíritas, onde ficam vagando por anos ou décadas, seguindo depois para a Cidade dos Nobres.

Conforme explicamos exaustivamente, ao desencarnar, as pessoas são naturalmente atraídas para locais no plano astral condizentes com seus respectivos padrões vibratórios, quaisquer que sejam as suas origens, as suas crenças e as experiências que tiveram ao longo do tempo em que estiveram encarnadas. As insígnias conquistadas na Terra só valem para as relações sociais primárias da Terra. O que se carrega para qualquer lugar no Universo são pensamentos e sentimentos cultivados. No plano físico, ficam os atos praticados neste ambiente, que poderão demandar futuras correções cármicas e, portanto, retornos encarnatórios. É natural que a própria consciência de cada um cobre de si, conforme o cabedal de conhecimentos adquiridos. Desse modo, esperamos que os irmãos egressos das correntes espíritas, umbandistas e espiritualistas não se assustem com o que esta obra trouxe a lume; ao contrário, que ela possa servir de estímulo para o incessante trabalho de autoconhecimento e reforma íntima, sem esquecer-se que é preciso servir ao próximo desinteressadamente.

Portanto, força e alegria, irmãos, por estarem no caminho!

E contem com este vosso humilde irmão, sempre pronto para ajudá-los no que for permitido pelo Alto, e que estiver ao nosso alcance.

Atanagildo.

Em *A Vida Além da Sepultura*, obra inspirada por Ramatís, o fenômeno da morte, despido de toda a morbidez, é descrito com a naturalidade própria de uma "volta para casa". Para tanto, Ramatís convida, para descrever sua própria "viagem de retorno", o discípulo que adota o nome de Atanagildo.

Oferece uma ampla descrição da cidade do Astral Superior, onde reside, conhecida como *O Grande Coração*, cujo cenário de beleza sideral justificaria o velho conceito de "céu" das crenças tradicionais.

> Quando logrei despertar no Além, tive a grata surpresa de ser apresentado a dois espíritos com uma irradiação de luz azulada a lhes fluir pelo tórax, formando um halo em torno das cabeças: eram os dois espíritos técnicos que me haviam ajudado a desligar-me do corpo físico. Quando tal acontecera, eu me achava diante da lendária "Morte", tão temida... Aquelas fisionomias iluminadas, afáveis e sorridentes, junto do meu leito, eram um formal desmentido à lenda da megera esquelética com a sinistra foice! Eles leram, então, o meu pensamento, com certo ar travesso; depois, fitaram-me e, sem que eu também pudesse me conter, rimos francamente; um riso farto e sonoro, que inundou o ambiente de vibrações alegres e festivas! Ríamos diante da farsa da "morte"...

Em quase cinqüenta anos de reedições sucessivas, esta obra de fascinante conteúdo e repleta de informações continua uma das mais procuradas dentre as obras de Ramatís, como um oportuno "guia de viagem" para a inevitável e — porque não? — feliz travessia para a Outra Margem da vida.

O VALE DOS ESPÍRITAS
foi confeccionado em impressão digital, em maio de 2025
Conhecimento Editorial Ltda
(19) 3451-5440 — conhecimento@edconhecimento.com.br
Impresso em Luxcream 70g. – StoraEnso